高速铁路交叉隧道动力特性

朱正国 韩智铭 杨利海 等 著

科学出版社

北京

内 容 简 介

本书针对多种动荷载及其耦合作用下的高速铁路交叉隧道，研究列车荷载、地震荷载和爆破荷载作用下交叉隧道的动力响应特征和动力损伤分布规律。本书根据《混凝土结构设计规范（2015 年版）》（GB 50010—2010）中建议的混凝土损伤本构关系建立弹塑性损伤本构模型，并在 FLAC^{3D} 中进行二次开发及模型验证，同时基于开发的损伤本构模型对列车荷载作用下交叉隧道衬砌结构的动力损伤特性进行研究，并对各影响因素的敏感性及多种抗振措施进行分析；结合动力有限差分法和隧道动载理论，研究单一动载及多元动载（包括列车荷载、地震荷载和爆破荷载），耦合作用下立体交叉隧道的动力响应特征及安全控制措施，定性分析各个影响因素对隧道衬砌的影响程度及最易出现危险的部位，获取不同工况下交叉隧道的安全范围，并对相应安全控制措施进行评价。

本书所介绍的研究成果可为我国高速铁路交叉隧道衬砌结构设计的有关标准提供指导性建议，还可供从事交通工程、土木工程等领域工作的研究人员及高等院校有关专业的师生参考。

图书在版编目（CIP）数据

高速铁路交叉隧道动力特性/朱正国等著. —北京：科学出版社，2020.7
ISBN 978-7-03-060436-1

Ⅰ. ①高… Ⅱ. ①朱… Ⅲ. ①高速铁路-交叉-铁路隧道-动力特性-研究 Ⅳ. ①U459.1

中国版本图书馆 CIP 数据核字（2019）第 014098 号

责任编辑：童安齐 / 责任校对：王万红
责任印制：吕春珉 / 封面设计：东方人华平面设计部

科 学 出 版 社 出版

北京东黄城根北街 16 号
邮政编码：100717
http://www.sciencep.com

北京中科印刷有限公司 印刷

科学出版社发行 各地新华书店经销

*

2020 年 7 月第 一 版 开本：B5（720×1000）
2020 年 7 月第一次印刷 印张：18 1/2
字数：360 000

定价：150.00 元
（如有印装质量问题，我社负责调换〈中科〉）

前　言

随着我国国民经济的快速发展，高速铁路因其经济和社会效益明显而得到迅猛发展，由于其建设标准高，加上我国幅员辽阔，地形和地质条件复杂多样，高速铁路在选线设计中必然涉及大量的隧道工程。在此背景下，铁路和公路网络变得越来越密，在交通网络的关键节点交叉隧道也越来越多。交叉隧道的增多给我国高速铁路的设计、施工及运营带来了更多更复杂的难题，其中动荷载作用下交叉隧道的动力响应问题尤为突出。高速铁路交叉隧道可能承受多种动荷载作用，包括高速铁路振动荷载、地震荷载、爆破荷载以及多元荷载耦合作用等，这些动荷载引起的振动作用是导致高速铁路交叉隧道衬砌结构损伤、破坏的主要原因。目前国内外学者针对交叉隧道动力响应的研究主要集中在中、低速的普通铁路隧道或城市地铁隧道范围内，而相关的基础理论研究尚未形成完整的理论，鉴于此有必要对高速铁路交叉隧道的动力特性开展研究。

本书针对高速铁路交叉隧道建设中有待解决的动力学问题，采用理论分析与数值计算相结合的方法，对高速铁路交叉隧道在列车荷载、地震荷载、爆破荷载及多元荷载耦合作用下的动力响应问题进行全面系统的研究。针对上述四种动荷载作用条件，全书的主要内容分为四部分。在列车荷载部分，首先根据《混凝土结构设计规范（2015 年版）》（GB 50010—2010）中建议的混凝土损伤本构关系建立弹塑性损伤本构模型，并在 FLAC^{3D} 中进行二次开发及模型验证；然后基于开发的损伤本构模型对列车荷载作用下交叉隧道衬砌结构的动力损伤特性进行研究；最后对各影响因素的敏感性及多种抗振措施进行对比分析。在地震荷载部分，结合动力有限差分法和隧道地震荷载理论，对地震荷载作用下交叉隧道的动力响应问题进行研究，通过对各个影响因素进行敏感性分析，获得裂缝对衬砌安全性的影响规律，并对高速铁路交叉隧道的整体安全性和多种抗震措施进行评估。在爆破荷载部分，采用动力有限差分法分析了高速铁路交叉隧道的爆破振动影响规律和不同工况下既有隧道的安全范围，对比确定合理的爆破方案及有效的减震措施。在多元荷载耦合作用部分，主要对列车荷载与地震荷载共同作用下立体交叉隧道的动力响应和安全性进行分析。

本书反映的研究内容获得了国家自然科学基金面上项目"基于多元荷载耦合作用下高速铁路交叉隧道动力响应及损伤机理研究"（项目编号：51478277）、河北省高校百名优秀创新人才支持计划（Ⅲ）"隧道衬砌结构损伤本构模型在 FLAC^{3D}软件中的实现及应用"（项目编号：SLRC2017054）、河北省自然科学基金项目"动载长期作用对下穿隧道结构的损伤机理研究"（项目编号：E2016210018）]、河北省人才工程培养经费资助项目"高速列车荷载下隧道衬砌弹塑性损伤模型建立及二次开发程序验证与应用研究"（项目编号：A201802005）、省部共建交通工程结构力学行为与系统安全国家重点实验室自主课题（项目编号：ZZ2020-30）、高速铁路轨道技术国家重点实验室（中国铁道科学研究院）开放课题（项目编号：2019YJ196），以及河北省大型基础设施防灾减灾协同创新中心和河北省金属矿山安全高效开采技术创新中心等的大力资助，在此表示衷心感谢！

　　参与本书撰写的有朱正国、韩智铭、杨利海、孙明磊、王道远、李新志、韩现民、徐宁；参与本书相关工作的有张畅飞、刘桂朋、武杰、王晓男、陈信宇、杨梦雪、贾远航、刘少飞、苟凌云、陈树杰等。

　　在本书撰写过程中，还得到了石家庄铁道大学土木工程学院相关领导和朋友的鼓励与支持，参考了国内外同行的有关论文、著作等，在此对他们致以诚挚的谢意。

　　由于作者水平有限且时间仓促，书中疏漏和不妥之处在所难免，恳请广大读者给予批评指正。

作　者

2019 年 1 月

于石家庄

目　　录

第一章 绪 论

1.1 目的与意义

随着我国国民经济的快速发展，对基础设施（尤其是交通设施）的需求在持续增加，高等级的交通干线由此进入了快速发展阶段，其中，高速铁路的发展尤为迅猛。高速铁路在不同国家不同时代有不同规定，1962 年，欧洲早期成立的组织——国际铁路联盟把旧线改造成时速达 200km、新建时速达 250～300km 的铁路定为高速铁路；1985 年联合国欧洲经济委员会在日内瓦协议做出规定：新建客货共线型高速铁路时速为 250km 以上，新建客运专线型高速铁路时速为 350km 以上。我国 2014 年实施的《铁路安全管理条例》（附则）规定：高速铁路是指设计开行时速 250km 以上（含预留），并且初期运营时速 200km 以上的客运列车专线铁路。

世界上第一条高速铁路是日本 1964 年开通的东海道新干线——东京至大阪高速铁路，运行速度为 210km/h。自此，高速铁路以其快捷、舒适、高效、安全等优势显示出明显的经济效益和社会效益，欧洲、北美洲和亚洲许多国家和地区纷纷兴建、改建或规划修建高速铁路。目前全世界已有 16 个国家和地区拥有高速铁路，按照国际铁路联盟的统计，截至 2018 年 4 月，全世界累计投入运营的高速铁路里程约 41 846km，我国（不含港、澳、台地区）约 26 869km，约占全世界高速铁路的 64%；目前我国高速铁路仍在持续兴建中，根据 2018 年统计数据，我国（不含港、澳、台地区）高速铁路在建里程约 10 738km，列入建设计划的高速铁路里程约为 1268km。预计到 2025 年，我国将建成 38 000km 的高速铁路网，最终形成覆盖我国大部分地区的快速客运网。高速铁路已成为当今世界铁路建设发展的必然趋势，由于高速铁路建造技术标准高，线路曲线要求半径大，加上我国幅员辽阔，地形和地质条件复杂多样，为了减少运行里程和缩短运行时间，在选线设计中必然涉及大量的隧道工程方案，目前我国运营、在建以及正在设计和规划的铁路隧道情况如图 1-1 所示，其中高速铁路隧道总里程已超过 1 200km，相当于国外已运营的高速铁路隧道的总长度。国内具有代表性的高速铁路及相应隧道统计如表 1-1 所示，其中长度大于 5km 的长大高速隧道统计如表 1-2 所示[1]。

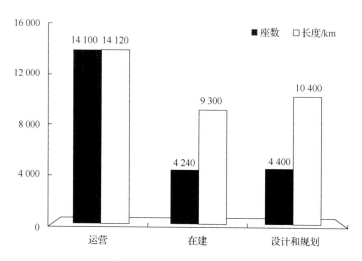

图 1-1　我国铁路隧道统计

表 1-1　我国具有代表性的高速铁路及相应隧道统计[1]

线别	线路长度/km	隧道数量/座	隧道长度/km	隧线比/%	速度目标值/（km/h）
武广	874	232	172.2	19.7	350
郑武	473	40	41.2	8.7	350
郑西	458	38	76.7	16.7	350
广深港	103	24	32	31.1	350
厦深	502	80	118.4	23.6	250
合武	359	37	64.1	17.8	250
温福	298	59	149.4	50.1	250
甬台温	282	59	88.1	31.2	250
福厦	256	37	40.4	15.8	250
石太	190	32	74.9	39.4	250
合计	3 795	638	857.4	22.6	

表 1-2　我国长度大于 5km 的长大高速隧道统计[1]

序号	隧道名称	隧道长度/m	所在线路	贯通日期	备注
1	太行山隧道	27 848	石太	2007 年 12 月	单线
2	壁板坡隧道	14 756	沪昆	2015 年 6 月	双线
3	大别山隧道	13 253	合武	2007 年 6 月	双线
4	霞浦隧道	13 099	温福	2008 年 1 月	双线
5	大南山隧道	12 701	厦深	2009 年 12 月	双线
6	雪峰山一号隧道	11 670	沪昆	2013 年 10 月	双线
7	南梁隧道	11 536	石太	2007 年 6 月	单双线
8	狮子洋隧道	10 800	广深港	2011 年 3 月	双线

续表

序号	隧道名称	隧道长度/m	所在线路	贯通日期	备注
9	金寨隧道	10 700	合武	2007 年 11 月	双线
10	浏阳河隧道	10 115	武广	2008 年 12 月	双线
11	大瑶山一号隧道	10 081	武广	2008 年 6 月	双线
12	梁山隧道	9 888	厦深	2012 年 12 月	双线
13	鸡面山隧道	9 763	温福	2007 年 5 月	双线
14	分水关隧道	9 735	温福	2008 年 1 月	双线
15	栋梁坡隧道	9 294	沪昆	2013 年 12 月	双线
16	双鹰顶隧道	9 275	厦深	2010 年 4 月	双线
17	江门隧道	9 185	广珠	2012 年 3 月	双线
18	黄龙寺隧道	8 716	石武	2010 年 8 月	双线
19	梅林隧道	8 607	厦深	2013 年 1 月	三线
20	张茅隧道	8 483	郑西	2008 年 12 月	双线
21	大瑶山三号隧道	8 289	武广	2008 年 12 月	双线
22	凤凰山隧道	7 979	甬台温	2007 年 9 月	双线
23	红毛岩隧道	7 857	合武	2007 年 7 月	双线
24	函谷关隧道	7 851	郑西	2008 年 9 月	双线
25	秦东隧道	7 684	郑西	2008 年 4 月	双线
26	石板山隧道	7 505	石太	2007 年 4 月	双线
27	太坤山隧道	7 006	甬台温	2008 年 4 月	双线
28	飞鸾岭隧道	6 718	温福	2007 年 7 月	双线
29	八仙仑隧道	6 713	温福	2007 年 8 月	双线
30	乌岩山隧道	6 208	甬台温	2008 年 1 月	双线
31	大瑶山二号隧道	6 027	武广	2008 年 6 月	双线
32	黄晶玲二号隧道	5 735	福厦	2007 年 12 月	双线
33	尧典隧道	5 715	厦深	2011 年 3 月	双线
34	商浦山隧道	5 500	厦深	2012 年 3 月	双线
35	大尖山隧道	5 448	厦深	2010 年 8 月	双线
36	湖州隧道	5 315	合宁	2011 年 6 月	双线
37	状元峰隧道	5 025	甬台温	2008 年 4 月	双线

　　在交通运输飞速发展的大背景下,公路、铁路线路越来越密,在一些关键地区逐渐出现一条或多条线路相互交叉,交叉隧道也变得越来越频繁,加之我国大力发展的高铁在规划过程中极少有绕行或展线的设计,在与既有线交叉处多采用交叉隧道的方案。多种原因导致交叉隧道无论是国内还是国外都已经非常普遍,例如日本六月镇新干线交叉隧道,伦敦地铁 Jubilee 延长线下穿 5 条地铁线路和 10座隧道工程;国内遂渝铁路龙凤隧道下穿渝合高速公路尖山子隧道、福厦铁路隧道上跨既有公路隧道、重庆环城公路隧道上跨新龙凤隧道、漳泉铁路瑞峰隧道下

穿公路隧道等多个交叉工程[2-4]；更复杂的互通式立交隧道，如厦门机场路城市主干道、万石山隧道和钟鼓山隧道呈现空间交叉形式，万石山隧道主要线路下穿钟鼓山隧道，共设计了 A、B、C 三条匝道相互连接（图 1-2）。

图 1-2　厦门万石山隧道

交叉隧道的增多把我国铁路隧道设计标准[5]和建造技术都推到了新的高度，同时全新的项目和复杂的条件也必然给高速铁路隧道的设计、施工以及运营带来更多更复杂的技术难题，其中动荷载作用下交叉隧道的动力响应问题尤为突出。高速铁路交叉隧道可能承受多种动荷载的作用，包括高速列车荷载、地震荷载、爆破荷载以及多元荷载耦合作用。

列车荷载是高速铁路隧道最常承受的一种动荷载。隧道是以混凝土或钢筋混凝土材料为基础的工程结构，在隧道施工中混凝土灌筑、振捣和养护受到空间限制，以及地质条件、围岩性质、地下水作用等环境因素的影响，导致隧道衬砌结构易出现先天性缺陷，即初始损伤。在铁路运营期间，隧道内的轨道、衬砌及混凝土基础等需要承受列车荷载的长期作用，许多隧道的底部均出现不同程度的开裂、破损、下陷等病害，对铁路运营安全和运输效率都产生了严重影响[6-8]，再加上隧道病害的维修成本高、难度大，因此，量化分析列车荷载作用下隧道结构的损伤程度和分布情况具有重要的意义。

地震荷载也是高速铁路隧道设计过程中一类不可忽视的动荷载。我国幅员辽阔，许多地区处于地震频发地带，并且近年来我国大力发展高速铁路项目，部分高速铁路隧道难免处于地震频发地带，因此，抗震设计成为隧道设计中一个不可忽视的问题。国内外对地下结构抗震设计做了大量研究，其中对单一隧道、地铁车站以及地铁交叉隧道的抗震设计都有一定的研究，但较少涉及高速铁路交叉隧道的地震响应和抗震计算方法。然而高速铁路交叉隧道断面大、运营安全要求高，因此，对复杂环境条件下高速铁路交叉隧道的地震动力响应进行研究具有重要的理论意义和工程价值。

爆破荷载同样是高速铁路交叉隧道比较常见的一种动荷载。交叉隧道是典型的岩土近接工程，新建隧道的施工会打破原有岩土体的地应力平衡，并在既有隧道结构上产生附加作用，影响既有隧道的运营和结构安全。隧道的施工方法主要有明挖法、浅埋暗挖法、盾构法和矿山法，其中传统的矿山法在掘进效率、经济效益和技术成熟度等方面都具有一定优势，在山岭隧道施工中依然处于主流地位，也是交叉隧道新建隧道施工中的主要施工方法。矿山法中的爆破施工会对周围岩土体造成较大的影响，因此对既有隧道的附加作用也不容忽视，一方面，爆破施工会使周围岩土体性质劣化，削弱岩土体自撑能力，加大既有隧道衬砌结构上的荷载；另一方面，爆破荷载会改变既有隧道的受力状态，弱化既有隧道衬砌结构，使其承载力下降，安全度降低。交叉隧道施工中的近接扰动和爆破动力荷载影响引起的既有隧道正常运营和结构安全问题时有发生，如九道拐铁路隧道受邻近爆破工程影响洞室发生破坏，造成线路停运，经济损失巨大；西康线响水隧道和湘黔铁路流潭隧道都因小间距出现过既有隧道衬砌开裂而影响安全运营的问题。因此，研究新建隧道施工对既有隧道的影响，特别是研究新建隧道爆破施工的影响范围、影响程度、影响规律和对既有隧道结构和运营安全的影响具有很大的现实意义。

另外，由于高速铁路交叉隧道会同时受到来自入射、反射、绕射等多元动荷载耦合导致的震动，其所受影响相比一般隧道而言更大。近年来国内外虽然对单个隧道结构受高速列车荷载或地震荷载动力分析做了大量研究，对列车或地震荷载作用下地铁或高铁交叉隧道响应分析也有一定研究，但对地震与列车等荷载耦合作用下高速铁路交叉隧道的动力响应及安全性分析还鲜有研究。因此，对多元荷载耦合作用下高速铁路立体交叉隧道的动力响应及安全性进行研究也是一个重要的课题。

针对以上高速铁路交叉隧道建设中有待解决的动力学问题，采用理论分析与数值计算相结合的方法，对高速铁路交叉隧道在列车荷载、地震荷载、爆破荷载及多元荷载共同作用下的动力响应进行深入研究，量化隧道结构的动力损伤量，评价各个影响因素对高速铁路隧道结构性能的影响程度，不仅可以为我国高速铁路隧道的合理设计、施工及运营维护提供科学依据，还可以为高速铁路建设和可持续发展提供重要技术支撑。

1.2 铁路隧道动力响应研究概述

振动是铁路隧道病害的重要来源之一，振动荷载会大大加剧隧道结构病害的发展过程，国内外学者采用不同的方法对铁路隧道的动力响应开展研究，归纳起来大致有理论分析法、现场测试法、室内试验法以及数值模拟法等，针对的振动荷载类型主要包括列车荷载、地震荷载、爆破荷载等。

1.2.1 列车荷载动力响应

列车荷载是指列车行车时车辆-轨道系统相互作用而引发的振动荷载,列车荷载由多方面因素构成,如轨道组成、线路不平顺、列车轴重、悬挂体系、行车速度等,它是隧道动力荷载的主要来源之一。目前,国内外学者主要采用理论分析法确定列车荷载,在此基础上结合室内模型试验和现场测试结果分析列车荷载的分布规律,再采用数值计算软件对多种工况组合进行整体模拟。

损伤理论是列车振动问题最常用的分析方法之一。黄娟等[9-11]采用损伤理论对列车荷载作用下衬砌结构的动力响应和损伤特性进行系统研究,量化了隧道衬砌的损伤程度,并深入探究了高铁隧道衬砌结构的破坏机理和疲劳寿命。王志伟等[12]针对高速铁路隧道基底混凝土结构拉-压荷载反复受力特点,建立混凝土随机损伤本构模型,通过与室内试验结果进行对比验证损伤模型的准确性。杨俊斌等[13]研究了列车疲劳荷载作用下 CRTS Ⅰ型轨道板及 CA 砂浆层的疲劳损伤。除了考虑衬砌结构损伤外,如何考虑列车荷载也是隧道动力响应分析的关键。梁波等[14]从几何不平顺角度入手,通过联系不平顺管理标准,建立了适合的列车荷载表达式。李成辉等[15]和高峰等[16]根据车辆轨道模型,从频域和时域两方面对深圳地铁道床动荷载进行分析,得到了道床最大动荷载。张玉娥等[17]和刘明丽[18]分析了列车荷载作用下的地铁隧道动力响应,提出了响应的振动控制措施。Fujikake[19]研究了列车车辆产生振动荷载的原因,分析了振动荷载沿地下和地面的传播规律,并预测了对周围环境的振动水平。Lamaran[20]提出列车荷载是与列车速度、钢轨支撑性质、轮重、轨枕间距等有关的附加动载与静载之和。

室内模型试验和现场测试方法是深入分析列车荷载的有效方法。蒋红光等[21]建立了一种全比例尺的高铁板式轨道路基模型和可模拟真实列车荷载高速移动的分布式加载系统,基于该模型试验平台,对高速列车不同运行速度下板式轨道路基的振动和动应力特性进行了试验研究。黄娟[9]对 V 级围岩条件下的高速铁路隧道底部结构进行了三种加载频率下的动力模型试验。杜明庆等[22,23]针对高速铁路隧道仰拱结构的受力状态,采用现场测试方法获取兰新第二双线福川隧道返工后仰拱混凝土和钢筋的应力,分析仰拱结构的受力特性及应力变化规律,基于监测结果量化仰拱底鼓破损程度,并给出相应的控制措施。潘昌实等[24]在对北京地铁区间隧道进行现场试验的基础上,确定了列车振动荷载的模拟数定表达式。王祥秋等[25,26]以京广线提速列车为背景,采用模型试验和现场测试相结合的方法对朱亭隧道结构的动力响应进行研究,建立了列车振动荷载的分析模型,确定了列车振动荷载的数定表达式。由于设备技术手段复杂、试验成本高、试验环境差等因素,室内模型试验和现场测试难以大规模推广,它经常作为辅助手段与其他方法联合使用。

随着计算机模拟技术的发展,数值计算以建模方便、计算快速、材料模型库类型丰富以及软件前后处理功能强大等优点得到众多科研工作者的青睐。彭立敏等[27]采用空间非线性动力有限元理论和准静态荷载法，计算了列车荷载作用下隧道铺底混凝土结构四种计算工况的动力响应。丁祖德等[28-30]基于 ABAQUS 的 UMAT 子程序完成了考虑刚度和强度劣化的弹塑性损伤模型的二次开发，运用开发的本构模型研究了不同行车速度和结构形式下隧道底部基岩的动力响应规律，并通过相关试验模拟了列车长期振动作用下基底软岩的应力及变形状态。Thiede[31]采用人工阻尼，同时考虑阻尼和动荷载激振频率分析了不同衬砌厚度对地铁列车荷载下隧道结构动力响应规律的影响。Cai 等[32]分析了台湾高速铁路振动下隧道和竖井衔接缝的动力响应。白冰等[33]采用三维有限元方法对地铁列车振动荷载作用下，由左右平行隧道过渡到上下平行隧道情形下的三维弹性动力响应。王祥秋等[34]采用有限元方法分析三种不同断面形状的隧道衬砌结构的动力响应特征，获得隧道衬砌结构竖向位移、竖向加速度及各种内力时程曲线。于鹤然等[35]、李亮等[36]、张玉娥等[37]分别采用有限差分法和有限元法分析了高速列车振动荷载作用下隧道衬砌结构的动力响应。Balendra 等[38]分析了在地铁列车振动荷载作用下隧道结构体系的动力响应。Guan 等[39]对隧道内匀速通行的列车情况进行分析，运用三维数值模拟方法模拟了隧道间动力相互作用。王荣针对地铁车站下穿高铁隧道[40]、陈行等针对地铁与高铁近距平行隧道[41]，采用 ABAQUS 分析列车荷载下隧道衬砌的动力响应特性，得出列车振动的影响区域和关键部位。和振兴等[42]、陈卫军等[43]、莫海鸿等[44]针对地铁列车振动荷载问题，采用有限元和有限差分方法分析了振动荷载引起的隧道结构和地面的动力响应问题。

对于列车荷载作用下隧道衬砌结构的动力特性，国内外学者多采用数值计算方法进行研究，研究对象多集中于运营速度较低的普通铁路或城市地铁，较少涉及高速铁路动力响应的研究；并且研究工作多是针对动荷载对轨道道床及隧道下部结构的影响，对围岩和衬砌整体结构的分析研究还不够深入。受制于试验设备和技术手段，无论是对普通铁路还是对高速铁路，室内模型试验均难以大规模开展，而现场测试所得的数据和结果也不尽如人意，这都是在评价高铁隧道动力稳定时需要弥补的不足。

1.2.2　地震荷载动力响应

地震发生时地震波自震源处向外传播，地震波属于弹性波，根据其特性和作用性质可分为三类，即纵波、横波及面波。纵波波速最快，其次是横波和面波。位于震中或震中附近的构筑物，首先受纵波引起的竖向振动，其次是横波引起的水平振动；距离震中较远的构筑物，首先受到纵波引起的摇晃，其次受到横波引起的竖向振动。当构筑物与震源垂直时，横波导致轴向的拉压，纵波导致底板隆起及弯曲；当构筑物与震源平行时，纵波会造成底部隆起和轴向拉压，横波导致弯曲；当构筑物与震源斜交时，横波和纵波同时引起底板隆起、轴向拉压以及弯曲。由于横波占地震能量大部分对地下结构的影响较大，一般仅考虑水平振动对结构的影响，当有底板隆起破坏时需要考虑纵波的影响。

地震发生时地震波以不同的速度在地层内传播，同时作用在结构上，由于震中位置的不确定性以及波的多次作用，地震波在结构中的传播方向不能确定。地震波的传播导致隧道结构发生交替的拉压应变循环[45-48]，此应变与隧道衬砌应变以及周围岩层应变叠加，其中压缩应变是衬砌所固有的，该应变的叠加可能造成衬砌剥落，若压缩应变不大于拉伸应变，则造成衬砌开裂；若无衬砌，则可能导致岩块发生松动，最后出现落石现象。

国外对地下结构的抗震研究较早[49-53]，20世纪50年代日本学者便以静力学理论为基础，对地下构筑物的地震力进行计算；苏联学者将弹性理论与地下结构抗震联系起来，得出均匀介质中多连通及单连通域的应力状态，用来求解地震荷载下地下结构的近似解和精确解。苏联在建设贝-阿干线（BAM）铁路隧道和塔什干地下铁道时就重视车站及隧道结构的抗震设计。旧金山海湾区域在修建地下快速铁路时，深入分析了地下结构的抗震性能，提出了地下结构的抗震设计准则。20世纪70年代日本学者从分析地震观测资料开始，结合现场观测与模型试验，得到数学模型，加速了地下成层地基和软基隧道的抗震发展。对于沉埋隧道主要是应用反应位移法，同时将隧道抗震思想贯穿于从选线到改造的整个过程。

我国对地下抗震的研究起步较晚[54-57]。20世纪50年代通过融合国外的抗震标准以及研究经验应用静力法制定出铁路隧道抗震规范，此后一直使用静力法，较少研究地下结构抗震。我国地下结构抗震以地下管线为起点，1966年邢台地震以后，国内工程界开始重视地下管线的抗震问题。随着地铁建设和地下空间的开发，越来越多的学者开始着手地下结构的抗震研究。

姜忻良等[58]采用有限元和无限元结合的方法，建立了三维无限元与有限元耦合模型，通过考虑区域和无限元节点位置对其耦合模型的影响，对交叉隧道地震响应进行分析。蔡海兵等[59]运用FLAC[3D]研究地震横向荷载作用下工作竖井与隧道结构连接处的动响应特性，通过计算工作竖井与隧道结构连接处竖向和水平收敛位移值，对各部位的抗震性能进行评价。杜修力等[60]利用ABAQUS对水平和竖向地震荷载作用下大开地铁车站进行非线性分析，研究了车站在地震荷载作用下的破坏机理。陈磊等[61]用ABAQUS对近场强地震荷载作用下的地铁交叉隧道进行了非线性地震反应特性研究，得出双层隧道相互作用影响对上、下层隧道结构地震反应的影响与隧道的交叉形式以及输入的地震动特性有关。何俊[62]针对高铁隧道洞口缓冲结构抗减震性能差的问题，采用ABAQUS研究不同开口组合高铁隧道洞外缓冲结构的地震响应特性，同时提出四种抗减震措施，并对其抗减震性能进行分析评价。刘淑红等[63]针对裂纹和地震荷载共同作用下的动态断裂问题，采用有限元方法计算带裂纹重载铁路隧道衬砌的动应力强度因子和动承载力安全系数，以此确定隧道的危险状态。胡志飞[64]采用 ANSYS 模拟偏压隧道在地震荷载作用下的动力反应特性，分析了侧覆土厚度、横坡角度和埋深对偏压隧道抗震性能的影响。朱长安[65]采用 FLAC³D 模拟了断层破碎带隧道在地震荷载作用下隧道衬砌的受力特性，对比分析了偏压角度和断层带宽度变化对地震作用下的隧道结构动力响应的影响。

1.2.3 爆破荷载动力响应

早期对爆破地震波的研究多基于弹性波理论，亨利奇[66]提出爆破地震波与天然地震波具有相似之处，在地面传播以面波为主，在地下以体波为主。钱七虎和王明洋[67,68]以平面弹性波理论为基础，研究了节理裂隙岩体中应力波的衰减规律。李夕兵等[69,70]探讨了无黏结力或黏结力较小情况下地震波斜入射到节理面时波势、应力和能流的透反射关系。Dowding[71]深入研究了爆破振动的 3 种特征频率：视主频、傅里叶主频和 SDF 反应谱主频，提出根据质点位移、振速和加速度谱预测主频和频谱曲线的方法以及基于频率的爆破振动控制理论。李洪涛等[72]以实际工程为背景，利用地震学理论对爆破地震波的衰减规律进行研究，提出爆破地震波峰值能量随距离的衰减系数是振速衰减系数的 2 倍，爆破地震波能量与峰值振速的平方近似正比。

Rigas 等[73]以经典力学原理为基础，运用数值分析方法对岩石在爆破地震波作用下的破坏情况进行了研究。Ramulu 等[74]利用边界元方法分析了爆破地震波作用下不同断面隧道的结构响应。龙源等[75]分析了大量的深孔爆破现场实测数据，得到爆破地震波的频率、幅值和持续时间等参数的变化规律，通过回归分析拟合出爆破地震波加速度幅值的经验公式。周俊汝等[76]利用有限元软件分析了球状和柱状药包爆破频率的衰减规律，提出无论是球状药包还是柱状药包，主频衰减过程中均会出现局部突变或波动，而平均频率则随爆心距规则衰减。卢文波等[77]在分析爆破地震波的基础上，提出确定爆破地震波传播过程中能量衰减规律的几种方法，同时结合实际监测数据对上述方法的影响因素进行探讨。

爆破本身是一个能量剧烈释放的过程，隧道爆破施工不可避免地会造成周围岩体的扰动及构筑物的破坏。为降低爆破施工对周围岩体的影响，研究工作者主要从两方面开展研究，即一方面是改进爆破施工方案，另一方面在爆破期间对一定范围内的围岩和构筑物进行隔震处理。杨年华等[78]在济南开元寺隧道和杭州引水隧洞爆破开挖中开展爆破试验，指出掏槽爆破扰动范围大，通过方案优化对比提出了控制爆破影响的技术措施。王仁涛等[79]以青岛地铁 3 号线下穿地面建筑为工程背景，通过合理的爆破设计和实时监测，提出了包括掏槽方式、装药量和炮孔布置等一套控制爆破振动的方案，并提出质点峰值振速在砖混建筑物顶层存在放大效应。郑大榕[80]通过南京地铁隧道爆破开挖的爆破实践和振动测试，指出在某些特定工程条件下由于场地系数难以准确确定，萨氏公式在爆破地震效应的预测上可能存在较大偏差，并提出在炮孔靠近既有构筑物侧添加炮泥的隔震措施。胡守云[81]针对下穿机场跑道的隧道爆破动力响应问题，采用现场测试、数值模拟、理论分析相结合的综合研究方法分析爆破震动作用下机场跑道以及临近围岩的爆破动力响应，以此确定爆破安全判据。郑明新等[82]针对救援通道爆破振动对高铁隧道衬砌结构的影响，运用现场测试与数值计算方法分析高铁隧道危险部位，并结合现场实测数据确定爆破施工的安全振速。曹正龙等[83]以青岛 2 号线、3 号线立体交叉隧道爆破施工为背景，提出了掏槽区打空孔减震和拱顶取芯隔离带两种减震方案，并利用 FLAC^{3D} 验证了在拱部施作隔离带的减震效果。姜德义等[84]以重庆某超小净距交叉隧道为背景，通过对大量现场监测数据进行回归分析建立爆破振动波传播的数学模型，得到其衰减规律。

1.3　立体交叉隧道研究概述

1.3.1　隧道近接工程分类和影响分区研究

按照空间相对位置关系[85]，交叉隧道可以大致分为空间正交型、空间斜交型和空间平行型；按照结构相对关系交叉隧道又可分为结构分岔型、结构联络横通道型和结构风井型。前者仅呈现空间上的交叉关系，结构上无连接，后者是相互连接的。新建隧道与既有隧道近接度和影响分区主要取决于隧道的净距、相对位置关系、新建隧道规模、新建隧道开挖工法、围岩级别和既有隧道结构施工质量等。日本在大量隧道近接工程研究的基础上制定了铁路等各专业的近接施工指南[86]，系统全面地梳理了划分近接工程近接度所需考虑的各种因素。表 1-3 和表 1-4 分别为左右并行及上下交叉隧道近接度的划分表。

表 1-3　左右并行隧道近接度划分

两座隧道位置关系	间隔	近接度的划分
新建隧道高于既有隧道	<1D	限制范围
	1D～2.5D	要注意范围
	>2.5D	无条件范围
新建隧道低于既有隧道	<1.5D	限制范围
	1.5D～2.5D	要注意范围
	>2.5D	无条件范围

注：D 为新建隧道外径，隧道外缘垂直或水平方向的最大尺寸，下表同。

表 1-4 上下交叉隧道近接度划分

两座隧道位置关系	隧道间隔	近接度的划分
新建隧道上跨既有隧道	<1.5D	限制范围
	1.5D～3D	要注意范围
	>3D	无条件范围
新建隧道下穿既有隧道	<2D	限制范围
	2D～3.5D	要注意范围
	>3.5D	无条件范围

国内学者主要针对施工阶段近接隧道的影响分区进行研究，较少研究运营期列车荷载作用下围岩级别、列车速度、隧道间净距、隧道埋深等对立体交叉隧道沿轨道方向分区的影响。仇文革[87]探讨了 3 种近接隧道施工的影响分区，给出部分分区指标及影响系数，并提出了相应的施工对策，由于岩土体的复杂性尚不能完全按照定量计算，现在仅是半经验半理论相结合。郑余朝[88]定义了几何近接度和近接影响度的概念，研究了以地表沉降作为标准影响度的有关阈值，提出了钢筋混凝土结构和列车荷载对下行隧道影响强度的判别准则。杨利海[89]采用有限差分法计算大量的工况，通过对隧道道床最大竖向位移进行回归分析，得出预测公式进而计算出对既有隧道无任何影响的最小容许净距。康立鹏[90]通过分析隧道衬砌的影响因素，对衬砌结构拉应力进行单因素和多因素拟合，提出了衬砌结构拉应力的响应值，并进行了交叉隧道影响分区的划分。袁竹等[91]通过模拟不同地质条件下的下穿隧道的施工，分析了铁路隧道下穿高速公路隧道的影响分区。黄明普[92]以重庆某平行地铁隧道为背景，通过分析两隧道间围岩应力的变化值，研究了不同隧道间距下的相互影响范围。高林[93]通过模拟某上下平行立交四条隧道的施工，分析了四条隧道在不同间距下的地表竖向位移及立交断面的受力规律，对四条并行隧道划分了影响分区。郑余朝等[94]依托某区间隧道下穿长春站，分析了路基沉降与轨道高低偏差之间的关系，提出了多因素的分区划分方法。赵东平等[95]对浅埋暗挖地铁重叠隧道之间的相互影响划分了强弱影响区，并应用此成果对某重叠地铁沿纵向划分影响分区。

1.3.2 交叉隧道抗震研究

在隧道抗震方面，单孔和多孔平行隧道的研究方法比较成熟，而交叉隧道的研究则相对匮乏，且交叉隧道主要以普通隧道研究为基础。目前国内外学者主要研究交叉隧道在不同地质条件下的工程施工方法，并且研究方法多凭经验，缺乏系统的理论分析，存在标准不统一、多解和突变性。

日本从 20 世纪 90 年代，就开始研究隧道开挖对邻近结构的影响，根据地下工程中遇到的问题进行了有关研究。Hatambeigi 等[96]研究了在循环荷载作用下隧道围岩及衬砌结构的动力响应问题，给出了交叉隧道的动力响应解答方案。Liu等[97]采用模型试验，研究了土-隧结构相互作用的力学特性。Jiang 等[98]研究了瑞利波作用下隧道的动态响应问题。彭立敏等[99]分析了高速列车荷载作用下围岩、交叉角度、净距以及列车的速度和通行方式不同时交叉隧道的动力响应。高盟等[100]和高广运等[101]分析了均布突加荷载下圆柱形衬砌瞬时响应，提出并验证了解析解公式。张璞[102]通过 ANSYS 对上海明珠线地铁区间上下交叉隧道进行了动力响应分析，同时考虑了列车的不同的通行方式对交叠隧道的影响。刘镇等[103]基于穿越过程中与工后的新旧立体交叉隧道系统耦合作用过程与机制分析，定量分析了其耦合作用中应力与位移状态变化的全过程。高广运等[104]采用有限元软件建立交叉隧道的三维有限差分模型，采用修正动偏应力长期沉降计算模型，结合分层总和法计算软土的沉降，预测交叉隧道的长期沉降规律。胡建平等[105]基于动力学基本方程，结合有限单元法及 Newmark 直接积分法，利用 ADINA 软件，分别考虑了在多种方向地震作用下存在于软土基地中的立体交叉隧道群的位移、加速度和应力响应。王鑫等[106]基于考虑横向剪切变形的中厚壳理论，得到隧道结构与周围岩体的振动方程，并且利用其频散特征方程针对隧道结构的振动特性进行了研究分析，同时也验证了方程的有效性。朱正国等[107]针对立体交叉隧道受多元荷载耦合振动问题，采用 FLAC^{3D} 对多元荷载耦合作用下隧道结构的动力响应规律进行定量分析，确定立体交叉隧道的结构安全性和危险部位。

从总体上看，目前大部分学者采用振动理论模型、相关计算公式以及模型试验对荷载作用下隧道结构的受力特性及相互作用进行了研究，研究对象基本集中在普通铁路单隧道或者是多线地铁隧道范围内，较少涉及高速铁路交叉隧道相关振动理论模型及相互作用的研究。

1.3.3　交叉隧道爆破振动影响研究

由于交叉隧道结构以及岩土体本构关系的复杂性，新建隧道爆破振动对既有隧道的影响是一个极其复杂的问题，它涉及岩体力学、爆破工程、隧道工程等多个学科，单纯用理论分析和数学计算难以解决。国内外学者主要研究交叉隧道爆破动力特性和既有结构的动力响应，交叉隧道爆破振动的安全判据和控制阈值以及交叉隧道振动影响分区，研究手段以数值分析和现场监测为主。

数值模拟方法是研究交叉隧道爆破振动特性的有效手段。冯仲仁等[108]以复线隧道爆破施工为工程背景，采用 Midas 分析新建隧道爆破振动对既有隧道不同部位的影响，得出拱顶及迎爆侧边墙为最危险区域，并提出将一次爆破炮孔分多段起爆、采用周边预裂爆破技术阻隔爆破地震波等降低爆破振动的有效措施。王祥秋等[109]以某双连拱隧道爆破为工程背景，分析了隧道爆破振动对地表工棚及别墅区的影响，提出仅以最大振速作为爆破振动安全评价指标的局限性，建议结合现场监测和数值模拟方法分析爆破振动时间效应和累积作用，更为全面地评价爆破振动下既有构筑物的安全性。张程红[110]以新库鲁塔格隧道为工程背景，利用 MIDAS/GTS 瞬态动力学分析不同工况下新建隧道爆破施工对既有隧道结构振速、应力、变形的影响，得到有无导洞两种条件下既有隧道的衬砌振速阈值。乔宪队等[111]采用 FLAC^3D 得到新建隧道爆破施工时既有隧道洞周围岩应力、位移和质点振速的分布情况，指出既有隧道迎爆侧受爆破振动影响最严重，提出爆破地震波的反射作用是迎爆侧出现拉应力的原因。毕继红等[112]基于有限元理论分析了围岩级别和净距不同时既有隧道衬砌对新建隧道爆破荷载的动力响应，得出交叉隧道爆破施工隧道安全间距，提出围岩性质变化会导致既有结构对爆破振动的不同响应及质点峰值振速与爆源距离呈非线性关系。李云鹏等[113]以小净距隧道双侧壁导坑法爆破施工为背景，采用数值模拟办法分析已有洞室周边的振速和第一主应力，得出已有洞室受爆破振动影响的一般规律。陈卫忠等[114]以走马岗公路隧道上跨东深供水隧洞工程为背景，通过数值模拟和现场监测对比的方法，对新建隧道爆破施工中既有隧洞的位移和应力进行了分析，为类似工程提供参考。魏海霞[115]采用动力有限元法求解砌体结构在不同爆破地震波作用下的响应值，以结构单元的临界失效状态为依据得到不同频率爆破地震波作用下砌体结构的安全标准，完善了现有爆破振动安全判据。杨年华等[116]采用 DYNA-2D 程序分析了邻近隧道钻爆施工时既有隧道衬砌质点振速变化规律，确定了最大振速点和爆破源的位置关系，对影响爆破振动破坏程度的因素进行了分析，并在此基础上得出了系列减小爆破振动的有效措施。

研究工作者采用现场监测和数据分析等手段对交叉隧道爆破振动开展研究，也取得了一定的成果。逄焕东等[117]同时考虑开挖方式、爆破施工、列车运行 3 种因素建立数学模型，结合现场监测数据预测出了路基质点振动速度与装药量和距离的关系，并提出一种安全评估方法。易长平等[118]运用波函数展开法，研究了圆形洞室在爆破地震波作用下的动力响应，分析了围岩级别、洞径大小和爆破地震波频率对爆破振动的影响，同时确定了不同情况下围岩的安全振速。阳生权等[119]基于某小间距隧道爆破施工的现场监测数据，通过分析隧道围岩和衬砌质点振速波频谱及振速幅值分布，说明了爆破作用下小间距隧道衬砌及围岩的力学特性和动力响应，提出了既有隧道爆破荷载下的安全判据。吴德伦等[120]通过对比国内外爆破振动安全振速的标准，结合对重庆市区大量爆破实测数据的分析提出了针对不同爆破地震波频带的爆破振动控制建议标准。姚勇等[121]以某小净距隧道钻爆施工为工程背景，对施工现场进行了监测，并结合数值模拟结果对先行隧道在后行隧道爆破荷载作用下的振动规律进行研究，对影响范围进行了划分。谭忠盛等[122]采用有限元软件对株六铁路复线关寨隧道的爆破施工进行计算，对比现场监测结果验证数值计算结果的正确性，并对既有隧道受爆破影响程度范围进行了划分。粟闯[123]以隧巷工程为研究对象，采用现场监测和数值模拟的手段，拟合出针对隧巷工程爆破的质点振速公式，并用于实际工程，同时通过分析振动信号得到爆破地震波频率和能量分布规律，提出了爆破振动破坏的评估办法和应对措施。

1.4　隧道结构动力损伤研究概述

1.4.1　经典混凝土力学

如何科学表达混凝土材料的力学行为一直是混凝土力学研究的重点。自 19世纪末期以来，研究工作者将固体力学领域发展起来的基本理论用于表述混凝土材料的力学行为，到 20 世纪 80 年代，逐渐形成了混凝土力学的学科分支。图 1-3所示是典型的混凝土单轴受压应力-应变曲线。由图 1-3 可知，混凝土材料具有非线性、峰后强度软化和刚度退化等复杂特性。

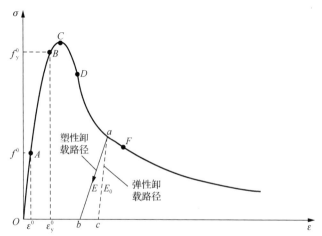

σ 为混凝土应力；f_y^0 为混凝土塑性界限；f^0 为混凝土弹性界限；ε 为混凝土应变；ε^0 为混凝土弹性极限应变；ε_y^0 为混凝土塑性极限应变；E_0 为弹性模量；$A\sim F$ 为混凝土应力-应变曲线特征点；a 为初始卸载应变；b 为塑性卸载应变；c 为弹性卸载应变

图 1-3　混凝土单轴受压应力-应变曲线

19 世纪末，研究工作者采用经典的线弹性理论来反映混凝土的力学特性，认为在混凝土材料内部应力达到极限抗压强度时材料被破坏，并据此建立混凝土结构设计准则。由图 1-4 可以明显发现，只有混凝土内部应力水平较低（如小于极限强度的 30%）时，混凝土应力-应变关系才符合线弹性力学理论；当混凝土内部应力水平较高时，线弹性理论存在明显误差；当混凝土达到峰后软化阶段时，线弹性理论完全不适用。

20 世纪 30 年代，由于认识到线弹性力学理论的局限性，研究工作者采用非线性弹性理论表述混凝土材料的力学行为，如图 1-5 所示。非线性弹性理论认为，应力加载阶段与应力卸载阶段遵循同样的轨迹，混凝土内部应力达到材料极限抗压强度时材料被破坏。非线性弹性力学理论提出在加载阶段可以很好拟合混凝土材料的应力-应变曲线，但是对于卸载阶段的拟合则完全不符合实际情况，并且这一理论不能反映混凝土的软化特性。因此，国内外学者普遍认为，非线性弹性理论仅适用于表述单调加载条件下，混凝土材料达到峰值强度之前的力学行为，不适用于重复或反复加载以及应力软化阶段的受力分析。

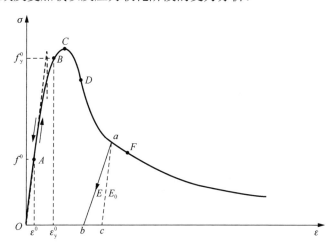

图 1-4　线弹性力学理论中混凝土应力-应变曲线

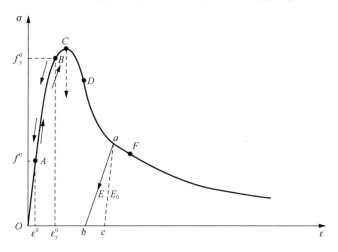

图 1-5　非线性弹性力学理论中混凝土应力-应变曲线

20 世纪 50 年代，随着塑性力学理论的发展及其在金属材料中的应用，国内外学者开始将其用于描述混凝土材料。塑性力学理论用于混凝土材料可分为理想弹塑性理论和强化弹塑性理论，如图 1-6 所示。采用塑性力学理论可以在一定程度上反映混凝土材料重复或反复加载时的应力状态，尤其采用强化弹塑性理论还可以更好地描述应力上升段的特性。正因为如此，弹塑性理论分析仍然在工程界得到广泛应用。然而，由于塑性力学理论起源于金属材料，不能反映混凝土材料的力学本质，如混凝土刚度退化、强度软化及材料各向异性等特性。

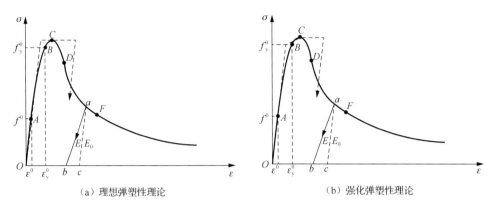

（a）理想弹塑性理论　　　　　　　　（b）强化弹塑性理论

图 1-6　塑性力学理论中混凝土应力-应变曲线

20 世纪 80 年代以来，损伤力学得到发展，其为科学合理地表述混凝土力学行为带来新的方向。损伤的基本概念在物理本质上契合了混凝土材料的力学特性，损伤可以导致刚度退化和强度软化。图 1-7 所示是按照损伤力学基本原理建立的单轴受压状态下混凝土的应力-应变曲线。由图 1-7 可见，损伤力学模型可以很好地描述混凝土材料力学行为的非线性特性。

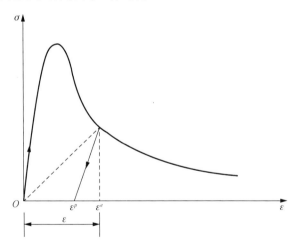

图 1-7　损伤力学理论中单轴受压状态下混凝土的应力-应变曲线

1.4.2　混凝土损伤力学

20 世纪 70 年代中期，在 Kachanov[124]、Rabatnov[125]、Lemaitre[126]和 Hult[127]早期研究的基础上，一般损伤力学的框架逐渐形成。1972 年，Hult 首次提出了连续损伤力学（continum damage mechanics）这一概念；1981 年，在法国召开了损伤力学第一次国际会议，由此损伤力学引起了国内外学者的广泛兴趣，得以迅速发展，并在实际工程中得到广泛应用。

Dougill[128]最早将损伤力学理论用于描述混凝土非线性特性,他认为材料的非线性是由渐近断裂引起的刚度衰减造成的。该模型具备了损伤力学的雏形,但没有在损伤力学理论框架内深入分析混凝土的力学性能。Ladevèze 等[129]和 Mazars 等[130]在混凝土损伤力学理论中做出了开创性的工作,Ladevèze 引入应力张量的正负分量来表示正、负应力引起的损伤,Mazars 采用上述应力张量分量的思路,引入弹性损伤能释放率建立损伤准则,这就是著名的 Ladevèze-Mazars 单轴损伤本构模型。这一模型可以很好地模拟混凝土材料在低周反复荷载作用下的刚度退化和强度软化,但无法反映双轴受压状态下混凝土的强度和延性的提高。此后,不少学者在弹性损伤框架内对 Ladevèze-Mazars 模型进行修正和完善,代表性的有 Mazars 等[131]、Lubarda 等[132]、Kalkreuter 等[133]和 Comi 等[134],但是由于弹性损伤力学理论的局限性,这些研究并没有取得实质性进展,所建立的模型仍然难以较好地反映混凝土多轴受压状态下的非线性力学特性。

考虑到弹性损伤模型的缺陷,一些学者将塑性应变及其演化规律引入损伤本构模型中,以期能够反映混凝土材料的残余变形,这部分研究大体可以分为两个方向。其一是在 Cauchy 应力空间建立塑性应变演化方程,由于 Cauchy 应力表示宏观水平的表观应力,材料进入软化阶段后,宏观应力必然会下降,基于 Cauchy 应力空间建立的弹塑性损伤模型必然涉及屈服面收缩问题,由此可能产生收敛性和稳定性等一系列问题;其二是在有效应力空间建立塑性应变演化方程,由于加载过程中有效应力空间内的屈服面一直膨胀,因此可以避免混凝土软化阶段的复杂问题。运用塑性力学方法判断屈服状态时需要进行迭代,出于对计算效率的考虑,也有学者采用经验方法来表示塑性变形。

损伤力学的核心问题之一是建立损伤准则。上述损伤本构模型中,基于损伤能释放率建立的损伤准则具有明确的不可逆热力学基础,但分析结果无法准确反映混凝土的力学行为;而基于经验建立的损伤准则虽然可以较好地反映混凝土的力学行为,但理论框架缺乏热力学基础,从而使其普适性受到质疑。针对这一问题,李杰等[135]和吴建营等[136]从考虑损伤和塑性的耦合效应入手,引入弹塑性亥姆霍兹(Helmholtz)自由势能,基于弹塑性损伤能释放率建立损伤准则,形成了具有热力学基础的双标量弹塑性损伤模型。

与宏观损伤力学相对,细观损伤力学从混凝土细观缺陷的形成和发展(包括微裂缝、微孔洞的形成、发展)角度入手,以其来反映混凝土力学特性的变化过程。单裂缝对混凝土材料宏观力学性质的影响研究已经比较成熟,然而,混凝土在其形成之初就天然存在大量的细观缺陷,微裂缝之间的相互作用必然会对混凝土的力学行为产生影响。为了考虑细观缺陷之间的相互作用,国内外学者进行了大量的研究,形成了 Mori-Tanaka 方法、自洽方法、广义自洽方法、微分方法、非相互作用方法、微裂缝扩展区模型等。上述方法只能描述稀疏裂缝分布之间的弱相互作用，对于混凝土材料加载中后期微裂缝之间的交错、合并甚至形成剪切带等强相互作用力无法描述。

20 世纪 90 年代，Krajcinovic 等[137]将经典的弹簧模型引入混凝土材料损伤研究中，首次将损伤以概率的形式引入混凝土的本构关系。Bergans[138]在这一模型基础上，结合连续介质损伤力学，从宏观和细观两个水平研究混凝土的本构关系；其后，Kandarpa 等[139]对 Krajcinovic 模型做了扩展，建立基于弹簧模型的混凝土单轴受压随机损伤本构模型；李杰等[140]对 Kandarpa 模型进行系列改进，提出了细观随机断裂模型。

在细观层次对混凝土的损伤随机性进行研究，有助于建立损伤演化从细观到宏观发展的桥梁，不仅可以在根本上解决混凝土非线性与随机性的综合反应问题，也可以在物理机制上合理解释混凝土材料的损伤演化规律。细观随机断裂模型从本质上初步解释了损伤何时发生（损伤准则）、损伤如何演化（损伤演化法则的建立）的物理原因，也正确回答了这些经典损伤力学很难回答的问题。

1.4.3　隧道结构动力损伤

经过几十年的发展，损伤力学已成为反映岩石、混凝土类材料非线性特性的一种重要手段。损伤力学的发展深刻改变了原来结构设计中的强度设计理念，如今损伤力学理论已经应用于多种工程的结构设计、寿命预测及强度校核中。我国在《混凝土结构设计规范（2015 年版）》（GB 50010—2010）中建议的混凝土本构关系也开始采用更为成熟和完善的损伤折减方程[141]，为混凝土结构的设计施工提供了重要的规范基础，表明我国已经在混凝土材料研究方面走在了世界前列。

早期对结构损伤的研究主要集中在静力损伤方面，然而对于实际工程，衬砌结构除了承受静力荷载外，往往还要承受动力荷载的作用，如爆破荷载、地震荷载和列车荷载等。在静力损伤理论及其工程应用研究的基础上，国内外学者对结构动力损伤开展研究。

在爆破荷载方面，由于钻爆开挖法是地下岩土工程常用的一种施工方法，爆破振动荷载不可避免地会引起围压或隧洞衬砌结构的损伤。Grady 等[142]将动力损伤机制引入岩石爆破过程中，提出了岩石爆破各向同性损伤模型，即 GK 模型。针对 GK 模型依赖于某些岩石参数的限制，李宁等[143]利用能量等价原理推导了用波速表达的混凝土动力损伤本构方程。Ansell[144]和 Meglis 等[145]采用现场测试方法，分析了爆破振动下新喷混凝土支护和围岩的损伤响应。

地震作用具有较大的危害性，尤其是强震区工程结构必须考虑地震荷载的作用。针对混凝土坝的地震动力损伤，Lubliner 等[146]提出了一种基于断裂能的塑性损伤模型；Lee 等[147]在其基础上考虑混凝土等准脆性材料不同的损伤状态，用受拉和受压两个损伤变量来描述混凝土的不同损伤状态，提出了混凝土的弹塑性损伤本构模型。Yazdchi 等[148]利用等效应变能来确定损伤参数，采用有限元与边界元耦合计算方法来分析重力坝的地震响应。

我国在混凝土损伤力学性能、疲劳试验和本构理论方面取得了许多研究成果，其中代表性的有清华大学、大连理工大学和同济大学等提出的混凝土损伤模型。李庆斌等[149]结合混凝土在单轴拉伸和压缩试验中得到的快速变形下的材料性能试验成果，从宏观分析出发，利用静力损伤规律通过一定假设推得混凝土动力损伤本构方程，并利用试验成果对其进行了验证。吕培印和李庆斌[150,151]基于边界面概念和连续损伤力学理论提出了混凝土单轴拉-压疲劳损伤模型，并结合疲劳试验结果确定了理论模型中的相关计算参数。宋玉普等[152,153]通过大量试验研究了混凝土在疲劳、地震、冲击、爆炸、射弹等多种荷载情况下的单轴和多轴力学性能，系统总结了混凝土的动力本构关系和破坏准则，形成了比较完整的理论体系。江见鲸等[154]分析了钢筋混凝土结构有限元数值分析的基本理论，并讨论了当前常用的有限元计算软件在混凝土力学性能分析方面的优缺点。

近年来，混凝土损伤方面的课题吸引了不少学者，研究工作相当活跃，也获得了很多成果，但是仍有许多问题需要进一步研究和解决，如：①试验技术。随着研究的深入需要研制更大吨位的三轴压力试验机和三轴动态试验机。②混凝土的本构关系。对于近期发展的高性能混凝土、纤维混凝土及轻质混凝土等的破坏问题尚需进行系统的试验，对于非比例加载、循环加卸载、特殊环境加载条件下的本构关系也需要进一步研究。③相关软件的开发和研究。应大力提倡研发具有自主知识产权的功能强大的混凝土非线性有限元分析软件。

1.5 交叉隧道动力响应研究存在的问题

随着立体交叉隧道工程的案例逐渐增多，国内外学者也针对交叉隧道中动荷载引起的一系列振动问题进行了大量研究，并取得了许多研究成果。但是在某些方面仍然存在许多不足之处，总结起来，具体表现为以下几个方面。

第一，针对交叉隧道动力响应的研究主要集中在一些中、低速的普通铁路隧道或城市地铁隧道范围内，很少考虑诸如高速铁路隧道及交叠隧道等复杂情况。普通铁路或地铁隧道行车速度一般比较低，断面相对较小，各项标准要求较为宽松，其研究成果即使高铁有借鉴作用，但仍然存在很大的不足，特别是相关的基础理论研究工作极少，也未形成完整的理论。

第二，由于受到各种客观因素的影响，针对交叉隧道动力响应的研究主要集中在施工期间隧道结构的受力状态和变形分析，较少考虑运营期间诸如列车荷载、地震荷载以及爆破荷载对结构的影响，特别是忽略了对已有隧道近接工程方面的研究。

第三，缺乏对交叉隧道围岩以及结构之间互相作用、相关基础理论的系统研究。对结合岩土介质环境下的相互影响因素及作用机理的深入研究不够；对地层介质中隧道结构动态变形而裂损的机理、影响因素与发展规律研究较少；对动力荷载作用影响下围岩（土）-隧道结构相互作用理论模型的研究较少；对地震荷载作用影响下隧道疲劳使用寿命规律的分析不够透彻。

第四，以往对交叉隧道进行动力响应分析时，衬砌和隧道围岩被视为线弹性或弹塑性材料，较少考虑损伤因素。事实上，由于隧道环境的特殊性，不论是混凝土衬砌还是隧道基岩都不可避免地存在许多初始损伤，这些初始损伤在列车荷载、地震荷载和爆破荷载作用下进一步发展，材料表现出明显的非线性，采用损伤模型才能够更好地分析材料的破坏机理，获得更接近实际的结构动力响应结果。

针对以上的不足之处，本书采用数值模拟和理论分析相结合的研究方法，探讨了列车荷载、地震荷载、爆破荷载以及多元荷载作用下高速铁路交叉隧道的动力响应，并进行影响因素分析，了解振动荷载对高速铁路交叉隧道整体安全性的影响。

第二章　交叉隧道结构动力分析理论与计算条件

2.1　动力方程及力学阻尼

2.1.1　动力有限差分法

结构的数值解是在满足基本方程（平衡方程、几何方程、本构方程）和边界条件下推导的，将基本方程和边界条件用微分方程的形式近似表达，即用空间离散点处场变量的代数值表示非确定的连续变量函数，这就把求解微分方程的问题转换为求解代数方程，即差分法。差分法需要求解高阶代数方程组，随着计算机的出现才得以实施发展。有限差分法（FDM）是计算机数值模拟最早采用的方法之一，至今仍被广泛应用。它以泰勒级数展开等方法，把控制方程中的导数用网格节点上的函数值差商代替，从而建立以网格节点上的值为未知数的代数方程组。有限差分公式是由两部分构成，即一部分是运动方程（平衡方程），另一部分是静力方程（本构方程），其单个循环步计算流程如图 2-1 所示。由图 2-1 可知，每计算一步更新所有的节点和单元变量，直到计算结束。

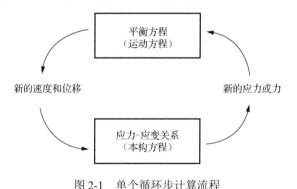

图 2-1　单个循环步计算流程

有限差分法相对于有限元法优势明显：当模拟结构或岩体的塑性破坏时，有限差分法采用的混合离散法比有限元中的离散集成法更为准确合理；有限差分法需要的储蓄空间比有限元小，并且有限元法对于应力间断的处理比较麻烦；在进行动力计算时，有限差分法的非线性处理更为合理，同时有限差分法可以求解材料大变形问题。只是有限差分法对网格要求比较严格，只有网格较密时，才能准确满足积分守恒，并且求解线性问题的计算时长比有限元要长。

三维快速拉格朗日法（FLAC^{3D}）是一种基于三维显式有限差分法的数值分析

方法，它可以模拟岩土或其他材料的三维力学行为。FLAC^{3D}将计算区域划分成若干四面体单元，每个单元在给定的边界条件下遵循指定的线性或非线性本构关系，如果材料屈服或产生塑性流动，单元网格可以随着材料一起变形，这就是拉格朗日算法，它适于模拟大变形问题。FLAC^{3D}采用显示有限差分格式来求解场的控制微分方程，并且应用了混合单元离散模型，其可以准确地模拟材料的屈服、塑性流动、软化直至大变形，尤其适用于材料的弹塑性分析、大变形分析及模拟具体的施工过程等诸多行为。

FLAC^{3D}动力分析模块可以进行三维的完全动力分析，其动力分析基于有限差分法。在进行动力计算时，通过由周围真实网格密度所得到的集中节点质量来求解运动方程。这个方程可以与结构单元进行耦合作用，因此可以分析动力荷载、隧道结构与周围岩土相互作用。在进行动力计算时主要包括以下几个方面的内容：①构建计算模型，保证动力计算的网格尺寸满足动力波准确传播的要求，在静力计算之前完成网格尺寸的检查；②设置恰当的阻尼种类和阻尼参数，以正确表征材料的力学行为；③设置相应的边界条件，施加动力荷载，在施加动荷载时程曲线时需要对其进行滤波和基线校正；④设置监测变量，以观察动力计算过程中模拟的动力响应情况。

2.1.2　动力方程

1. 结构体系振动方程

根据振动力学基本理论，车-隧系统的振动方程中需考虑损伤因素，因此系统阻尼、刚度以及外荷载等均为变量。其中外力荷载为车辆与轨道结构产生的轮轨作用力，系统阻尼矩阵和刚度矩阵可引入损伤变量 $D(t)$ 进行修正，质量矩阵由于与材料的损伤状态无关因而不作修正。根据哈密顿（Hamilton）原理，隧道结构体系的振动微分方程可表示为

$$[M]\{\ddot{U}\} + [C(D(t))]\{\dot{U}\} + [K(D(t))]\{U\} = \{P(t)\} \qquad (2\text{-}1)$$

式中：$[M]$ 表示质量矩阵，包括围岩和衬砌单元等，以下相同；$[C]$ 表示阻尼矩阵，为损伤变量 $D(t)$ 的函数，即 $[C(D(t))]$；$[K]$ 表示刚度矩阵，为损伤变量 $D(t)$ 的函数，即 $[K(D(t))]$；$\{U\}$ 表示位移向量；$\{\dot{U}\}$ 表示速度向量；$\{\ddot{U}\}$ 表示加速度向量；$\{P(t)\}$ 表示外荷载向量。

2. 动态时步与动态多步

动力分析中采用真实的节点质量，而在静力分析中为了能够快速收敛采用了虚拟的节点质量。动力分析中的临界计算时步按下式所示进行计算：

$$\Delta t_{\text{crit}} = \min\left\{\frac{V}{C_{\text{P}} A_{\max}^{\text{f}}}\right\} \qquad (2\text{-}2)$$

其中

$$C_{P} = \sqrt{\frac{K + \dfrac{4G}{3}}{\rho}} \qquad (2\text{-}3)$$

式中：V 表示四面体子单元的体积；A_{max}^{f} 表示与子单元相关的最大表面积；C_{P} 表示 P 波波速，C_{P} 与材料的剪切模量 G 和体积模量 K 有关；min{ } 表示遍历结构单元和接触单元。由于式（2-3）只是临界时间步计算中的估计值，所以在实际运用中需要乘以安全系数 0.5，则在采用无刚度比例阻尼进行动力分析时的时间步为

$$\Delta t_{d} = \frac{\Delta t_{crit}}{2} \qquad (2\text{-}4)$$

当采用刚度比例阻尼时，为了满足计算稳定性，计算时间步需要进行折减。此时临界时间步计算公式如下：

$$\Delta t_{\beta} = \frac{2}{\omega_{max}} \left(\sqrt{1 + \lambda^{2}} - \lambda \right) \qquad (2\text{-}5)$$

式中：ω_{max} 表示系统的最高特征频率；λ 表示该频率下的临界阻尼比，其中 ω_{max} 和 λ 的估算计算公式如下：

$$\omega_{max} = \frac{2}{\Delta t_{d}} \qquad (2\text{-}6)$$

$$\lambda = \frac{0.4\beta}{\Delta t_{d}} \qquad (2\text{-}7)$$

$$\beta = \xi_{min} / \omega_{min} \qquad (2\text{-}8)$$

式中：ξ_{min}、ω_{min} 分别表示瑞利阻尼的最小临界阻尼比、最小中心频率。

从式（2-2）中可以看出，模型中材料的最大刚度和最小单元网格尺寸都直接影响动力分析稳定的计算时间。对于一个计算模型，大部分按照较大时间步进行计算，但是少数尺寸的小单元最终决定了动力分析的临界时间步。为减少动力分析稳定所需要的时间，FLAC[3D] 采用动态多步计算。所谓动态多步是把模型中的单元和节点按照相近的最大时间步进行分类，每计算一组会有特定的时间步进行限制，而单元间信息的交换也会在恰当的时间进行。

2.1.3　力学阻尼

阻尼是结构动力分析的基本参数，可分为系统阻尼、结构阻尼和材料阻尼，它对结构动力响应状态及分析结果的准确性有很大影响。阻尼的产生主要源于完整材料的内部摩擦及可能存在的接触面的滑动所产生的能量损失。FLAC[3D] 通过求解动态方程来求解准静力和动力问题。前者要求更多的阻尼使动力方程快速收敛；后者要求在数值模拟中重现原始系统在动荷载下的阻尼。计算动力问题时阻尼的形式有三种，即局部阻尼、滞后阻尼和瑞利阻尼。

1. 局部阻尼

局部阻尼常用于 FLAC^{3D} 的静力计算中，但是它的某些特殊性能可用于动态计算。它经常通过增加或者减少（结构）节点上的质量来完成振动循环的平衡，因为增加与减少的单元质量等同，故能使系统保持平衡。损失的能量 ΔW 和 W 成一定比例，虽然 $\Delta W / W$ 与频率无关，但它是临界阻尼比 D 的函数为

$$\alpha_L = \pi D \tag{2-9}$$

式中：α_L 被称为局部阻尼系数。

2. 滞后阻尼

滞后阻尼是把岩土体的滞后特性以阻尼的形式加入 FLAC^{3D} 中，把土体视为理想黏性体，采用模量衰减系数 M_S 表征土体的非线性特性，于是有

$$\bar{\tau} = M_S \gamma \tag{2-10}$$

$$M_t = \frac{d\bar{\tau}}{d\gamma} = M_S + \gamma \frac{dM_S}{d\gamma} \tag{2-11}$$

式中：$\bar{\tau}$ 表示剪应力；γ 表示剪应变；M_S 表示割线模量；M_t 表示切线模量。增量剪切模量 G 如下式所示：

$$G = G_0 M_t \tag{2-12}$$

式中：G_0 表示小应变下的剪切模量。

3. 瑞利阻尼

瑞利阻尼最开始用于结构以及弹性体的动态计算中，它可以降低系统固有振动的振幅，瑞利阻尼方程的矩阵表达式[65]为

$$[C] = \alpha[M] + \beta[K] \tag{2-13}$$

式中：$[C]$ 表示阻尼矩阵；$[M]$ 表示质量矩阵；$[K]$ 表示刚度矩阵；α 和 β 表示与质量和刚度相关的阻尼常数，其中质量相关部分相当于模型与地面之间的阻尼，刚度相关部分相当于单元与单元之间的阻尼。这两部分阻尼均与频率相关，但只要选取合适的阻尼常数，在一定范围内取得的响应可以与频率无关。瑞利阻尼需要确定最小角频率 ω_{min} 和最小临界阻尼比 ξ_{min}，它们表达式如下：

$$\omega_{min} = \sqrt{\frac{\alpha}{\beta}} \tag{2-14}$$

$$\xi_{min} = \sqrt{\alpha\beta} \tag{2-15}$$

根据最小角频率，最小中心频率 f_{min} 为

$$f_{min} = \frac{\omega_{min}}{2\pi} \tag{2-16}$$

在模拟过程中，ξ_{min} 的取值会影响计算时间步，其取值与材料种类有关，岩

土材料在 2%～5%，结构系统在 2%～10%。当采用弹塑性本构模型时，塑性流动阶段会消散大量的能量，因此阻尼比设为 0.5%就能满足要求[143]。对于一般模型，最小中心频率可以通过计算模型自振频率作为瑞利阻尼的中心频率。模型自振频率计算如下：首先设置正确的模型边界，且不设阻尼；其次在自重作用下求解几个周期的振荡；最后分析模型关键节点的位移响应曲线图形，计算自振频率。频率大约在 3∶1 范围内阻尼基本保持不变，对于动力问题，可以对典型的速度时程进行谱分析，得到速度谱与频率的关系，不断调整 $f_{\min}$，使频率范围在 $1f_{\min}$～$3f_{\min}$ 内包含主要能量，这时可以将 $f_{\min}$ 作为瑞利阻尼的中心频率。本书近似将结构模型的自振频率作为中心频率。

2.1.4　网格尺寸和边界条件

在高速列车动荷载模拟中，输入波形的频率与岩土体的波速会影响波的传播精度。Kuhlerneyer 等[155,156]的研究表明，模型的网格最大尺寸不得大于输入波形最高频率对应波长的 1/10～1/8，这样才能够保证传播波形数值的精度。

$$\Delta l \leqslant \left(\frac{1}{10} \sim \frac{1}{8} \right) \lambda \qquad (2\text{-}17)$$

式中：λ 为最高频率 F 对应的波长（m）。

$$\lambda = \frac{C_{\mathrm{S}}}{F} \qquad (2\text{-}18)$$

式中：C_{S} 为岩土体 S 波的波速（m/s）；F 为列车荷载传递到隧道衬砌结构上的振动频率。

$$C_{\mathrm{S}} = \sqrt{\frac{G}{\rho}} \qquad (2\text{-}19)$$

式中：ρ 为围岩密度（kg/m³）；G 为围岩剪切模量（Pa）。

由式（2-19）可知，在 FLAC³ᴰ 动力数值计算中，最高输入荷载频率、岩土体剪切模量及密度决定模型的最大网格尺寸。根据现场测试数据，当行车速度为 90km/h 时，列车荷载传递到隧道衬砌结构上的振动频率在 5～40Hz[157,158]，故取振动频率为 40Hz。不同围岩级别下模型最大网格尺寸计算参数见表 2-1，可以求出Ⅲ、Ⅳ和Ⅴ级围岩条件下的模型最大单元网格尺寸计算参数分别为 3.6m、2.1m 和 1.6m。

表 2-1　模型最大单元网格尺寸计算参数

围岩级别	G/Pa	ρ /（kg/m³）	C_{S} /（m/s）	F/Hz	λ/m
Ⅲ	3.15×10^9	2 350	1 158	40	28.9
Ⅳ	9.40×10^8	2 100	669.0	40	16.7
Ⅴ	4.38×10^8	1 800	493.3	40	12.4

在进行动力计算时，合适的模型边界选取对计算结果的影响很大。一般认为，

模型边界越远计算越准确，但往往忽视了设置较远的边界会增加模型网格单元的数量，这会给计算机的计算带来很大的负担。因此 FLAC^{3D} 在动力计算中，为了减小人工边界上波的反射，提供了静态边界和自由场边界两种边界条件。静态边界的概念是 Lysmer 和 Kuhlemeyer 提出的，就是在模型边界的法向和切向设置自由的阻尼器，用其来吸收入射波。需要注意的是，设置静态边界以后，原有的静力边界会被消除，只能在静态边界上施加应力时程，其他输入荷载方法均无效。其中，由阻尼器提供的切向和法向黏性力分别为

$$t_S = -\rho C_S v_S \tag{2-20}$$

$$t_n = -\rho C_P v_n \tag{2-21}$$

式中：t_S 为阻尼器提供的切向黏性力（N）；v_S 为模型边界上切向速度分量（m/s）；C_S 为 S 波波速（m/s）；t_n 为阻尼器提供的法向黏性力（N）；v_n 为模型边界上法向速度分量（m/s）；C_P 为 P 波波速（m/s）；ρ 为介质密度（kg/m^3）。

2.2　动荷载类型

2.2.1　列车荷载

列车荷载是由车辆静载和振动荷载两部分组成。车辆静载是指列车自重；振动荷载是指列车运行中产生的其他荷载。列车荷载的确定涉及很多方面，包括列车轴重、悬挂质量、行车速度、线路平顺度等。英国铁路技术中心对列车荷载进行过理论研究和现场实测，研究结果表明轨道的不平顺和车轮踏面局部有扁疤或偏心都会产生列车荷载。

列车激振力的确定方法有两种，即一种是现场实验，另一种是经验公式。由于现场实验资料比较缺乏，因此大多用经验公式去表达列车荷载。由于列车荷载对结构的振动影响主要是竖向荷载，可以忽略水平荷载，因此在模拟列车荷载时选用激励力函数是可行的。国内外学者用激励力函数去模拟列车荷载方面均有研究[159,160]，他们根据列车荷载产生的机理，对列车在相邻钢轨上移动、钢轨对列车振动荷载的分散作用，以及钢轨的不平顺等影响因素进行了修正，使修正后的列车振动荷载更接近实际，为研究提供了更可靠的保障。

2.2.2　地震荷载

目前的科技水平，还不能准确地对地震做超前预报，尤其是其发生的时间、空间和强度，因此对地震的认识主要通过它发生后的震害调查，从振幅、频谱、持时还有传播特性去认识地震波特性。

（1）振幅。振幅表示地震破坏力大小，振幅越大地震产生的能量越大。地震

波振幅的表达方式有很多，可以用加速度、峰值速度或位移最大值表示。在不同场地上峰值的数量是不一样的，地震加速度峰值数目在岩石场地比在软土场地上要多。地震波的最大峰值应该是水平和垂直两个方向最大幅值矢量之和。对于最大峰值的选取，经常采用加速度最大值，实际中可以选两个方向较大矢量，也可以选两个方向矢量和，还可以把两个方向的矢量都选上。

（2）频谱。频谱是频率谱密度的简称，地震波是一种频率成分非常复杂的行波。地震波从震源向外传播时，岩土能够减弱地震波，与岩体的固有频率不相符的会被减弱，反之就会被放大。所以在选择地震波的时候要使地震波的卓越频率与拟建场地的固有频率相一致。

（3）持时。地震波持续的时间称为持时，持时越长地震的总能量越大，破坏性也就越大。地震波持续的时间并不相同，能量大的地震，地震波可能持续几十秒，能量小的地震持时可能就 1s。同样的地震持续时间，结构性质不同，地震对其破坏影响也不相同。非线性结构受地震持续时间影响大，线性结构受其影响小。在相同震级下，持时越长对结构的破坏就越大。因此在模拟计算时，对于线性结构持时可以设置短些；对于非线性结构持时可以设置长些，一般持时设为结构自振频率的 5～10 倍。

（4）地震波的传播特性。地震靠波动能传播能量，从震源向地球各个方向传播的体波分为两种，即一种是纵波（P 波），另一种是横波（S 波）。纵波和横波性质不同，纵波控制波的前进方向与质点运动方向相同，它传播速度快，比横波先到地表，纵波具有压缩波的性质；横波的前进方向与质点的运动方向垂直，横波周期长、振幅大、传播速度慢。地震波传递到地层界面，在不同介质间会进行折射和反射，到达地面后又复合成两种新波，即 R 波和 L 波，这两种波沿地表传播。初期微动是指从 P 波到 S 波，主震动是指 S 波和 R(L)波到达时的时间。

2.2.3　爆破荷载

目前岩石在爆破作用下的破坏假说主要有以下三种。

（1）爆轰气体压力假说认为岩石破坏是由作用于岩石上的爆轰气体压力所致，气体压力在切向产生拉应力会造成岩石的拉裂，岩石质点上不相等的压力引起的剪切应力会造成岩石的剪切破坏。

（2）应力波假说认为岩石破坏由应力波引起，应力波在岩石中传播形成裂隙，同时在遇到自由面时发生反射，在自由面处对岩石造成拉裂，并从自由面开始造成拉伸片裂破坏。

（3）应力波和爆轰气体压力共同作用假说同时考虑了爆轰压力和应力波作用，与实际情况更为接近。

炸药爆炸是一个剧烈的化学反应，伴随着高温和高压，同时反应极其迅速，在几十微秒到几十毫秒的时间内完成能量的转化、释放、传递和做功[161,162]。爆破过程中产生的高温高压气体及强大的应力波是岩石遭到破坏的外力根源之一。岩石本身具有各向异性和非均质性，爆炸瞬间爆轰波阵面到达炸药和岩石的分界面时，强破坏力的爆轰波进入岩石，该爆轰波能量由炸药和岩石特性决定。爆轰波在岩石中的传播方式包括球面波和柱面波两种，传播方式由炸药形状和药卷的起爆方式决定。冲击波随传播距离而衰减，波形也将发生改变，根据传播距离爆轰波作用区可分为三个：①冲击波作用区，即切向和径向应力波进入岩石，在爆破源附近冲击波大于岩石强度的范围内，主要能量消耗于岩石的粉碎。在距爆破源更近范围内，爆破地震波作用很强，岩石由于抗压能力不能承受波峰冲击而发生不可恢复的形变甚至完全破碎，该区域称为粉碎区。②应力波作用区。在爆破地震波传播过程中能量迅速衰减，能量衰减快慢与炮孔距离和围岩类型有关，在这个范围内，爆破地震波衰减成相对平缓的应力波。传播过程中遇到空气或裂缝时，爆破地震波会大幅衰减，衰减量取决于结构面两侧岩石的相对阻抗，阻抗差别小，波会越过边界，反射作用很弱；阻抗差别大（如自由面），部分压缩应力将以拉伸应力反射回来，反射波会加剧既有裂缝扩展或造成新的裂缝。该区域的岩石因应力超过自身强度而发生破坏，从而产生不同方向和走向的裂缝，此区域常被称为裂隙区，其一般为 120 倍至 150 倍药包半径。③弹性区。在药包半径 150 倍范围之外，爆破地震波传播到该区域时强度已经很弱，只会造成可恢复的弹性变形，不会使岩体破坏。

由于岩石复杂的动力性质和对炸药能量吸收的不确定性，很难对岩石爆破破碎过程进行完整精确的数学描述。根据已有的岩石破坏理论，岩石爆破破碎过程可分为五个阶段：阶段 I，爆破荷载作用于炮孔壁上，炮孔周围一定距离内的围岩发生粉碎性破坏，爆破荷载的增压时间决定围岩发生粉碎性破坏的范围，增压时间与爆破所用炸药及炮孔附近围岩参数有关。阶段 II，粉碎区产生的塑性波和弹性波导致岩体完全破坏，同时在该区域附近产生塑性范围，塑性范围的大小决定气体施加压力的有效半径。阶段 III，塑性波在非线性区域衰减为零，弹性波向更远处传播并逐渐衰减。弹性波传播至自由面时以拉伸脉冲的形式反射，同时造成自由面的张裂缝和层裂。产生层裂的原因在于岩石具有较高的抗压强度和较低的抗拉强度。岩石层裂会产生新的自由面，后续入射的压力波会在新自由面上反射，从而产生下一个层裂，如此循环。阶段 IV，高压爆轰产物膨胀，同时使爆室扩大。此过程中气体膨胀并进入裂缝传播从而加剧岩体破坏，岩体破坏的同时荷载逐渐减小。粉碎区材料也可能渗透进新裂缝中阻断气体扩张途径。阶段 V，所有气体进入岩体，裂缝逐渐与外界贯通。这个阶段岩体在爆破荷载作用下发生破坏，荷载全部消失，破坏的岩块开始抛出。另外，由于岩石碎块中应变能没有完全释放、岩块之间相互撞击、碎块内聚作用对高压气体的加速力的抵抗作用等，可能造成岩体的进一步破坏。

2.3　动荷载特性及输入

2.3.1　列车荷载简化模拟

研究表明，列车荷载对轨道产生的横向和竖向激振可用一个激励力函数模拟[163]。文献[164]综合考虑了振动荷载产生的机理及影响因素（包括车辆因素和轨道因素等），对已有的列车荷载表达式进行修正和完善，能够较好地模拟高速铁路列车荷载，具体表达式为

$$P(t) = P_0 + P_1 \sin\omega_1 t + P_2 \sin\omega_2 t + P_3 \sin\omega_3 t \tag{2-22}$$

上述荷载未能充分考虑列车荷载在钢轨、轨枕及混凝土基础之间的分散传递影响。所以，将其修正为

$$P(t) = k_1 k_2 P(t) \tag{2-23}$$

整理得到

$$P(t) = k_1 k_2 (P_0 + P_1 \sin\omega_1 t + P_2 \sin\omega_2 t + P_3 \sin\omega_3 t) \tag{2-24}$$

式中：k_1 为相邻轮轨力叠加系数，一般为 1.2～1.7；k_2 为钢轨分散系数，一般为 0.6～0.9；P_0 为车辆静载；P_1、P_2、P_3 均为振动荷载。令列车簧下质量为 M_0，则相应的振动荷载幅值为

$$P_i = M_0 a_i \omega_i^2 \quad (i = 1,2,3) \tag{2-25}$$

式中：a_i 为对应于表 2-2 中三种不平顺控制条件下的典型的正向矢高；ω_i 为振动圆频率，$\omega_i = 2\pi v / L_i$，v 为列车运行速度，L_i 为几何不平顺曲线的典型波长。

表 2-2　英国铁路轨道几何不平顺管理值（车速 v=200km/h）

控制条件	波长/m	正向矢高/mm
行车平顺性	50.0	16.0
	20.0	9.0
	10.0	5.0
作用到线路上的动力附加荷载	5.0	2.5
	2.0	0.6
	1.0	0.3
波形磨耗	0.5	0.1
	0.05	0.005

根据线路类型和设计等级确定列车轴重，我国高速列车轴重为 17～21t，本节取 20t，簧下质量 M_0 取为 750kg。本节提出在模拟列车荷载时不平顺振动波长和正向矢高取值见表 2-3。通过模拟得到 $v = 300$km/h 时列车荷载时程见图 2-2。

表 2-3　列车荷载模拟时的不平顺振动波长和矢高取值

控制条件	波长/m	正向矢高/mm
行车平顺性	10.0	3.5
作用到线路上的动力附加荷载	2.0	0.4
波形磨耗	0.5	0.008

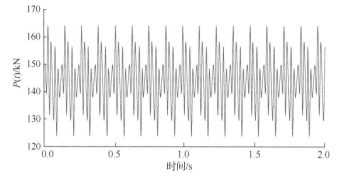

图 2-2　模拟的列车荷载时程（300km/h）

2.3.2　地震荷载的处理与加载方法

　　FLAC^{3D} 主要通过输入记录的加速度时程、速度时程或者应力时程来模拟地震荷载。当直接用这些时程曲线进行动力分析时，由于速度时程没有归零，计算完成后模型可能出现速度或位移非零现象。为保证计算结果的准确性，在动力计算之前必须进行基线校正。基线校正的方法有两种：一是在原有时程的基础上加入一个低频的波形（多项式或周期函数），从而使积分得到的时程最终位移为零；二是在计算结束时通过变换位移的方法在模型网格上施加一个固定的速度条件使最终残余位移为零。本书采用第一种方法，通过 SeismoSignal 软件进行校正。动态分析过程中，波速和频率会影响波传播的准确度，造成波在传播过程中失真，为精确模拟波的传播，模型单元尺寸 ΔL 必须满足式（2-17）。

　　对于在非常短的时间内就出现最大值的动力时程，网格尺寸将非常小，且其迭代时步不宜过长，这会消耗更多的内存和机时。由于地震波的低频分量包括大量的波动能量，使用滤波的方式去除加速度时程中频率较高的分量，就可以在不影响计算结果的前提下，设置较大的网格尺寸。滤波主要是为了滤除原始波形中的高频波，通过降低最大频率来提高符合计算要求的最小尺寸，从而降低单元的总数，节省计算时间。

　　在分析隧道结构地震响应分析时[165]，通常是将地震波从基岩的底部输入，自下而上穿过土体直至地下结构，造成土体和结构的颤动，两者相互影响。地震荷载被导进 FLAC^{3D}，随后施加在模型底部，动态边界条件的选择应遵循以下标准：

①刚性地基。若模型的底部是岩石，由于它的弹性模量较大，可直接在底部施加加速度或速度载荷，并且选择自由区边界，模型的底部没有必要加静态边界，见图 2-3。②柔性地基。若模型底部是软土，必须把加速度或者速度转化为应力时程，在模型的附近选择自由区边界，底部选择静态边界，见图 2-4。

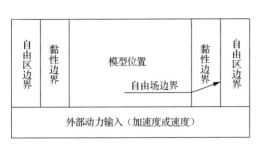

图 2-3　适用于刚性地基

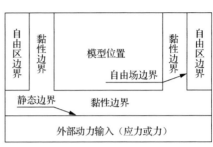

图 2-4　适用于柔性地基

结合隧道设置情况及沿线工程地质条件，确定隧道区内地震加速度为 0.20g，地震动反应谱特征周期为 0.40s。抗震设防烈度和设计基本加速度值关系参考表 2-4。采用 El Centro 地震波，经过 SeismoSignal 软件滤波和基线校正，最终通过反演计算得出 20s 的加速度时程曲线见图 2-5。

表 2-4　抗震设防烈度和设计基本加速度值关系

抗震设防烈度	6	7	8	9
设计基本加速度/(m/s²)	0.05	0.10～0.15	0.20～0.30	0.40～0.50

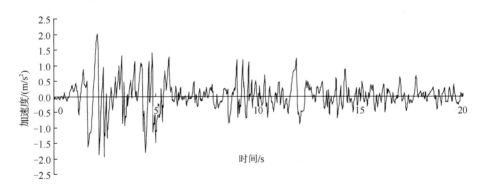

图 2-5　地震加速度时程曲线

2.3.3　爆破荷载的模拟方法

分析爆破振动影响的首要工作是确定爆破荷载，爆破荷载的确定包括爆破荷载大小、持续时间、加载方式和加载位置等。目前关于爆破荷载的形式还没有一种确定的方法和理论，因此只能根据研究内容进行有取舍地简化。本书主要研究交叉隧道中新建隧道爆破振动对既有隧道的影响，故可将爆破荷载以压力形式均匀地施加于开挖隧道的洞壁上，方向垂直于洞壁。已有研究表明[166]，这种等效方法与直接将爆破荷载施加于炮孔壁上的计算结果基本一致。另外，由圣维南原理可知，把物体的一小部分边界上的力系，使用分布不同但静力等效的力系来代替，物体内的应力只在力作用附近有显著变化，而在离力作用部位较远处，所受影响可忽略不计，这也证明了这种简化等效方法的正确性，故将荷载简化为如图 2-6 所示的三角形荷载。

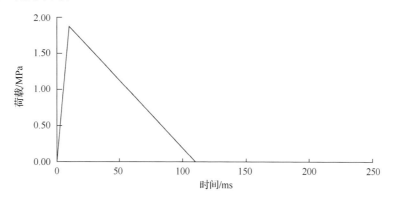

图 2-6　爆破荷载时程曲线图

图 2-6 示出加载到峰值压力的时间为 0～10ms，卸载时间为 10～110ms，总计算时间为 250ms。三角形荷载峰值压力 $P_{\max}$ 由冲击波破坏理论确定，冲击波的初始波峰压力就是爆轰波作用在岩石上的最初压力，其表达式为

$$P_{\mathrm{r}} = \frac{2\rho_{\mathrm{r}} C_{\mathrm{er}}}{\rho_{\mathrm{r}} C_{\mathrm{er}} + \rho_0 D^*} P_{\mathrm{e}} \tag{2-26}$$

式中：P_{r} 为岩体中冲击波的初始波峰压力；ρ_{r} 为岩石的密度；C_{er} 为岩体中纵波波速；ρ_0 为炸药密度；D^* 为炸药爆速；P_{e} 为炸药爆轰压力，即

$$P_{\mathrm{e}} = \frac{\rho_0 D^{*2}}{4}$$

由式（2-26）可知，爆破发生时，施加在炮眼上的荷载大小与围岩性质关系密切，炮眼壁上的最大压力与围岩的波阻抗正相关，即围岩越好，最大压力越大。由于作用于隧道洞壁上的压力并不等于作用于炮眼上的力，因此要将爆破荷载简化为作用于隧道洞壁上的压力还需进一步推导。根据文献[166]分析，Ⅱ级围岩条件下，简化到隧道洞周的爆破荷载峰值压力为 10MPa，以此推出其他围岩级别条件下爆破冲击荷载参数见表 2-5。

表 2-5 不同围岩级别下爆破冲击荷载参数

围岩级别	参数					
	围岩密度/(kg/m³)	纵波波速/(m/s)	炸药密度/(kg/m³)	爆速/(m/s)	爆压/MPa	峰值荷载/MPa
II	2 600	4 000	1 100	4 800	8 405	10.000
III	2 400	3 200	1 100	4 000	5 595	6.657
IV	2 300	2 200	1 100	3 000	2 996	3.564
V	1 900	1 500	900	2 500	1 572	1.870

  已有研究成果表明，爆破开挖过程中，由于上台阶开挖时缺乏临空面，其爆破振动比下台阶更为显著，且新建下穿隧道上台阶开挖在位置上更接近既有上跨隧道，在分析既有隧道所受爆破振动影响时只考虑上台阶爆破震动影响。数值模拟中真实光面爆破分段起爆，要求模型极其精细，会导致计算量成倍增加。为提高计算效率，模型并未以实际情况模拟每个炮孔，只建立隧道轮廓，并将爆破荷载施加于洞口周围。为了能够尽可能真实地模拟新建隧道爆破振动对既有隧道的影响，模型的简化必须配合爆破荷载的简化和计算。

第三章　高速列车荷载作用下隧道衬砌结构动力损伤特性及抗振分析

3.1　混凝土弹塑性损伤本构模型

断裂和损伤力学是研究混凝土材料变形常用的两种方法。断裂力学将材料的裂纹作为边界条件，主要研究裂纹的失稳准则、平衡扩展规律及裂纹尖端附近的应力、应变和位移分布情况，但在处理材料宏观应变软化效应时却存在不足之处。损伤力学则是将材料视为连续介质，引入损伤变量的概念，通过损伤演化方程量化材料的损伤（破裂或软化）程度，建立起考虑损伤的本构关系，避免了断裂力学中复杂的数学推导和计算，为研究材料力学性能打开了新的局面。

3.1.1　连续介质损伤力学基本理论

材料内部的微裂隙、微空洞可以表征其损伤状态，从宏观角度来看受损材料仍可作为连续介质处理，因而损伤变量也可视为一种内变量，它与塑性应变、温度应变等均可反映材料内部力学性能的变化。下面介绍连续介质损伤力学理论中的几个基本概念和重要假设。

1. 损伤变量和有效应力

对于连续性材料，假设某一单轴拉伸试样受到拉力 F 作用，其表观（总）截面积为 A，因损伤（断裂）而产生的裂隙面积为 A^*，则截面实际受力面积或有效面积变为

$$A_n = A - A^*$$

在均匀拉伸状态下，损伤变量可定义为

$$D = \frac{A^*}{A} = \frac{A - A_n}{A} = 1 - \frac{A_n}{A} \tag{3-1}$$

或

$$A_n = (1 - D)A$$

定义 $\sigma = F/A$ 为总截面（试件横截面）上的名义应力，$\tilde{\sigma} = F/A_n$ 为净截面（实际受力截面）上的应力，即有效应力。由

$$F = \sigma A = \tilde{\sigma} A_n \tag{3-2}$$

得

$$\tilde{\sigma} = \frac{\sigma}{1-D} \qquad (3\text{-}3)$$

2. 应变等价原理

应变等价原理是损伤力学理论中的基本原理，应用十分广泛。应变等价原理假定应力σ作用在受损材料上的应变与有效应力作用在材料上的应变等价，即

$$\varepsilon = \frac{\sigma}{\tilde{E}} = \frac{\tilde{\sigma}}{E} = \frac{\sigma}{(1-D)E} \qquad (3\text{-}4)$$

或

$$\sigma = (1-D)E\varepsilon \qquad (3\text{-}5)$$

式中：$\tilde{E} = (1-D)E$ 为受损材料的弹性模量，称为有效弹性模量，这一公式可表示一维问题中受损材料的本构关系，由此可得

$$D = 1 - \frac{\tilde{E}}{E} \qquad (3\text{-}6)$$

取 $\sigma = (1-D)E\varepsilon$ 的微分法则，得

$$\frac{\mathrm{d}\sigma}{\mathrm{d}\varepsilon} = \frac{\mathrm{d}E}{\mathrm{d}\varepsilon}(1-D)\varepsilon = E(1-D) - E\varepsilon\frac{\mathrm{d}D}{\mathrm{d}\varepsilon} \qquad (3\text{-}7)$$

假定损伤不可逆，则在卸载时损伤值保持不变，即有 $\mathrm{d}D/\mathrm{d}\varepsilon = 0$，式（3-7）变为

$$\frac{\mathrm{d}\sigma}{\mathrm{d}\varepsilon} = E(1-D) \qquad (3\text{-}8)$$

于是有

$$D = 1 - \frac{1}{E}\frac{\mathrm{d}\sigma}{\mathrm{d}\varepsilon} \qquad (3\text{-}9)$$

可见，卸载时受损材料的弹性模量即为应力-应变曲线的斜率，即

$$\tilde{E} = \frac{\mathrm{d}\sigma}{\mathrm{d}\varepsilon} \qquad (3\text{-}10)$$

3.1.2　混凝土损伤模型简介

各国学者自 1980 年就开始研究混凝土类材料的受力损伤，并进行了大量的材料力学性能试验，根据试验数据找出损伤值随应力、应变状态或应力水平的变化规律即损伤演化方程，从而建立相应的损伤模型。由于多轴受力状态下材料的力学行为较为复杂，目前已经建立起来的混凝土损伤模型大多是基于单轴受力试验，采用半经验半理论的方法确定，代表性的有洛兰德（Loland）[167]、马扎斯（Mazars）[168]和西多洛夫（Sidoroff）[169]提出的混凝土损伤模型。

1. 洛兰德损伤模型

洛兰德将材料视为弹性各向同性，根据混凝土拉伸应力-应变曲线（图 3-1），假定有效应力 $\tilde{\sigma}$ 和应变 ε 的关系为

$$\tilde{\sigma} = \begin{cases} E_n \varepsilon & (0 \leqslant \varepsilon \leqslant \varepsilon_f) \\ E_n \varepsilon_f & (\varepsilon_f \leqslant \varepsilon \leqslant \varepsilon_u) \end{cases} \tag{3-11}$$

式中：$\tilde{\sigma}$ 为有效应力；E_n 为净弹性模量，$E_n = \dfrac{E}{1 - D_0}$，D_0 为混凝土的初始损伤；ε_f 为峰值应力对应的应变；ε_u 为极限应变。

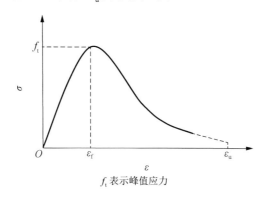

图 3-1　混凝土的拉伸应力-应变曲线

将式（3-1）代入式（3-9）整理可得材料损伤演化方程为

$$D(\varepsilon) = \begin{cases} D_0 + C_1 \varepsilon^{\beta} & (0 \leqslant \varepsilon < \varepsilon_f) \\ D_f + C_2 (\varepsilon - \varepsilon_f) & (\varepsilon_f \leqslant \varepsilon < \varepsilon_u) \end{cases} \tag{3-12}$$

式中：C_1、C_2、β 均为材料参数，由边界条件确定；D_f 表示应变为 ε_f 时的损伤。

由 $\sigma|_{\varepsilon=\varepsilon_f} = f_t$，$\dfrac{\mathrm{d}\sigma}{\mathrm{d}\varepsilon}\Big|_{\varepsilon=\varepsilon_f} = 0$；并考虑到 $\varepsilon = \varepsilon_f$ 时，$D=1$，可得到

$$\beta = \frac{\lambda}{1 - D_0 - \lambda}, \quad C_1 = \left(\frac{1 - D_0}{1 + \beta}\right) \varepsilon_f^{-\beta}, \quad C_2 = \frac{1 - D_0}{\varepsilon_u - \varepsilon_f}$$

其中

$$\lambda = \frac{f_t}{E_n \varepsilon_f}$$

2. 马扎斯损伤模型

马扎斯根据混凝土在拉伸和压缩时的不同，将应力-应变曲线分开考虑。

（1）单轴拉伸时的应力-应变关系为

$$\sigma = \begin{cases} E_0\varepsilon & (0 \leqslant \varepsilon \leqslant \varepsilon_f) \\ E_0\left\{\varepsilon_f(1-A_t) + \dfrac{A_t}{\exp\left[B_t(\varepsilon-\varepsilon_f)\right]}\right\} & (\varepsilon > \varepsilon_f) \end{cases} \tag{3-13}$$

式中：E_0 表示材料无损伤时的弹性模量；A_t、B_t 为拉伸时的材料系数，对于一般的混凝土材料，可取 $0.7 < A_t < 1$，$10^4 < B_t < 10^5$，$0.5\times10^{-4} < \varepsilon_f < 1.5\times10^{-4}$。由式（3-9）可得拉伸时的损伤演化方程为

$$D_t(\varepsilon) = \begin{cases} 0 & (0 \leqslant \varepsilon \leqslant \varepsilon_f) \\ 1 - \dfrac{\varepsilon_f(1-A_t)}{\varepsilon} - \dfrac{A_t}{\exp\left[B_t(\varepsilon-\varepsilon_f)\right]} & (\varepsilon > \varepsilon_f) \end{cases} \tag{3-14}$$

（2）单轴压缩时的主应变为

$$\boldsymbol{\varepsilon} = \begin{bmatrix} \varepsilon_1 & -\mu\varepsilon_1 & -\mu\varepsilon_1 \end{bmatrix}^T \ (\varepsilon_1 < 0) \tag{3-15}$$

取等效应变

$$\varepsilon^* = \sqrt{\varepsilon_1^2 + \varepsilon_2^2 + \varepsilon_3^2} = -\sqrt{2}\mu\varepsilon_1 \tag{3-16}$$

设开始有损伤时的应变为 ε_f（$\varepsilon_f > 0$），则当应力达到损伤阈值时有

$$\varepsilon^* = \varepsilon_f \quad \text{或} \quad \varepsilon_1 = \dfrac{-\varepsilon_f}{\sqrt{2}\mu} \tag{3-17}$$

应力-应变关系为

$$\sigma = \begin{cases} \dfrac{E_0\varepsilon^*}{-\sqrt{2}\mu} & (0 \leqslant \varepsilon^* \leqslant \varepsilon_f) \\ \dfrac{E_0}{-\sqrt{2}\mu}\left[\varepsilon_f(1-A_c) + \dfrac{A_c\varepsilon^*}{\exp\left[B_c(\varepsilon^*-\varepsilon_f)\right]}\right] & (\varepsilon^* > \varepsilon_f) \end{cases} \tag{3-18}$$

其中

$$\varepsilon^* = -\sqrt{2}\mu\varepsilon$$

式中：μ 为材料泊松比；A_c、B_c 为压缩时的材料系数，对于一般的混凝土材料，可取 $1 < A_c < 1.5$，$1\times10^3 < B_c < 2\times10^3$，则压缩时的损伤演化方程为

$$D_c(\varepsilon) = \begin{cases} 0 & (0 \leqslant \varepsilon^* \leqslant \varepsilon_f) \\ 1 - \dfrac{\varepsilon_f(1-A_c)}{\varepsilon^*} - \dfrac{A_c}{\exp\left[B_c(\varepsilon-\varepsilon_f)\right]} & (\varepsilon^* > \varepsilon_f) \end{cases} \tag{3-19}$$

3. 西多洛夫损伤模型

西多洛夫基于能量等价假定得到损伤量与弹性变形耦合的各向异性损伤方程为

$$\varepsilon_{ij} = \frac{1+\mu}{E_{ijkl}} \sigma_{kl} \left(1-D_{ijkl}\right)^{-2} - \frac{\mu}{E_{ijkl}} \left(1-D_{ijkl}\right)^{-1} \mathrm{tr}\left[\sigma_{kl}\left(1-D_{ijkl}\right)^{-1}\right] \quad (3\text{-}20)$$

式中：$\mathrm{tr}[\ ]$ 表示方阵的迹。

西多洛夫还提出了损伤面的概念，认为损伤是在损伤阈值面 $p(Y)=0$ 上发生的，Y 为损伤能量释放率，其表达式为

$$Y = \frac{1+\mu}{E_{ijkl}} \sigma_{kl}^2 \left(1-D_{ijkl}\right)^{-3} - \frac{\mu}{E_{ijkl}} \sigma_{kl} \left(1-D_{ijkl}\right)^{-2} \mathrm{tr}\left[\sigma_{kl}\left(1-D_{ijkl}\right)^{-1}\right] \quad (3\text{-}21)$$

最简单的损伤阈值面是 Y 空间中的球面，即

$$p(Y) = Y - Y_0 = 0 \quad (3\text{-}22)$$

式中：Y_0 为材料常数，可取弹性应变极值 ε_0 时对应的 Y 值。

对于混凝土单轴拉伸时的情况，假设在达到峰值应力前材料无损伤，即 $D=0$，$\varepsilon_0 = \sqrt{Y_0/E}$；到达峰值后，开始产生裂纹。相应的损伤本构关系为

$$\sigma = \begin{cases} E\varepsilon\ , D=0 & (0 \leqslant \varepsilon \leqslant \varepsilon_{\mathrm{f}}) \\ E\varepsilon_{\mathrm{f}}\left(\dfrac{\varepsilon_{\mathrm{f}}}{\varepsilon}\right)^3, D(\varepsilon) = 1-\left(\dfrac{\varepsilon_{\mathrm{f}}}{\varepsilon}\right)^2 & (\varepsilon > \varepsilon_{\mathrm{f}}) \end{cases} \quad (3\text{-}23)$$

4. 我国《混凝土结构设计规范》建议表达式

我国《混凝土结构设计规范》（GBJ 10—89）建议混凝土单轴受压时应力-应变关系的表达式由上升段和水平段组成，如图 3-2 所示。

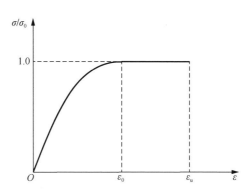

图 3-2　混凝土单轴受压时应力-应变曲线

$$\sigma = \begin{cases} \sigma_0\left[2\left(\dfrac{\varepsilon}{\varepsilon_0}\right) - \left(\dfrac{\varepsilon}{\varepsilon_0}\right)^2\right] & (0 \leqslant \varepsilon \leqslant \varepsilon_0) \quad (上升段) \\ \sigma_0 & (\varepsilon_0 < \varepsilon \leqslant \varepsilon_{\mathrm{u}}) \quad (水平段) \end{cases} \quad (3\text{-}24)$$

式中：$\varepsilon_0 = 0.002$；均匀受压时取 $\sigma_0 = f_{\mathrm{c}}$（混凝土轴心抗压强度设计值），$\varepsilon_{\mathrm{u}} = 0.002$（不考虑下降段）；不均匀受压时取 $\sigma_0 = f_{\mathrm{cm}}$（混凝土弯曲抗压强度设计值），

$\varepsilon_u = \varepsilon_{cu} = 0.0033$。这一公式最早由德国学者 Rüsch 提出，原建议表达式取 $\sigma_0 = 0.85R$（其中 R 为混凝土立方体抗压强度），$\varepsilon_0 = 0.002$，$\varepsilon_u = 0.0035$。

《混凝土结构设计规范》（GB 50010—2002）在上升段曲线表达式中采用了指数形式，具体为

$$\sigma = f_c \left[1 - \left(1 - \frac{\varepsilon}{\varepsilon_0} \right)^n \right], \quad n = 2 - \frac{1}{60} \left(f_{cu,k} - 50 \right) \leqslant 2.0 \tag{3-25}$$

式中：$f_{cu,k}$ 为混凝土立方体抗压强度标准值。

《混凝土结构设计规范（2015 年版）》（GB 50010—2010）建议的混凝土应力-应变曲线（图 3-3）表达式采用损伤变量折减的形式，可按下列公式确定。

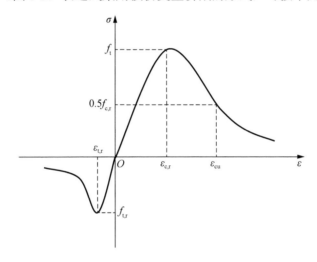

图 3-3　混凝土单轴应力-应变曲线

（1）混凝土单轴受拉的应力-应变曲线可按下列公式确定：

$$\sigma = \left(1 - d_t \right) E_c \varepsilon \tag{3-26}$$

$$d_t = \begin{cases} 1 - \rho_t \left(1.2 - 0.2x^5 \right) & (x \leqslant 1) \\ 1 - \dfrac{\rho_t}{\alpha_t \left(x - 1 \right)^{1.7} + x} & (x > 1) \end{cases} \tag{3-27}$$

$$x = \frac{\varepsilon}{\varepsilon_{t,r}} \tag{3-28}$$

$$\rho_t = \frac{f_{t,r}}{E_c \varepsilon_{t,r}} \tag{3-29}$$

式中：α_t 为混凝土单轴受拉应力-应变曲线下降段的参考值；$f_{t,r}$ 为混凝土的单轴抗压强度代表值，其值可根据实际结构分析需要分别取 f_r、f_{tk} 或 f_{tm}；$\varepsilon_{t,r}$ 为与单轴抗拉强度 $f_{t,r}$ 相应的混凝土峰值拉应变；d_t 为混凝土单轴受拉损伤演化参数。

（2）混凝土单轴受压的应力-应变曲线可按下列公式确定：

$$\sigma = (1 - d_c) E_c \varepsilon \tag{3-30}$$

$$d_c = \begin{cases} 1 - \dfrac{\rho_c n}{n - 1 + x^n}, & (x \leqslant 1) \\[3mm] 1 - \dfrac{\rho_c}{\alpha_c (x - 1)^2 + x}, & (x > 1) \end{cases} \tag{3-31}$$

$$\rho_c = \frac{f_{c,r}}{E_c \varepsilon_{c,r}} \tag{3-32}$$

$$n = \frac{E_c \varepsilon_{c,r}}{E_c \varepsilon_{c,r} - f_{c,r}} = \frac{1}{1 - \rho_c} \tag{3-33}$$

$$x = \frac{\varepsilon}{\varepsilon_{c,r}} \tag{3-34}$$

式中：α_c 为混凝土单轴受压应力-应变曲线下降段参考值；$f_{c,r}$ 为混凝土单轴抗压强度代表值，其值可根据实际结构分析的需要分别取 f_c、f_{ck} 或 f_{cm}；$\varepsilon_{c,r}$ 为与单轴抗压强度 $f_{c,r}$ 相应的混凝土峰值压应变；d_c 为混凝土单轴受压损伤演化参数。

3.1.3 混凝土弹塑性损伤本构建立

《混凝土结构设计规范》（GB 50010—2010）在我国已经实施多年，但还未见按照其中建议的混凝土本构关系建立的数值模型，目前主流计算软件所使用的大都是经典的材料本构模型，或者是软件公司自行开发的通用本构模型，缺乏对混凝土材料的针对性，也与《混凝土结构设计规范（2015 年版）》（GB 50010—2010）中建议的公式缺少衔接。因此，本节主要针对混凝土本构关系建立和开发相应的材料损伤模型。

1. 弹塑性材料的应力-应变关系

根据塑性力学增量理论，材料达到屈服后其应变张量 ε_{ij} 可以分解为两部分，即弹性部分 ε_{ij}^e 和塑性部分 ε_{ij}^p（图 3-4），即

$$\varepsilon_{ij} = \varepsilon_{ij}^e + \varepsilon_{ij}^p \tag{3-35}$$

其中弹性部分可由胡克（Hooke）定律得到

$$\varepsilon_{ij}^e = E_{ijkl}^{-1} \sigma_{kl} \tag{3-36}$$

式中：E_{ijkl} 为四阶弹性刚度张量；σ_{kl} 为二阶应力张量。

有效应力可用无损伤的弹性刚度定义，因此有

$$\tilde{\sigma}_{ij} = E_{ijkl}^0 \left(\varepsilon_{kl} - \varepsilon_{kl}^p \right) \tag{3-37}$$

式中：$\tilde{\sigma}_{ij}$ 为有效应力张量；E_{ijkl}^0 为无初始损伤的弹性刚度张量。

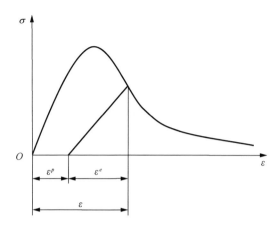

图 3-4　弹塑性材料各项应变-应力的关系

根据应变等价假定有

$$E_{ijkl} = E_{ijkl}^0 \left(1 - D\right) \tag{3-38}$$

因此，损伤变量可定义为

$$D = \frac{E_{ijkl}^0 - E_{ijkl}}{E_{ijkl}^0} \tag{3-39}$$

根据式（3-3）和式（3-37），可将应力分解成弹性刚度退化和有效应力两部分，写成张量形式为

$$\boldsymbol{\sigma}_{ij} = \left(1 - D\right)\tilde{\boldsymbol{\sigma}}_{ij} = \left(1 - D\right)E_{ijkl}^0 \left(\boldsymbol{\varepsilon}_{kl} - \boldsymbol{\varepsilon}_{kl}^p\right) \tag{3-40}$$

2. 屈服准则与势函数

岩石、混凝土等脆性材料常用两参数的 D-P（Drucker-Prager）屈服准则。若不考虑损伤对材料内摩擦角 φ 的影响，则屈服函数可用有效应力和损伤变量表示为

$$F\left(\tilde{\boldsymbol{\sigma}}, D\right) = \alpha \tilde{I}_1 + \sqrt{\tilde{J}_2} - \kappa\left(1 - D\right) \tag{3-41}$$

式中：$\tilde{I}_1$ 为有效应力空间中应力张量第一不变量，$\tilde{I}_1 = \tilde{\sigma}_{kk}$；$\tilde{J}_2$ 为有效应力空间中偏应力张量第二不变量，$\tilde{J}_2 = 1/2 \tilde{S}_{ij}$，其中 $\tilde{S}_{ij}$ 为有效应力空间偏应力张量，$\tilde{S}_{ij} = \tilde{\sigma}_{ij} - 1/3 \tilde{\sigma}_{kk}\delta_{ij}$（$\delta_{ij}$ 为 Kronecker 符号）；α、κ 为材料参数，$\alpha = \sin\varphi_0 \big/ \sqrt{9 + 3\sin^2\varphi_0}$，$\kappa = \sqrt{3}c_0 \cdot \cos\varphi_0 \big/ \sqrt{3 + \sin^2\varphi_0}$，其中 c_0 为初始黏聚力，φ_0 为初始摩擦角。

塑性势函数 Φ 大体上符合非关联流动法则，其形式如下：

$$\Phi\left(\tilde{\boldsymbol{\sigma}}, D\right) = \alpha_p \tilde{I}_1 + \sqrt{2\tilde{J}_2} \tag{3-42}$$

式中：α_p 为混凝土材料膨胀性能的剪胀系数，一般可取 0.2～0.3。

根据正交流动法则，塑性应变率可按下式给出：

$$\mathrm{d}\boldsymbol{\varepsilon}_{ij}^{p} = \mathrm{d}\lambda \frac{\partial \Phi\left(\tilde{\boldsymbol{\sigma}}_{ij}, D\right)}{\partial \tilde{\boldsymbol{\sigma}}_{ij}} \qquad (3\text{-}43)$$

式中：$\mathrm{d}\lambda$ 为非负塑性流动因子。

将式（3-42）代入式（3-43），可得

$$\mathrm{d}\boldsymbol{\varepsilon}_{ij}^{p} = \mathrm{d}\lambda \left(\alpha \boldsymbol{\delta}_{ij} + \frac{\boldsymbol{S}_{ij}}{\sqrt{\boldsymbol{J}_2}} \right) \qquad (3\text{-}44)$$

加、卸载条件为

$$\begin{cases} \dfrac{\partial \Phi\left(\tilde{\boldsymbol{\sigma}}, D\right)}{\partial \tilde{\boldsymbol{\sigma}}_{ij}} \mathrm{d}\tilde{\boldsymbol{\sigma}}_{ij} > 0 & （加载过程） \\[3mm] \dfrac{\partial \Phi\left(\tilde{\boldsymbol{\sigma}}, D\right)}{\partial \tilde{\boldsymbol{\sigma}}_{ij}} \mathrm{d}\tilde{\boldsymbol{\sigma}}_{ij} = 0 & （中性变载） \\[3mm] \dfrac{\partial \Phi\left(\tilde{\boldsymbol{\sigma}}, D\right)}{\partial \tilde{\boldsymbol{\sigma}}_{ij}} \mathrm{d}\tilde{\boldsymbol{\sigma}}_{ij} < 0 & （卸载过程） \end{cases} \qquad (3\text{-}45)$$

3. 拉、压损伤分离与损伤演化方程

多轴应力状态下混凝土单元的总损伤应该由拉伸和压缩应力损伤两部分组成，于是单元体的总损伤可表示为

$$D = \alpha_{\mathrm{T}} D_{\mathrm{T}} + \alpha_{\mathrm{C}} D_{\mathrm{C}} \qquad (3\text{-}46)$$

式中：D_{T} 为拉伸造成的损伤，$0 \leqslant D_{\mathrm{T}} \leqslant 1$；$D_{\mathrm{C}}$ 为压缩造成的损伤，$0 \leqslant D_{\mathrm{C}} \leqslant 1$；$\alpha_{\mathrm{T}}$ 为拉应力损伤权重系数，$0 \leqslant \alpha_{\mathrm{T}} \leqslant 1$；$\alpha_{\mathrm{C}}$ 为压应力损伤权重系数，$0 \leqslant \alpha_{\mathrm{C}} \leqslant 1$。

权重系数 α_{T}、α_{C} 由当前主应力比值确定，必须满足

$$\begin{cases} \alpha_{\mathrm{T}} + \alpha_{\mathrm{C}} = 1 \\[2mm] \alpha_{\mathrm{T}} = \dfrac{\sum\limits_{i=1}^{3} \langle \sigma_i \rangle}{\sum\limits_{i=1}^{3} |\sigma_i|} \\[4mm] \alpha_{\mathrm{C}} = \dfrac{\sum\limits_{i=1}^{3} \langle \sigma_i \rangle}{\sum\limits_{i=1}^{3} |\sigma_i|} \end{cases} \qquad (3\text{-}47)$$

（注：式中 $\langle\ \rangle$ 为取正符号，负为零，下同）

《混凝土结构设计规范（2015 年版）》（GB 50010—2010）中采用的本构模型充分考虑了混凝土材料在受拉和受压时损伤值的不同变化规律。下面本节推导该

模型中的材料损伤演化方程。

分别对式（3-27）和式（3-31）求微分，可以得到相应的损伤演化方程的微分形式，各参数的意义见式（3-27）和式（3-31）。

（1）单轴受拉时：

$$\mathrm{d}D_t = \begin{cases} \rho_t x^4 \cdot \mathrm{d}x & (x \leqslant 1) \\ \dfrac{\rho_t \left[1.7\alpha_t (x-1)^{0.7} + 1\right]}{\left[\alpha_t (x-1)^{1.7} + x\right]^2} \cdot \mathrm{d}x & (x > 1) \end{cases} \tag{3-48}$$

（2）单轴受压时：

$$\mathrm{d}D_c = \begin{cases} \dfrac{\rho_c n^2 x^{n-1}}{\left(n-1+x^n\right)^2} \cdot \mathrm{d}x & (x \leqslant 1) \\ \dfrac{\rho_c \left[2\alpha_c (x-1) + 1\right]}{\left[\alpha_c (x-1)^2 + x\right]^2} \cdot \mathrm{d}x & (x > 1) \end{cases} \tag{3-49}$$

通过"等效应变"可将上式推广到多轴应力情况下，等效应变定义如下：

$$\varepsilon_{\mathrm{teq}} = \sqrt{\sum_{i=1}^{3} \langle \varepsilon_i \rangle^2} \tag{3-50}$$

$$\varepsilon_{\mathrm{ceq}} = \sqrt{\sum_{i=1}^{3} \langle -\varepsilon_i \rangle^2} \tag{3-51}$$

式中：$\varepsilon_{\mathrm{teq}}$ 为等效拉应变；$\varepsilon_{\mathrm{ceq}}$ 为等效压应变；ε_i 为主应变，拉为正，压为负。

3.2 损伤模型数值程序实现及验证

3.2.1 损伤模型应力更新算法

FLAC^{3D} 模型中用到的屈服准则是包含抗拉强度截距的复合 D-P 准则（图 3-5），失稳包络线上的点由剪切失稳非关联流动法则和张拉失稳流动法则确定。为了与习惯保持一致，我们在 $\left(\tilde{I}_1, \sqrt{\tilde{J}_2}\right)$ 平面内讨论问题。在以 $\left(\tilde{I}_1, \sqrt{\tilde{J}_2}\right)$ 平面表示的有效应力系统内，定义失稳包络线 $f\left(\tilde{I}_1, \sqrt{\tilde{J}_2}\right) = 0$，它满足如下条件。

（1）AB 段满足剪切屈服方程：

$$f^s = \alpha \tilde{I}_1 + \sqrt{\tilde{J}_2} - \kappa(1-D) \tag{3-52}$$

（2）BC 段满足拉伸屈服方程：

$$f^t = \tilde{I}_1 - 3\sigma_t(1-D) \tag{3-53}$$

式中：σ_t 为 D-P 模型的抗拉强度；其他参数意义见式（3-45）。

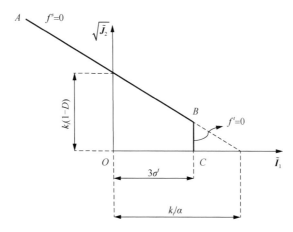

图 3-5　FLAC^{3D} 中的 D-P 屈服准则

对于剪切破坏区域和拉伸破坏区域分别采用不同的流动法则，破坏区域划分如图 3-6 所示。对于剪切破坏（图 3-6 中区域 1），剪切势函数为

$$\Phi^s = \sqrt{2\tilde{J}_2} + \alpha_p \tilde{I}_1 \tag{3-54}$$

对于拉伸破坏（图 3-6 中区域 2），拉伸势函数为

$$\Phi^t = \tilde{I}_1 \tag{3-55}$$

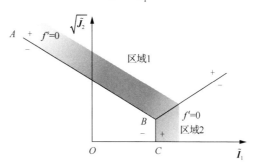

图 3-6　用于定义流动法则的区域划分

需要注意的是，对于某一种材料如果其参数 α 不为 0，则抗拉强度的最大值可以通过 $\sigma_{\max}^t = \kappa/\alpha$ 获得。剪切破坏和拉伸破坏区域的分界线由函数 $h\left(\tilde{I}_1, \sqrt{\tilde{J}_2}\right) = 0$ 确定，它表示 $\left(\tilde{I}_1, \sqrt{\tilde{J}_2}\right)$ 平面内由 $f^s = 0$ 和 $f^t = 0$ 所围成区域的对角线，应力状态根据函数的正域和负域确定，函数具体表达式如下：

$$h\left(\tilde{I}_1, \sqrt{\tilde{J}_2}\right) = \sqrt{\tilde{J}_2} - \tau_h - \alpha_h\left(\tilde{I}_1 - 3\sigma_t\right) \tag{3-56}$$

其中

$$\begin{cases} \tau_{\mathrm{h}} = \kappa_i - 3\alpha\sigma_{\mathrm{t}} \\ \alpha_{\mathrm{h}} = \sqrt{1+\alpha^2} - \alpha \end{cases} \tag{3-57}$$

式中：τ_{h}、α_{h} 为对应于损伤 D_i 的参数。

1. 弹性预测

根据塑性增量理论基本假设和式（3-39），对于任一时步都有

$$\Delta \boldsymbol{e}_{i,(n)} = \Delta \boldsymbol{e}_{i,(n)}^e + \Delta \boldsymbol{e}_{i,(n)}^p \quad (i=1,2,3) \tag{3-58}$$

式中：$\Delta \boldsymbol{e}_i$ 为主轴应变增量；下标（n）表示第 n 个增量步。基于广义胡克定律的应力增量与弹性应变增量满足

$$\begin{cases} \Delta \tilde{\sigma}_{1,(n)} = \alpha_1 \Delta e_{1,(n)}^e + \alpha_2 \left(\Delta e_{2,(n)}^e + \Delta e_{3,(n)}^e \right) \\ \Delta \tilde{\sigma}_{2,(n)} = \alpha_1 \Delta e_{2,(n)}^e + \alpha_2 \left(\Delta e_{1,(n)}^e + \Delta e_{3,(n)}^e \right) \quad (i=1,2,3) \\ \Delta \tilde{\sigma}_{3,(n)} = \alpha_1 \Delta e_{3,(n)}^e + \alpha_2 \left(\Delta e_{1,(n)}^e + \Delta e_{2,(n)}^e \right) \end{cases} \tag{3-59}$$

其中

$$\alpha_1 = \frac{(1-\mu)E_0}{(1-2\mu)(1+\mu)} = K + \frac{4}{3}G , \quad \alpha_2 = \frac{\mu E_0}{(1-2\mu)(1+\mu)} = K - \frac{2}{3}G$$

$$K = \frac{E_0}{3(1-2\mu)} , \quad G = \frac{E_0}{2(1+\mu)}$$

按弹性假定得到的新应力为

$$\begin{cases} \tilde{\sigma}_{1,(n)}^g = \tilde{\sigma}_{1,(n-1)} + \Delta \tilde{\sigma}_{1,(n)}^g = \tilde{\sigma}_{1,(n-1)} + \alpha_1 \Delta e_{1,(n)}^e + \alpha_2 \left(\Delta e_{2,(n)}^e + \Delta e_{3,(n)}^e \right) \\ \tilde{\sigma}_{2,(n)}^g = \tilde{\sigma}_{2,(n-1)} + \Delta \tilde{\sigma}_{2,(n)}^g = \tilde{\sigma}_{2,(n-1)} + \alpha_1 \Delta e_{2,(n)}^e + \alpha_2 \left(\Delta e_{1,(n)}^e + \Delta e_{3,(n)}^e \right) \\ \tilde{\sigma}_{3,(n)}^g = \tilde{\sigma}_{3,(n-1)} + \Delta \tilde{\sigma}_{3,(n)}^g = \tilde{\sigma}_{3,(n-1)} + \alpha_1 \Delta e_{3,(n)}^e + \alpha_2 \left(\Delta e_{1,(n)}^e + \Delta e_{2,(n)}^e \right) \end{cases} \tag{3-60}$$

式中：上标 g 表示弹性预测值；$\Delta \tilde{\sigma}_{i,(n)}^g$ 为第 n 个增量步的有效应力增量；$\tilde{\sigma}_{i,(n-1)}$ 为第（n-1）个增量步的有效应力。

根据式（3-3），有效应力 $\tilde{\sigma}_{i,(n-1)}$ 可表示为

$$\tilde{\sigma}_{i,(n-1)} = \frac{1}{1-D_{(n-1)}} \sigma_{i,(n-1)} \tag{3-61}$$

令

$$\begin{cases} \Delta e_{\mathrm{V}} = \Delta e_{\mathrm{V}}^e + \Delta e_{\mathrm{V}}^p = \Delta e_1 + \Delta e_2 + \Delta e_3 \\ \Delta \gamma = \Delta \gamma^e + \Delta \gamma^p = 2\sqrt{\Delta \tilde{J}_2} \\ \tilde{\sigma}_{\mathrm{V}} = \frac{\tilde{\sigma}_1 + \tilde{\sigma}_2 + \tilde{\sigma}_3}{3} = \frac{\tilde{I}_1}{3} \\ \tilde{\tau}_{\mathrm{oct}} = \sqrt{\tilde{J}_2} \end{cases} \tag{3-62}$$

式中：Δe_{V} 为体积应变增量；$\Delta \gamma$ 为剪应变增量；$\Delta \tilde{J}_2$ 为偏应变张量第二不变量的增量；$\tilde{\sigma}_{\mathrm{V}}$ 为有效空间体积应力；$\tilde{\tau}_{\mathrm{oct}}$ 为有效空间剪应力。$\Delta \tilde{\sigma}_{\mathrm{V}}$ 与 Δe_{V}、$\Delta \tilde{\tau}_{\mathrm{oct}}$ 与 $\Delta \gamma$ 均满足胡克定律

$$\begin{cases} \Delta \tilde{\sigma}_{\mathrm{V}} = K \Delta e_{\mathrm{V}}^e \\ \Delta \tilde{\tau}_{\mathrm{oct}} = G \Delta \gamma^e \end{cases} \tag{3-63}$$

则式（3-60）可写成

$$\begin{cases} \tilde{\sigma}_{\mathrm{V},(n)}^g = \tilde{\sigma}_{\mathrm{V},(n-1)} + \Delta \tilde{\sigma}_{\mathrm{V},(n)}^g = \tilde{\sigma}_{\mathrm{V},(n-1)} + K \Delta e_{\mathrm{V},(n)} \\ \tilde{\tau}_{\mathrm{oct},(n)}^g = \tilde{\tau}_{\mathrm{oct},(n-1)} + \Delta \tilde{\tau}_{\mathrm{oct},(n)}^g = \tilde{\tau}_{\mathrm{oct},(n-1)} + G \Delta \gamma_{(n)} \end{cases} \tag{3-64}$$

2. 塑性修正

如果单元在当前计算步处于弹性加载状态，则"弹性预测"为真，即有

$$\begin{cases} \tilde{\sigma}_{\mathrm{V},(n)} = \tilde{\sigma}_{\mathrm{V},(n)}^g \\ \tilde{\tau}_{\mathrm{oct},(n)} = \tilde{\tau}_{\mathrm{oct},(n)}^g \end{cases} \tag{3-65}$$

如果单元处于塑性加载状态，则需要对弹性预测得到的有效应力 $\left(\tilde{\sigma}_{1,(n)}, \tilde{\sigma}_{2,(n)}, \tilde{\sigma}_{3,(n)} \right)$ 进行塑性修正。首先计算 $\tilde{I}_{1,(n)}^g$ 和 $\tilde{J}_{2,(n)}^g$，得

$$\begin{cases} \tilde{I}_{1,(n)}^g = \tilde{\sigma}_{1,(n)}^g + \tilde{\sigma}_{2,(n)}^g + \tilde{\sigma}_{3,(n)}^g \\ \tilde{J}_{2,(n)}^g = \dfrac{1}{6} \left[\left(\tilde{\sigma}_{1,(n)}^g - \tilde{\sigma}_{2,(n)}^g \right)^2 + \left(\tilde{\sigma}_{2,(n)}^g - \tilde{\sigma}_{3,(n)}^g \right)^2 + \left(\tilde{\sigma}_{3,(n)}^g - \tilde{\sigma}_{1,(n)}^g \right)^2 \right] \end{cases} \tag{3-66}$$

假设某一弹性点突破了复合屈服函数，则在 $\left(\tilde{I}_1, \sqrt{\tilde{J}_2} \right)$ 平面内表示该点位于区域 1 或区域 2 内，它们分别表示 $h = 0$ 的正域和负域。如果应力点在区域 1 内，表示该点处于剪切屈服状态，且应力点处于直线 $f^s = 0$ 上，适用于势函数 $\Phi^s = 0$ 定义的流动法则；如果应力点在区域 2 内，表示该点处于拉伸屈服状态，新的应力点满足 $f^t = 0$，适用于势函数 $\Phi^t = 0$ 定义的流动法则。由流动法则得

$$\begin{cases} \Delta e_{\mathrm{V},(n)}^p = \lambda_{(n)}^s \dfrac{\partial \Phi^s}{\partial \tilde{\sigma}_{\mathrm{V}}} = 3 \alpha_{\mathrm{p}} \lambda_{(n)}^s \\ \Delta \gamma_{(n)}^p = \lambda_{(n)}^s \dfrac{\partial \Phi^s}{\partial \tilde{\tau}_{\mathrm{oct}}} = \sqrt{2} \lambda_{(n)}^s \end{cases} \tag{3-67}$$

根据式（3-63）修正有效应力增量

$$\begin{cases} \Delta \tilde{\sigma}_{\mathrm{V},(n)} = K \left(\Delta e_{\mathrm{V},(n)} - \Delta e_{\mathrm{V},(n)}^e \right) = \Delta \tilde{\sigma}_{\mathrm{V},(n)}^g - 3 \alpha_{\mathrm{p}} \lambda_{(n)}^s \\ \Delta \tilde{\tau}_{\mathrm{oct},(n)} = G \left(\Delta \gamma_{(n)} - \Delta \gamma_{(n)}^p \right) = \Delta \tilde{\tau}_{\mathrm{oct},(n)}^g - \sqrt{2} G \lambda_{(n)}^s \end{cases} \tag{3-68}$$

因此

$$\begin{cases} \tilde{\sigma}_{\text{V},(n)} = \tilde{\sigma}_{\text{V},(n-1)} + \Delta\tilde{\sigma}_{\text{V},(n)} = \left(\tilde{\sigma}_{\text{V},(n-1)} + \Delta\tilde{\sigma}_{\text{V},(n)}^g\right) - 3\alpha_{\text{p}}\lambda_{(n)}^s = \tilde{\sigma}_{\text{V},(n)}^g - 3\alpha_{\text{p}}\lambda_{(n)}^s \\ \Delta\tilde{\tau}_{\text{oct},(n)} = \tilde{\tau}_{\text{oct},(n-1)} + \Delta\tilde{\tau}_{\text{oct},(n)} = \left(\tilde{\tau}_{\text{oct},(n-1)} + \Delta\tilde{\tau}_{\text{oct},(n)}^g\right) - \sqrt{2}\lambda_{(n)}^s = \tilde{\tau}_{\text{oct},(n)}^g - \sqrt{2}G\lambda_{(n)}^s \end{cases} \tag{3-69}$$

根据式（3-52），发生剪切破坏时有

$$3\alpha\tilde{\sigma}_{\text{V},(n)} + \tilde{\tau}_{\text{oct},(n)} - \kappa\left(1 - D_{(n-1)}\right) = 0 \tag{3-70}$$

将式（3-69）代入上式，得

$$\left[3\alpha\tilde{\sigma}_{\text{V},(n)} + \tilde{\tau}_{\text{oct},(n)} - \kappa\left(1 - D_{(n-1)}\right)\right] - \left(9\alpha\alpha_{\text{p}}K + \sqrt{2}G\right)\lambda_{(n)}^s = 0 \tag{3-71}$$

对比式（3-52），可求得塑性因子

$$\lambda_{(n)}^s = \frac{f^s\left(\tilde{I}_{1,(n)}^g, \tilde{J}_{2,(n)}^g\right)}{\left(9\alpha\alpha_{\text{p}}K + \sqrt{2}G\right)} \tag{3-72}$$

注意修正后的偏应力张量 $\tilde{s}_{ij,(n)}$ 及其弹性预测值 $\tilde{s}_{ij,(n)}^g$，与修正后的偏应力第二不变量 $\tilde{J}_{2,(n)}$ 及其弹性预测值 $\tilde{J}_{2,(n)}^g$ 存在如下比例关系：

$$\tilde{s}_{ij,(n)} = \frac{\sqrt{\tilde{J}_{2,(n)}}}{\sqrt{\tilde{J}_{2,(n)}^g}}\tilde{s}_{ij,(n)}^g = \frac{\tilde{\tau}_{\text{oct},(n)}}{\tilde{\tau}_{\text{oct},(n)}^g}\tilde{s}_{ij,(n)}^g \tag{3-73}$$

又

$$\tilde{\sigma}_{ij,(n)} = \tilde{s}_{ij,(n)} + \tilde{\sigma}_{\text{V},(n)}\delta_{ij} \tag{3-74}$$

联合式（3-22）和式（3-23）即可得到塑性修正后的有效应力张量。同理，当应力点落在区域 2 中，即处于拉伸屈服状态时，有效应力可修正为

$$\begin{cases} \tilde{\sigma}_{\text{V},(n)} = \tilde{\sigma}_{\text{V},(n)}^g - 3K\lambda_{(n)}^t \\ \tilde{\tau}_{\text{oct},(n)} = \tilde{\tau}_{\text{oct},(n)}^g \end{cases} \tag{3-75}$$

此时塑性因子 λ^t 可写成

$$\lambda_{(n)}^t = \frac{f^t\left(\tilde{I}_{1,(n)}^g, \tilde{J}_{2,(n)}^g\right)}{9K} \tag{3-76}$$

3. 损伤修正

根据塑性力学理论，偏应力只引起材料的形状变化，静水压应力只造成材料的体积变化，因此偏应力是造成材料破坏的重要原因。根据刘元雪等[170]和郑颖人等[171]对岩土弹塑性理论下加卸载准则的研究，单元应力状态可描述为

$$\begin{cases} \varepsilon_{\text{V}} < \varepsilon_{\text{V,max}}, & \mathrm{d}\varepsilon_{\text{V}}^e < 0 & ①卸载，单元损伤保留当前历史最大值 \\ \varepsilon_{\text{V}} < \varepsilon_{\text{V,max}}, & \mathrm{d}\varepsilon_{\text{V}}^e > 0 & ②重新加载，但单元损伤保留当前历史最大值 \\ \varepsilon_{\text{V}} > \varepsilon_{\text{V,max}}, & \mathrm{d}\varepsilon_{\text{V}}^e > 0 & ③加载，进行损伤修正 \end{cases}$$

式中：$\mathrm{d}\varepsilon_{\mathrm{V}}^{e}$ 为弹性体积应变增量，$\mathrm{d}\varepsilon_{\mathrm{V}}^{e}=\mathrm{d}\tilde{\sigma}_{\mathrm{V}}/K$，其中 $\mathrm{d}\tilde{\sigma}_{\mathrm{V}}$ 为球应力（体积应力）增量，K 为弹性体积模量。

这一判断准则适合用迭代法进行数值分析，与 FLAC$^{\mathrm{3D}}$ 中采用的判断方法一致，即当单元处于应力状态①或②时，损伤 D 保留前一增量步的值为

$$D_{(n)} = D_{(n-1)} \tag{3-77}$$

当单元处于应力状态③时，损伤 D 按下式进行修正：

$$\begin{cases} D_{(n)} = D_{(n-1)} + \Delta D_{(n)} \\ \Delta D_{(n)} = \alpha_{\mathrm{T}} \Delta D_{\mathrm{T},(n)} + \alpha_{\mathrm{C}} \Delta D_{\mathrm{C},(n)} \end{cases} \tag{3-78}$$

联立式（3-52）、式（3-53）和式（3-78）可得

$$\Delta D_{\mathrm{T},(n)} = \begin{cases} \rho_{\mathrm{t}} \bar{x}_{\mathrm{t}}^{\,4} \cdot \dfrac{\Delta e_{\mathrm{teq},(n)}}{\overline{\varepsilon}_{f_{\mathrm{t}}}} & (\bar{x}_{\mathrm{t}} \leqslant 1) \\[4mm] \dfrac{\rho_{\mathrm{t}}\left[1.7\alpha_{\mathrm{t}}\left(\bar{x}_{\mathrm{t}}-1\right)^{0.7}+1\right]}{\left[\alpha_{\mathrm{t}}\left(\bar{x}_{\mathrm{t}}-1\right)^{1.7}+\bar{x}_{\mathrm{t}}\right]^{2}} \cdot \dfrac{\Delta e_{\mathrm{teq},(n)}}{\overline{\varepsilon}_{f_{\mathrm{t}}}} & (\bar{x}_{\mathrm{t}} > 1) \end{cases} \tag{3-79}$$

$$\Delta D_{\mathrm{C},(n)} = \begin{cases} \dfrac{\rho_{\mathrm{c}} n^2 \bar{x}_{\mathrm{c}}^{\,n-1}}{\left(n-1+\bar{x}_{\mathrm{c}}^{\,n}\right)^{2}} \cdot \dfrac{\Delta e_{\mathrm{ceq},(n)}}{\overline{\varepsilon}_{f_{\mathrm{c}}}} & (\bar{x}_{\mathrm{c}} \leqslant 1) \\[4mm] \dfrac{\rho_{\mathrm{c}}\left[2\alpha_{\mathrm{c}}\left(\bar{x}_{\mathrm{c}}-1\right)+1\right]}{\left[\alpha_{\mathrm{c}}\left(\bar{x}_{\mathrm{c}}-1\right)^{2}+\bar{x}_{\mathrm{c}}\right]^{2}} \cdot \dfrac{\Delta e_{\mathrm{ceq},(n)}}{\overline{\varepsilon}_{f_{\mathrm{c}}}} & (\bar{x}_{\mathrm{c}} > 1) \end{cases} \tag{3-80}$$

其中

$$\bar{x}_{\mathrm{t}} = \frac{\varepsilon_{\mathrm{teq}}}{\overline{\varepsilon}_{f_{\mathrm{t}}}}$$

$$\bar{x}_{\mathrm{c}} = \frac{\varepsilon_{\mathrm{ceq}}}{\overline{\varepsilon}_{f_{\mathrm{c}}}}$$

式中：上划线"–"表示多轴应力状态下材料参数等效值。$\varepsilon_{\mathrm{teq},(n)}$ 和 $\varepsilon_{\mathrm{ceq},(n)}$ 可按式（3-50）和式（3-51）计算，等效应变增量 $\Delta e_{\mathrm{teq},(n)}$ 和 $\Delta e_{\mathrm{ceq},(n)}$ 可按下式求得：

$$\Delta e_{\mathrm{teq},(n)} = \frac{\left\langle \varepsilon_{1,(n)} \right\rangle \Delta e_{1,(n)} + \left\langle \varepsilon_{2,(n)} \right\rangle \Delta e_{2,(n)} + \left\langle \varepsilon_{3,(n)} \right\rangle \Delta e_{3,(n)}}{\left(\left\langle \varepsilon_{1,(n)} \right\rangle^{2} + \left\langle \varepsilon_{2,(n)} \right\rangle^{2} + \left\langle \varepsilon_{3,(n)} \right\rangle^{2}\right)^{1/2}} \tag{3-81}$$

$$\Delta e_{\mathrm{ceq},(n)} = \frac{\left\langle -\varepsilon_{1,(n)} \right\rangle \Delta e_{1,(n)} + \left\langle -\varepsilon_{2,(n)} \right\rangle \Delta e_{2,(n)} + \left\langle -\varepsilon_{3,(n)} \right\rangle \Delta e_{3,(n)}}{\left(\left\langle -\varepsilon_{1,(n)} \right\rangle^{2} + \left\langle -\varepsilon_{2,(n)} \right\rangle^{2} + \left\langle -\varepsilon_{3,(n)} \right\rangle^{2}\right)^{1/2}} \tag{3-82}$$

4. 应力更新

根据式（3-44），应力按下式更新为：

$$\sigma_{ij,(n)} = \left(1 - D_{(n)}\right)\tilde{\sigma}_{ij,(n)} \tag{3-83}$$

3.2.2　FLAC^{3D} 二次开发环境及关键技术

1. 二次开发关键技术

在 DLL 动态链接库的编译过程中，需要特别注意函数与 FLAC^{3D} 程序的关联性。在 Visual Studio 2013 的资源管理器窗口下可以看到方案包含的 C++ 文件，包括头文件 condamage.h、资源文件 version.rc、源文件 condamage.cpp、外部依赖项和相关文档。FLAC^{3D} 本构模型开发的主要工作是修改头文件（condamage.h）和源文件（condamage.cpp）。头文件相当于一个预处理模块，主要进行本构模型派生类的声明，模型 ID 号、名称和版本号的定义以及所有派生类私有成员的修改，包括模型参数和程序执行过程中所需的中间变量。源文件是自定义本构模型的主体文件，主要进行模型参数和私有变量的赋值以及计算应力增量。外部依赖项axes.h、stensor.h 和 conmodel.h 分别包含了模型坐标系的定义、单元应力张量、应变张量的定义以及模型与 FLAC^{3D} 之间数据交换的通信结构体。

抽象类 ConstitutiveModel 是二次开发的关键，其中最重要的是 Initialize( ) 函数和 Run( ) 函数。Initialize( ) 函数在 Run( ) 函数之前，主要执行参数和状态指示器的初始化，并对派生类私有变量进行赋值，Initialize( ) 函数在执行 Cycle 命令、大应变模式及 isValid( ) 函数返回值为 false 时对每个模型单元（zone）调用一次。需要注意的是，Initialize( ) 函数可以引用应力变量但不能引用和修改应变变量。Run( ) 函数是本构模型的主体部分，计算过程中的每个循环、每个子单元（sub-zone）都要进行调用，主要功能是根据应变增量进行弹性预测、加卸载判断、塑性修正、损伤修正和应力更新。

根据式（3-79）和式（3-80），损伤变量及其增量是应变及其增量的函数，还与单元当前主应力状态有关。单元主应力可通过 Resoltopris( ) 函数直接获取，而主应变则没有定义，需要根据下式求解：

$$\varepsilon^3 - I_1'\varepsilon^2 + I_2'\varepsilon - I_3' = 0 \tag{3-84}$$

式中：I_1'、I_2'、I_3' 分别为应变张量的第一、第二和第三不变量。

对于三次方程可以用等代三角方程法求解，这种方法不涉及复杂的复数运算，便于编写程序。首先，需要定义两个中间变量 Q 和 R 为

$$Q = \frac{3I' - I_1'^2}{9} \tag{3-85}$$

$$R = \frac{2I_1'^3 - 9I_1'I_2' + 27I_3'}{54} \quad (3\text{-}86)$$

然后令

$$\theta = \arccos\left(\frac{R}{\sqrt{-Q^3}}\right) \quad (3\text{-}87)$$

当求 θ 时应注意，在 $0 \sim 2\pi$ 内有 3 个角满足要求，正好求得 3 个主值，相应于三次方程的 3 个根。这样，主应变可按下列公式计算：

$$\begin{cases} \varepsilon_1 = 2\sqrt{-Q}\cos\left(\dfrac{\theta}{3}\right) + \dfrac{I_1'}{3} \\[2mm] \varepsilon_2 = 2\sqrt{-Q}\cos\left(\dfrac{\theta + 2\pi}{3}\right) + \dfrac{I_1'}{3} \\[2mm] \varepsilon_3 = 2\sqrt{-Q}\cos\left(\dfrac{\theta + 4\pi}{3}\right) + \dfrac{I_1'}{3} \end{cases} \quad (3\text{-}88)$$

2. 程序开发流程和结果

混凝土损伤模型的程序计算流程如图 3-7 所示。在 Visual Studio 2013 环境下编译程序，生成动态链接库文件（condamage.dll），并通过 FLAC[3D] 中的 Configure cppudm 和 Model load 命令使自定义的本构模型（.dll 插件）被 FLAC[3D] 识别并注册载入，以供用户调用。

3.2.3 损伤模型验证

为了验证开发的混凝土损伤本构模型的有效性，利用该模型模拟混凝土材料的力学性能试验，并将模拟结果与试验及理论曲线进行对比。

1. 单轴拉伸

单轴拉伸试验参照文献[172]，材料参数取值见表 3-1。数值模拟与试验对比见图 3-8（a），采用混凝土损伤模型得到的材料损伤演化过程见图 3-8（b）。由图 3-8 可知，在峰值应力之前损伤较小，材料处于弹性阶段，损伤模型模拟的应力-应变曲线与试验曲线十分吻合；在峰值应力之后损伤发展迅速，材料表现出明显的脆性，损伤模型的峰值应力相比试验结果偏小。从应力-应变全过程曲线来看，开发的损伤模型能够有效反映混凝土材料在单轴受拉时的力学性能。

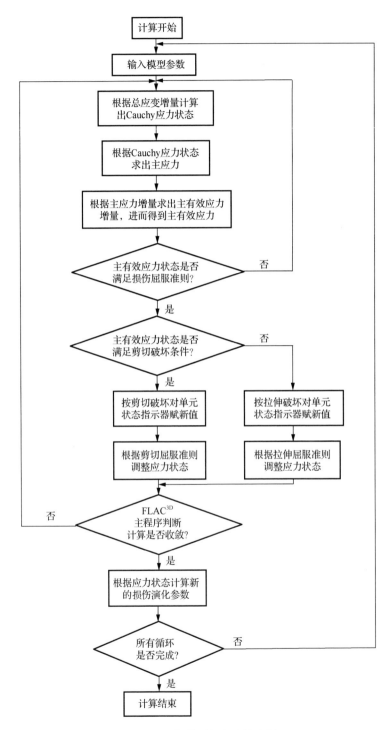

图 3-7 损伤模型程序计算流程

表 3-1 单轴拉伸试验模型材料参数

弹性模量 E_0/ (10^4MPa)	泊松比 μ	黏聚力 c/MPa	内摩擦角 φ/ (°)	初始损伤 D_0	单轴抗拉强度 $f_{t,r}$/MPa	单轴抗压强度 $f_{c,r}$/MPa
3.10	0.18	4.5	45	0.0	3.48	27.6
峰值拉应变 $\varepsilon_{t,r}$/10^{-6}	峰值压应变 $\varepsilon_{c,r}$/10^{-6}	材料参数(1)α	剪胀系数 α_p	材料参数(2) k/10^6	α_t	α_c
128	1 560	0.255	0.25	7.40	3.82	1.06

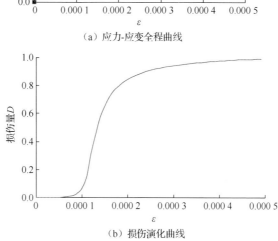

（a）应力-应变全程曲线

（b）损伤演化曲线

图 3-8 单轴拉伸数值模拟结果与试验值对比

2. 单轴压缩

单轴压缩试验参照文献[173]，材料参数取值见表 3-2。数值模拟与试验对比见图 3-9（a），采用混凝土损伤模型得到的材料损伤演化过程见图 3-9（b）。由图 3-9 可知，当材料的压应变小于 $2×10^{-4}$ 时，损伤接近于零，对应的应力-应变近乎于线性关系，材料处于弹性阶段；随着压应力的增长，损伤进一步发展，材料表现出明显的应变软化特性；在峰值应力之前损伤模型模拟的应力-应变曲线与试验曲线十分吻合，在峰值应力之后损伤模型的模拟结果相比试验结果略微偏大，但总体变化趋势一致。从应力-应变全过程曲线来看，开发的损伤模型能够有效反映混凝土材料在单轴受压时的力学性能。

表 3-2　单轴压缩试验模型材料参数

弹性模量 E_0 /（10^4MPa）	泊松比 μ	黏聚力 c /MPa	内摩擦角 φ /（°）	初始损伤 D_0	单轴抗拉强度 $f_{t,r}$ /MPa	单轴抗压强度 $f_{c,r}$ /MPa
3.17	0.18	4.5	45	0.0	3.48	27.6
峰值拉应变 $\varepsilon_{t,r}$ /10^{-6}	峰值压应变 $\varepsilon_{c,r}$ /10^{-6}	材料参数(1)α	剪胀系数 α_p	材料参数(2) k /10^6	α_t	α_c
128	1 560	0.255	0.25	7.40	3.82	1.06

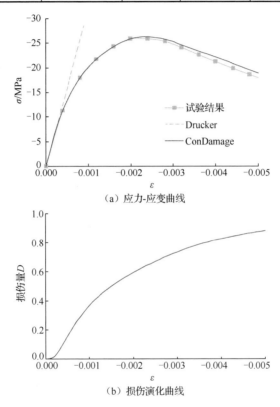

（a）应力-应变曲线

（b）损伤演化曲线

图 3-9　单轴压缩数值模拟结果与试验值对比

3. 循环拉伸

　　循环拉伸试验的材料参数取值见表 3-1。采用混凝土损伤模型得到的材料单轴循环拉伸应力-应变曲线见图 3-10。由图 3-10 并参考图 3-4 可知，循环拉伸时混凝土材料的骨架曲线（即外包络线）与单调拉伸时得到的全应力-应变曲线相似，但数值模拟结果无法得到与试验曲线一致的"滞回环"。总体来讲，开发的损伤模型能够有效反映混凝土材料在单轴循环拉伸时的力学性能，计算结果满意。

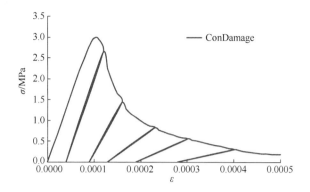

图 3-10　循环拉伸时的应力-应变曲线

4. 循环压缩

单轴循环压缩试验的材料参数取值见表 3-2。采用混凝土损伤模型得到的材料单轴循环压缩应力-应变曲线见图 3-11。由图 3-11 可知，循环压缩时混凝土材料的骨架曲线（即外包络线）与单调压缩时得到的全应力-应变曲线相似，数值模拟无法得到与试验曲线一致的"滞回环"。总体来讲，开发的损伤模型能够有效反映混凝土材料在单轴循环压缩时的力学性能，计算结果令人满意。

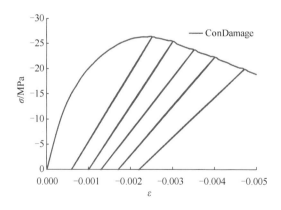

图 3-11　循环压缩加载应力-应变曲线

3.3　基于损伤理论的高速铁路隧道动力响应分析

3.3.1　动力响应计算模型

为了反映开挖后隧道结构与围岩的初始应力状态，采用地层-结构模式建立数值计算模型，隧道断面形式参考 350km/h 高速铁路双线浅埋隧道标准断面图。

1. 计算单元及网格划分

为减少边界约束效应，模型计算范围按左右边界距隧道中心线 3 倍至 5 倍洞径，底部边界距隧道底部 3 倍至 5 倍隧道高度，为减轻计算负担模型在 X、Y 和 Z 三个方向尺寸取为 90m×1m×67m。隧道按浅埋考虑，埋深取 15m，模型底部及左右两侧边界采用静态边界条件，轴向仅约束 Y 向自由滑动，上部为自由面。围岩、初期支护、二次衬砌、混凝土基础及轨道板等均采用八节点六面体单元来模拟，模型共划分了 4 971 个节点和 3 188 个单元。围岩视为摩尔-库仑理想弹塑性材料，采用摩尔-库仑屈服准则描述；为直观反映混凝土结构的损伤分布，初期支护（喷射混凝土）、二次衬砌及仰拱以上的填充、混凝土基础、轨道板均采用实体单元模拟，材料特性由开发的 condamage.dll 损伤本构模型定义并采用 D-P 准则描述。模型整体网格及隧道结构局部网格划分见图 3-12。为最大限度减少边界约束的影响，选取模型中间断面（目标工作面）提取计算数据。为便于分析，在目标工作面处设置监测点，监测点位置见图 3-13。

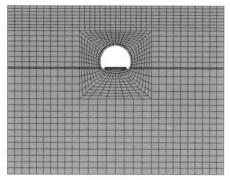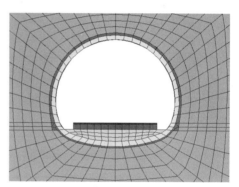

（a）整体模型网格　　　　　　　　　　　　（b）隧道结构网格

图 3-12　隧道计算模型网格划分

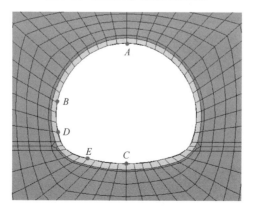

图 3-13　隧道周边监测点布置

2. 材料参数

为扩大分析范围，计算材料参数时考虑Ⅳ级和Ⅴ级两种围岩级别。围岩物理力学参数参考相关地质资料，按照《铁路隧道设计规范》（TB 10003—2005）[174]和《高速铁路设计规范》（TB 10621—2014）[5]选取，混凝土材料参数按照《混凝土结构设计规范（2015 年版）》（GB 50010—2010）[141]选取或根据计算确定。本节选取的围岩、初期支护、二次衬砌、混凝土基础及轨道板等结构的物理力学参数见表 3-3～表 3-5。

表 3-3　围岩物理力学参数

围岩级别	重度 γ /（kN/m³）	弹性模量 E_0/GPa	泊松比 μ
Ⅲ	23.5	8	0.27
Ⅳ	21.0	2.5	0.33
Ⅴ	18.0	1.2	0.37

表 3-4　衬砌及轨道板等结构弹性力学参数

结构名称	重度 γ /（kN/m³）	弹性模量 E_0/GPa	泊松比 μ	黏聚力 c/MPa	内摩擦角 φ /（°）
二次衬砌（C35）	26.3	31.5	0.2	15.7	51
初期支护（C25）	23	28	0.2	12.7	51
仰拱填充（C25）	23	28	0.2	12.7	51
轨道基础（C30）	25	30	0.2	14.3	51
轨道板（C50）	27	34.5	0.2	18.9	51

表 3-5　衬砌及轨道板等结构损伤力学参数

结构名称	单轴抗拉强度 $f_{t,r}$/MPa	单轴抗压强度 $f_{c,r}$/MPa	峰值拉应变 $\varepsilon_{t,r}$/10^{-6}	峰值压应变 $\varepsilon_{c,r}$/10^{-6}	材料参数 (1)α	剪胀系数 α_p	材料参数 (2)k/10^6	拉应力损伤权系数 α_t	压应力损伤权系数 α_c
二次衬砌（C35）	1.57	16.7	95	1 470	0.255	0.25	7.40	1.25	0.74
初期支护（C25）	1.27	11.9	81	1 470	0.255	0.25	5.98	0.70	0.74
仰拱填充（C25）	1.27	11.9	81	1 470	0.255	0.25	5.98	0.70	0.74
轨道基础（C30）	1.43	14.3	81	1 470	0.255	0.25	6.74	0.70	0.74
轨道板（C50）	1.89	23.1	95	1 470	0.255	0.25	8.91	1.25	0.74

3. 计算步骤

由于在动力荷载作用之前，围岩及结构已经存在初始应力，考虑到衬砌等混凝土材料可能存在的初始损伤，应将动力计算建立在静力计算的基础之上，主要分析步骤如下：①建立隧道-围岩体系几何模型，划分单元网格；②设置静力边界条件并赋予材料弹性力学参数，进行开挖模拟，获得结构体系的初始应力场和混凝土结构的初始损伤分布；③设置瑞利阻尼、动力边界条件及赋予材料塑性或损伤力学参数，施加列车振动荷载并进行计算，得到隧道结构体系的动力响应和损伤分布情况。

3.3.2　计算结果及对比分析

地面建筑振动评价以人体舒适度和结构安全为目标，主要包括结构位移或变形、速度、加速度以及动应力四个基本指标。对于地下工程，参考上述评价标准，本节选取位移、加速度和动应力三个方面衡量列车振动荷载下隧道结构体系的动力响应。计算工况按三种行车速度（250km/h、300km/h 和 350km/h）和两种围岩级别（Ⅳ级和Ⅴ级）进行组合，行车条件按双向交会列车同时加载考虑。

1.　不同本构模型下衬砌结构动力响应分析

计算条件：Ⅴ级围岩（材料参数见表 3-3），隧道衬砌等混凝土结构分别采用线弹性模型和损伤模型模拟（相应材料参数取值见表 3-4 和表 3-5），双线交汇列车同时加载，行车速度为 300km/h，计算时长分别取 3s 和 2s。不同本构模型计算的衬砌结构拱顶和仰拱部位的位移时程曲线见图 3-14；加速度和主应力（最大和最小主应力）时程曲线如图 3-15～图 3-17。

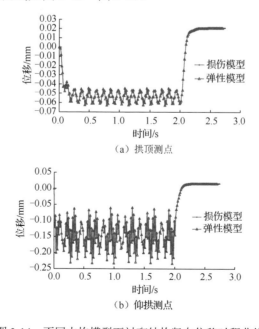

（a）拱顶测点

（b）仰拱测点

图 3-14　不同本构模型下衬砌结构竖向位移时程曲线

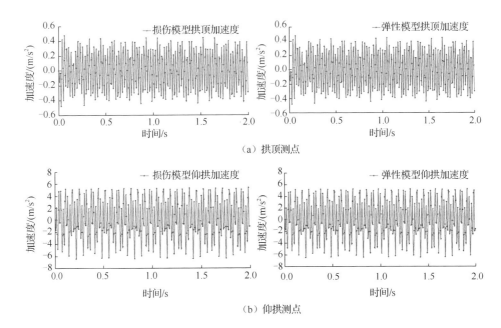

（a）拱顶测点

（b）仰拱测点

图 3-15　不同本构模型下衬砌结构加速度时程曲线

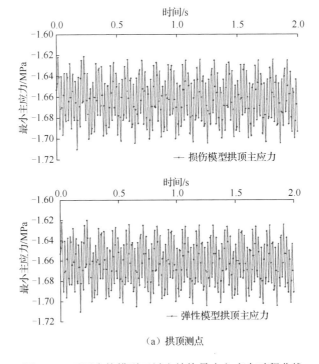

（a）拱顶测点

图 3-16　不同本构模型下衬砌结构最小主应力时程曲线

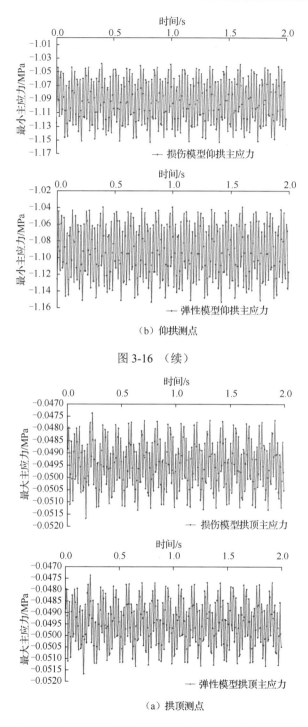

（b）仰拱测点

图 3-16 （续）

（a）拱顶测点

图 3-17　不同本构模型下衬砌结构最大主应力时程曲线

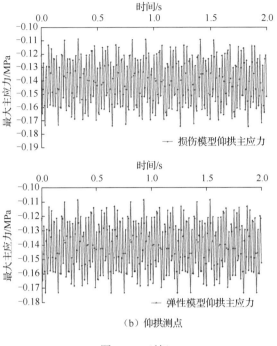

（b）仰拱测点

图 3-17 （续）

由图 3-14 可以看出，采用开发的损伤模型得到的衬砌结构拱顶、仰拱部位竖向位移峰值分别为 0.063mm 和 0.234mm，与线弹性模型下得到的拱顶、仰拱部位竖向位移峰值几乎完全一致，且二者位移时程曲线基本重合。由图 3-15～图 3-17 可以看出，采用开发的损伤模型得到的衬砌结构拱顶、仰拱部位加速度峰值分别为 0.475 6m/s² 和 5.944m/s²，最大主应力峰值分别为 0.051 7MPa 和 0.173 3MPa，最小主应力峰值分别为 1.700MPa 和 1.151MPa，与线弹性模型下得到的拱顶、仰拱部位的竖向位移、最大主应力和最小主应力峰值几乎完全一致，且二者加速度、最大主应力和最小主应力时程曲线基本重合。

2. 不同行车速度下衬砌结构动力响应分析

计算条件：隧道衬砌等混凝土结构采用损伤模型模拟，行车速度分别为 250km/h、300km/h 和 350km/h，其他计算条件与上述相同。

1）位移响应特征

时速 300km/h 列车荷载作用下结构位移矢量分布如图 3-18 所示。设置竖向位移监测点为 A、B、C 三点，不同车速下各监测点的竖向位移时程曲线见图 3-19；各监测点位移峰值随行车速度的变化规律见图 3-20。

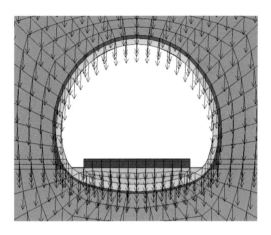

图3-18 衬砌位移矢量分布

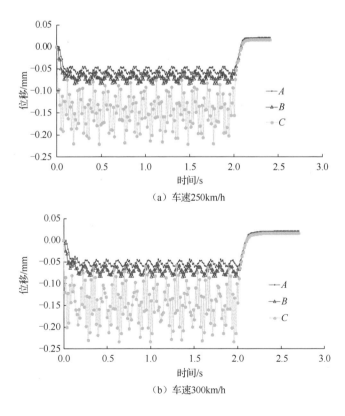

图3-19 不同车速下衬砌结构竖向位移时程曲线

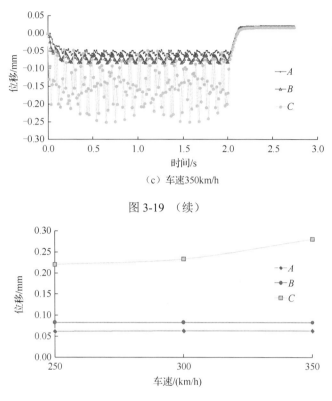

（c）车速350km/h

图 3-19 （续）

图 3-20 竖向位移峰值与行车速度关系对比

由图3-18～图3-20可知：①衬砌结构随着施加的列车振动荷载产生受迫振动，结构有整体下沉趋势。②不同行车速度下，列车振动荷载对衬砌结构各部位位移的影响规律基本相同，位移时程曲线变化趋势基本一致。主要表现为：荷载作用初期，结构位移迅速增大，随后在某一位移值处上下波动，变化趋于平稳；振动结束后位移迅速恢复。结构不同部位的位移峰值和变化幅度与到振源的距离有关，距离振源越远振动越小，同时振幅变化也越小。③车速越高，衬砌结构各部位的竖向位移越大，同时振动位移峰值出现的频率也越高；由于列车振动荷载采用了正弦函数，结构位移时程曲线也随之表现出正弦周期性，并且这一现象随着车速的增大而越发明显。④衬砌结构的竖向收敛变形远小于变形容许值，三种行车速度下竖向收敛变形分别为 0.159mm、0.171mm 和 0.217mm（竖向收敛变形此处取拱顶与仰拱中心竖向位移之差）。

2）加速度响应特征

设置 A～E 五个加速度监测点（图 3-13）。限于篇幅仅列出车速为 300km/h 监测点 A 和 B 的加速度时程曲线见图 3-21；不同车速下各监测点的加速度峰值见表 3-6；加速度随车速的变化趋势见图 3-22。

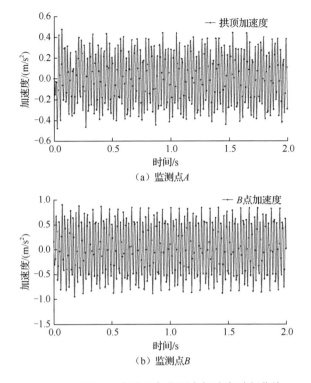

（a）监测点A

（b）监测点B

图3-21　300km/h车速下各监测点加速度时程曲线

表3-6　衬砌各监测点的加速度峰值

衬砌结构部位	加速度峰值/（m/s²）		
	行车速度250km/h	行车速度300km/h	行车速度350km/h
拱顶（A）	0.479 9	0.475 4	0.717 3
边墙（B）	0.856 7	0.942 9	0.986 4
拱脚（D）	1.018	1.059	1.155
左线轨下（E）	2.496	3.966	5.615
仰拱中心（C）	3.651	6.447	8.571

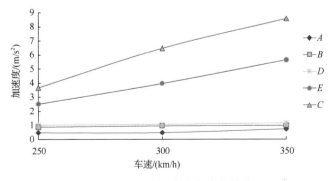

图3-22　加速度随车速的变化趋势

由上述可知：①不同行车速度下，列车振动荷载对衬砌结构各部位加速度的影响规律基本相同，各监测点加速度时程曲线的变化趋势基本一致。主要表现为：距振源越远，加速度衰减越大，同时振幅变化也越小；荷载作用瞬间，加速度最大，随后很快恢复，表现出冲击特性。②车速越高，衬砌结构各部位的加速度也越大；与竖向位移响应相比，结构的加速度响应对车速变化更为敏感。③对于隧道仰拱部位（监测点 C），250km/h、300km/h 和 350km/h 三种行车速度下，加速度峰值分别为 $3.651m/s^2$、$6.447m/s^2$ 和 $8.571m/s^2$，处于安全范围内。但在振动加载瞬间，该点加速度峰值分别达到了 $9.243m/s^2$、$15.76m/s^2$ 和 $18.84m/s^2$，结构振动较强。

3）动应力响应特征

列车振动荷载加载前各监测点（图 3-13 中 A、B、D 和 E 点）的初始应力及不同行车速度下各监测点的最大主应力 σ_1、最小主应力 σ_3 峰值见表 3-7；不同车速下拱顶（A）主应力时程曲线见图 3-23 和图 3-24（其他测点略）；各监测点主应力随车速的变化趋势见图 3-25。

表 3-7　不同速度下各监测点主应力峰值计算结果

衬砌结构部位	加载前初始应力		主应力峰值/MPa					
			行车速度 250km/h		行车速度 300km/h		行车速度 350km/h	
	σ_1	σ_3	σ_1	σ_3	σ_1	σ_3	σ_1	σ_3
拱顶（A）	−0.049	−1.653	−0.051 6	−1.702	−0.051 3	−1.700	−0.051 3	−1.702
边墙（B）	−0.115 6	−3.268	−0.116 9	−3.288	−0.116 7	−3.299	−0.117 0	−3.304
拱脚（D）	−0.190 9	−3.691	−0.191 9	−3.697	−0.194 6	−3.740	−0.196 2	−3.738
左线轨下（E）	−0.109 4	−1.115	−0.186 6	−1.118	−0.200 7	−1.132	−0.207 8	−1.139
仰拱中心（C）	−0.121 3	−1.125	−0.161 7	−1.129	−0.173 3	−1.151	−0.178 6	−1.161

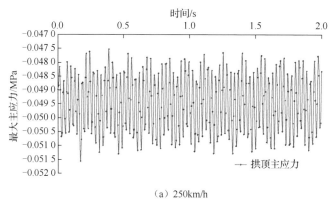

（a）250km/h

图 3-23　不同车速下拱顶（A）最大主应力时程曲线

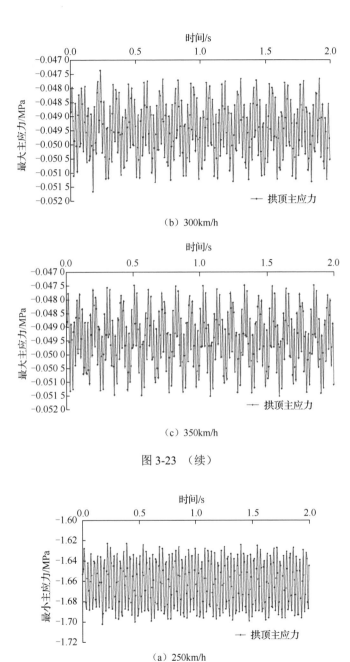

（b）300km/h

（c）350km/h

图 3-23　（续）

（a）250km/h

图 3-24　不同车速下拱顶（A）最小主应力时程曲线

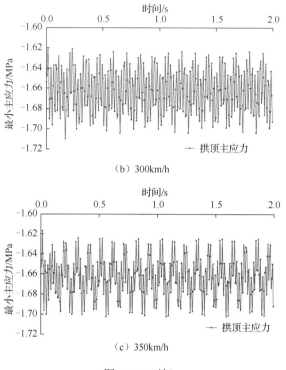

（b）300km/h

（c）350km/h

图 3-24 （续）

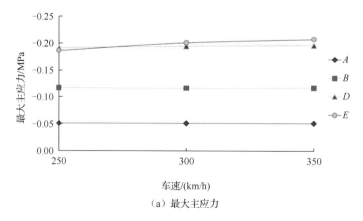

（a）最大主应力

图 3-25 主应力随车速的变化趋势

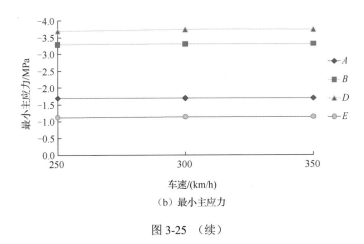

（b）最小主应力

图 3-25 （续）

由上述可知：①不同行车速度下，列车振动荷载对衬砌结构各部位主应力的影响规律基本相同，主应力时程曲线的整体变化趋势基本一致。主要表现为：各监测点距振源越远，主应力衰减越大，同时振幅变化也越小；主应力时程曲线表现出了一定的正弦周期性，但与位移时程曲线相比并不明显。②在 250km/h、300km/h、350km/h 三种行车速度下，监测点处衬砌结构均未出现拉应力；最大主压应力发生在拱脚，大小分别为 3.697MPa、3.740MPa 和 3.738MPa，分别达到混凝土轴心抗压强度的 22.14%、22.40% 和 22.38%，与列车荷载作用前的结构初始应力相比，分别增长了 6kPa、49kPa 和 47kPa。这说明压应力衬砌结构拱脚的损伤影响较大。③车速越高，衬砌结构各部位的主应力也越大，但远小于混凝土材料的强度设计值。

4）动力损伤特征

隧道结构整体初始损伤分布见图 3-26。限于篇幅仅列出车速 300km/h 时，隧

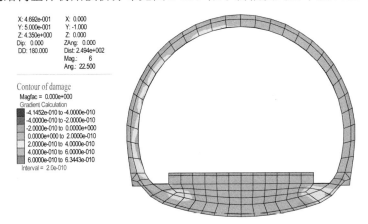

图 3-26 隧道结构体系初始损伤分布

道结构整体动力损伤分布见图 3-27（取加载 1.8s 时的计算结果）；振动结束即列车通过隧道后，衬砌各部位、混凝土基础以及轨道板的损伤见表 3-8；隧道仰拱部位的损伤值在不同车速下的演化过程见图 3-28；衬砌结构各部位（图 3-13 中 A、B、D 和 E 点）损伤值随车速的变化趋势见图 3-29（注意：以下各图中出现了损伤为负值的区域是软件显示问题，应视作损伤为零）。

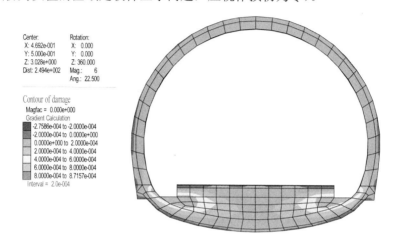

（a）隧道结构总损伤分布

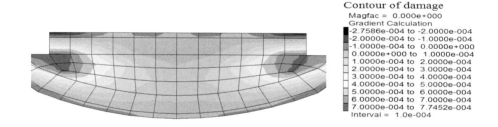

（b）轨道板及混凝土基础总损伤分布

图 3-27　300km/h 时隧道结构体系损伤分布

表 3-8　不同车速下隧道结构各监测点的损伤

列车速度/（km/h）	列车荷载引起的损伤/10^{-4}			
	拱顶（A）	边墙（B）	拱脚（D）	轨下仰拱（E）
250	0.502 2	0.653 1	0.483 5	0.258 7
300	0.612 0	0.725 4	0.740 6	2.036
350	0.869 9	1.206	1.948	4.898

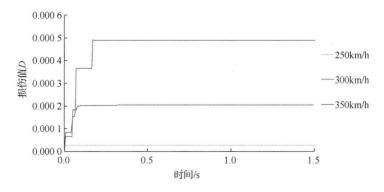

图 3-28　不同车速下隧道仰拱损伤演化

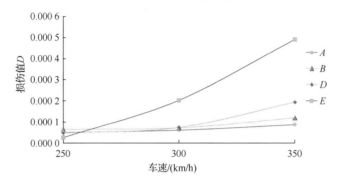

图 3-29　损伤值 D 随车速的变化趋势

从上述可以看出：①不同行车速度下，列车振动荷载对衬砌结构动力损伤分布的影响基本相同，损伤值的整体分布规律基本一致。主要表现为：衬砌拱脚区域损伤较大，边墙及以上部位的损伤较小；在左、右拱脚与轨道板下混凝土基础之间出现了两个损伤集中区域，沿隧道中心线基本呈对称分布，说明这一部位是衬砌结构可能发生破坏的最危险区域。②衬砌结构损伤值在加载初期增长迅速，之后基本停止增长；行车速度对衬砌结构拱脚及混凝土基础的损伤影响较大，对结构其他部位影响较小；车速越高，结构动力损伤越大；损伤值的增长呈现出阶跃效应。③根据胡英国等[175]对岩石爆破损伤模型的研究，损伤变量 D 的阈值应取为 0.19。当 D 超过损伤阈值时，结构就处于危险（破损）状态。从本书计算结果可知，单次列车振动荷载作用对衬砌结构造成的损伤非常小，远不会引起结构的损伤破坏。

5）损伤集中区域成因分析

从图 3-26～图 3-29 中还可以发现，左、右拱脚与轨道板下混凝土基础之间各有一个损伤集中区域，沿隧道中心线基本对称，下面分析这两个损伤集中区的成因。

以 300km/h 隧道为例，加载 1.8s 时，隧道衬砌结构最小主应力、体应变增量及主应力矢量分布分别见图 3-30～图 3-32，最小主应力、最大主应力、体应变增量与主应力矢量分布对比分别见图 3-33～图 3-35。

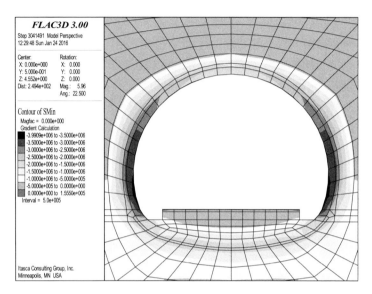

图 3-30　隧道衬砌结构最小主应力分布

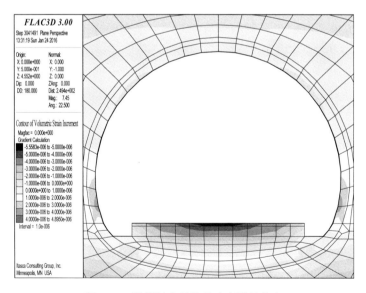

图 3-31　隧道衬砌结构体应变增量分布

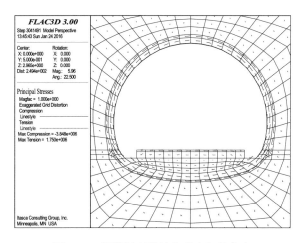

图 3-32　隧道衬砌结构主应力矢量分布

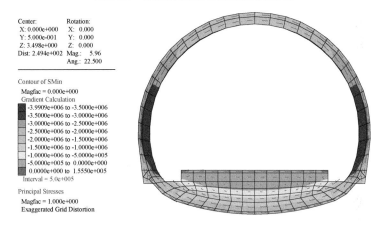

图 3-33　隧道衬砌结构最小主应力与主应力矢量分布对比

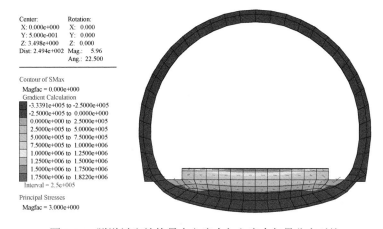

图 3-34　隧道衬砌结构最大主应力与主应力矢量分布对比

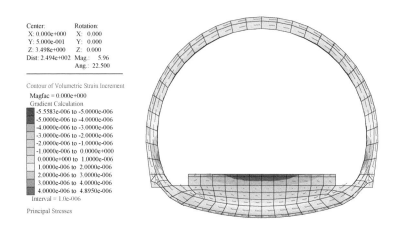

图 3-35　隧道衬砌结构体应变增量与主应力矢量分布对比

根据图 3-30～图 3-35 可知：①从最小主应力分布来看，边墙损伤分布与最小主应力分布规律基本一致，这一部位的最小主应力有最大值，体应变增量最大，主应力矢量表现为压应力。这说明边墙损伤主要由主压应力引起，即受压损伤。②从主应力矢量分布来看，拱脚与轨道板下混凝土基础交接处的最大主应力为正值，主应力矢量在此处表现为拉-压复合应力状态，说明这一位置的损伤主要由拉应力引起，即受拉损伤。另外，这一部位可能存在应力集中和振动放大，处于不利受力状态。

3. 不同围岩级别下衬砌结构动力响应分析

计算条件：围岩级别分别按Ⅳ级和Ⅴ级考虑（材料参数见表 3-3），隧道衬砌等混凝土结构采用损伤模型模拟（相应材料参数取值见表 3-4 和表 3-5），双线交会列车同时加载，行车速度取 300km/h，计算时长取为 2s。

1）位移响应特征

不同围岩级别下，衬砌结构各监测点的位移峰值对比见表 3-9；拱顶及仰拱位移时程曲线对比见图 3-36。

表 3-9　不同围岩级别下衬砌结构位移峰值　　　　（单位：mm）

围岩级别	拱顶（A）	边墙（B）	拱脚（D）	轨下仰拱（E）	仰拱中心（C）
Ⅳ	−0.035 0	−0.046	−0.057	−0.115	−0.146
Ⅴ	−0.063	−0.083	−0.100	−0.190	−0.234

由上述可知，不同围岩级别下，列车振动荷载对衬砌结构各部位位移的影响规律基本相同，位移时程曲线的整体变化趋势基本一致；围岩级别对衬砌结构的位移响应影响较大，围岩条件越差，结构位移越大，对结构的同一部位，Ⅴ级围岩下的位移峰值是Ⅳ级围岩条件下的 1.60 倍至 1.82 倍。

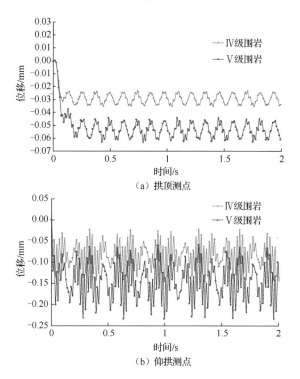

（a）拱顶测点

（b）仰拱测点

图 3-36　不同围岩级别下衬砌结构位移时程曲线对比

2）加速度响应特征

在不同围岩级别下，衬砌结构各监测点的加速度峰值见表 3-10；加速度时程曲线对比见图 3-37 和图 3-38。

表 3-10　不同围岩级别下衬砌结构加速度峰值　　　　　（单位：m/s²）

围岩级别	拱顶（A）	边墙（B）	拱脚（D）	轨下仰拱（E）	仰拱中心（C）
IV	0.327	0.789	1.194	3.374	4.944
V	0.475	0.943	1.059	3.966	6.447

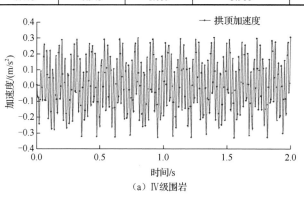

（a）IV级围岩

图 3-37　不同围岩级别下衬砌拱顶加速度时程曲线对比

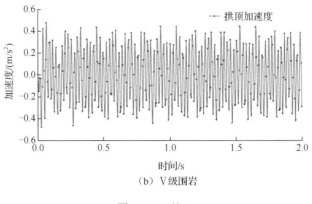

（b）V级围岩

图 3-37 （续）

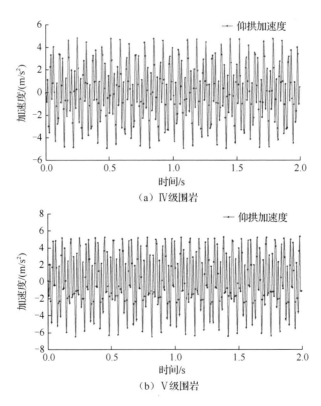

（a）Ⅳ级围岩

（b）V级围岩

图 3-38 不同围岩级别下衬砌仰拱加速度时程曲线对比

由上述可以看出，不同围岩级别下，列车荷载对衬砌结构各部位加速度的影响规律基本相同，加速度时程曲线的整体变化趋势基本一致；围岩级别对衬砌结构的加速度响应影响较大，围岩条件越差，结构加速度越大，对结构的同一部位，Ⅴ级围岩下的加速度峰值是Ⅳ级围岩条件下的 1.18 倍至 1.46 倍。

3）动应力响应特征

不同围岩级别下，衬砌结构各监测点主应力峰值见表 3-11；各部位的主应力时程曲线对比见图 3-39 和图 3-40。

表 3-11　不同围岩级别下衬砌结构各部位主应力峰值　　　（单位：MPa）

衬砌结构部位	Ⅳ级围岩				Ⅴ级围岩			
	加载前		加载后		加载前		加载后	
	σ_1	σ_3	σ_1	σ_3	σ_1	σ_3	σ_1	σ_3
拱顶（A）	-0.032 7	-1.124 0	-0.034 1	-1.156 0	-0.049 0	-1.653	-0.051 3	-1.700
边墙（B）	-0.110 3	-3.153 0	-0.111 5	-3.185 0	-0.115 6	-3.268	-0.116 7	-3.299
拱脚（D）	-0.179 2	-3.484 0	-0.180 9	-3.514 0	-0.190 9	-3.691	-0.194 6	-3.740
左线轨下（E）	-0.079 6	-0.798 2	-0.178 7	-0.811 7	-0.109 4	-1.115	-0.200 7	-1.132
仰拱中心（C）	-0.091 6	-0.711 3	-0.149 1	-0.730 5	-0.121 3	-1.125	-0.173 3	-1.151

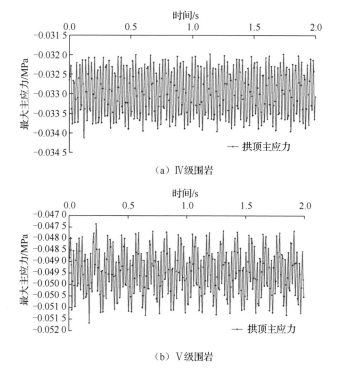

（a）Ⅳ级围岩

（b）Ⅴ级围岩

图 3-39　不同围岩级别下衬砌拱顶最大主应力时程曲线对比

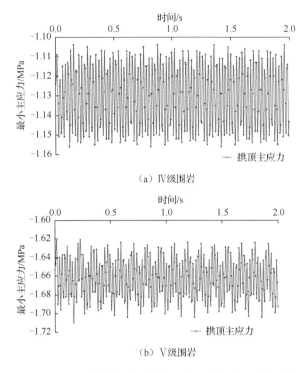

（a）Ⅳ级围岩

（b）Ⅴ级围岩

图 3-40　不同围岩级别下衬砌拱顶最小主应力时程对比

从上述可以看出，不同围岩级别下，列车荷载对衬砌结构各部位主应力的影响规律基本相同，主应力时程曲线的整体变化趋势基本一致；围岩级别对衬砌结构的最大、最小主应力峰值影响较大，围岩条件越差，结构主应力越大，但结构监测点位置并未出现拉应力；对结构的同一部位，Ⅴ级围岩下的最大主应力峰值是Ⅳ级围岩条件下的 1.05 倍至 1.50 倍，最小主应力峰值是后者的 1.04 倍至 1.58 倍。

4）动力损伤特征

不同围岩级别下，衬砌结构及轨道板混凝土基础的动力损伤分布见图 3-41 和图 3-42；衬砌结构各监测点的损伤值见表 3-12。

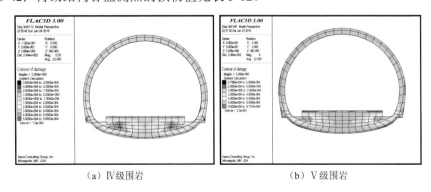

（a）Ⅳ级围岩　　　　　　　　　　　　（b）Ⅴ级围岩

图 3-41　不同围岩级别下砌衬结构的损伤分布对比

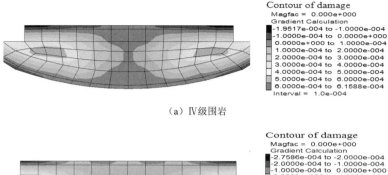

（a）Ⅳ级围岩

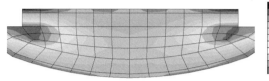

（b）Ⅴ级围岩

图 3-42 不同围岩级别下轨道板及下部混凝土基础的动力损伤分布

表 3-12 不同围岩级别下衬砌结构各监测点的损伤值

围岩级别	列车荷载引起的损伤值/10⁻⁴			
	拱顶（A）	边墙（B）	拱脚（D）	轨下仰拱（E）
Ⅳ	0.409 7	0.112 7	0.526 8	2.770
Ⅴ	0.612 0	0.725 4	0.740 6	2.036

从上述可以看出：①不同围岩级别下，列车荷载对衬砌结构动力损伤分布的影响基本相同，损伤值的整体分布规律基本一致。主要表现为：衬砌拱脚区域损伤较大，边墙及以上部位的损伤较小；在左、右拱脚与轨道板下混凝土基础之间都出现了两个损伤集中区域，沿隧道中心线基本呈对称分布。②围岩级别对衬砌结构拱脚及混凝土基础的损伤影响较大，对结构其他部位影响较小；围岩条件越差，结构动力损伤越大，且损伤集中区域开始向两侧发展；Ⅴ级和Ⅳ级围岩条件下损伤集中区域的损伤值分别为 7.745×10^{-4} 和 6.159×10^{-4}，前者约是后者的 1.26 倍；围岩级别对结构动力损伤的影响程度比列车时速要小。

3.4 高速铁路交叉隧道动力响应分析

在列车荷载作用下，隧道衬砌结构的位移、加速度、主应力会随之发生变化，当列车荷载停止作用后，衬砌结构的位移、加速度与主应力也随之恢复。本节主要研究在Ⅴ级围岩下不同列车通行方式（上跨隧道双列交会列车荷载、下穿隧道双列交会列车荷载、上跨隧道和下穿隧道四列交会列车荷载）对立体交叉隧道的动力响应规律影响，以及从上跨隧道与下穿隧道的立交断面和常规断面的竖向位移、加速度及立交断面的主应力三个方面进行分析。其中，衬砌的竖向位移、加速度及主应力的最大值均表示其在列车荷载作用下的增值。

3.4.1 动力响应计算模型

1. 模型说明

以我国铁路工程建设通用 350km/h 客运专线铁路标准断面为典型计算断面，如图 3-43，建立三维数值计算模型。模型底部边界距下穿隧道衬砌边缘 50m 处，上下隧道两侧边界距隧道衬砌边缘 50m 处，上部边界以实际工况选择。图 3-44 为上跨隧道埋深 50m，两隧道间净距 1m，上、下垂直立体交叉隧道模型示意图。

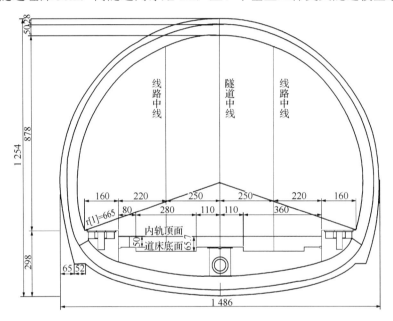

图 3-43　隧道标准断面图

图 3-44　交叉隧道模型示意图

2. 分析断面及特征点选取

模型计算完毕后，选取相应的分析断面与特征点。如图 3-45 所示，图中上跨隧道与下穿隧道都为双线列车通行标准断面。设两隧道俯视情况下的交点为中心点，即为上下隧道的交叉点。设沿上跨隧道其走向为 X 轴，沿下穿隧道走向为 Y 轴，立交点为原点。因此，对于上跨隧道，选取 $X=0$、$X=30m$ 处两个断面作为上跨隧道分析断面，分别命名为上跨隧道立交断面和上跨隧道常规断面；选取下穿隧道 $Y=0$、$Y=30m$ 两个断面作为下穿隧道分析断面，分别命名为下穿隧道立交断面和下穿隧道常规断面。此外，可选取隧道衬砌结构的拱顶、拱肩、边墙、拱脚、拱底、道床作为监测点，分析断面特征点示意图见图 3-46。

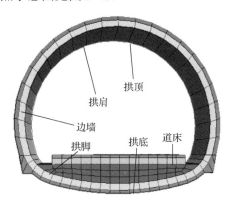

图 3-45　隧道交叉示意图　　　　图 3-46　分析断面特征点示意图

3. 计算工况

本节采用非线性的弹塑性本构模型进行分析计算。因此需要先得到开挖后的初始地应力场，然后对位移场、速度场清零后再在轨道板结构处施加相应的列车振动荷载，从而得到立体交叉隧道衬砌结构在列车荷载作用下的动力响应。本章计算工况见表 3-13。

表 3-13　计算工况

计算工况	说明
上跨隧道双列交会列车荷载	V 级围岩，列车速度为 350km/h，两隧道净距
下穿隧道双列交会列车荷载	1m，埋深 50m
上跨隧道与下穿隧道四列交会列车荷载 围岩级别为 V 级，交叉隧道净距 1m，埋深 50m	模拟立体交叉隧道静力施工力学特性·

4. 参数选取

计算模型中围岩按连续、均匀介质考虑，并根据现行《铁路隧道设计规范》

（TB 10003—2016）[174]和《高速铁路设计规范》（TB 10621—2014）[5]选取地层参数。

3.4.2　计算结果及对比分析

1. 交叉隧道上行双列交会列车荷载动力响应分析

1）上跨隧道动力响应分析

（1）上跨隧道变形结果分析。

在上行列车荷载作用下，双列交会上跨隧道常规断面与上跨隧道立交断面各监测点位移时程曲线分别见图 3-47 和图 3-48。由两图可知，在上行列车荷载作用下，各监测点位移时程曲线规律基本一致。各监测点竖向位移均表现出振动的特性。此外，各监测断面出现位移最大值时刻略滞后于经过该断面时刻，当列车完全通过各断面时，各监测点竖向位移逐渐趋于 0 值附近振动。

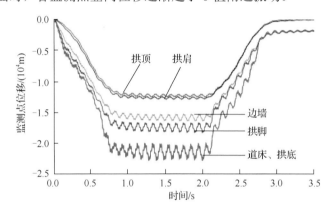

图 3-47　上行双列交会荷载下上跨隧道常规断面各监测点位移时程曲线

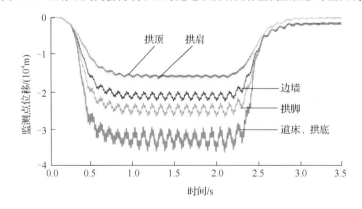

图 3-48　上行双列交会荷载下上跨隧道立交断面各监测点位移时程曲线

由于列车先经过上跨隧道常规断面后再经过上跨隧道立交断面，在列车开始运行时刻常规断面就出现了竖向位移的振动，而立交断面竖向位移则在 0 值附近振动，又因为是上行双列交会荷载，立交段面竖向位移恢复到 0 值附近所需的时间小于常规断面。

上跨隧道常规断面与上跨隧道立交断面各监测点的最大竖向位移值见表 3-14；各监测点位移变化趋势见图 3-49。

表 3-14　上行双列交会荷载下上跨隧道各监测点最大竖向位移值　（单位：mm）

观测断面	拱顶	拱肩	边墙	拱脚	道床	拱底
上跨隧道常规断面	0.125	0.129	0.163	0.188	0.227	0.226
上跨隧道立交断面	0.164	0.171	0.227	0.268	0.364	0.363

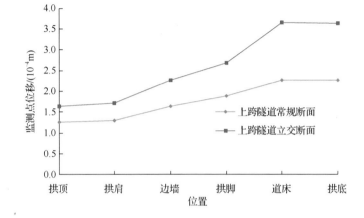

图 3-49　上行双列交会荷载下各监测点位移变化趋势图

由上述可知，衬砌各结构部位离列车荷载越近，最大竖向振动位移就越大。其中，道床与拱底处位移响应最大，拱顶最小，上跨隧道立交断面道床最大竖向位移较常规断面道床处增加了 60.4%。此外，上跨隧道立交断面各监测点位移均大于常规断面，表明立交断面是列车运行时的危险断面。

限于篇幅，本节仅列出上跨隧道常规断面与立交断面拱顶和拱肩的加速度时程曲线，分别见图 3-50 和图 3-51。

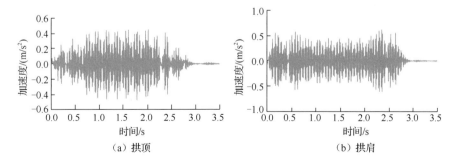

図 3-50　上行双列交会荷载下上跨隧道常规断面各监测点最大主应力时程曲线

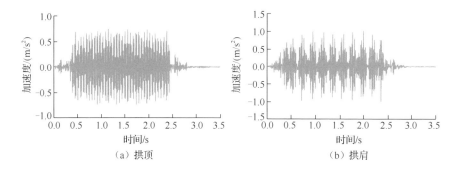

（a）拱顶　　　　　　　　　　　　（b）拱肩

图 3-51　上行双列交会荷载下上跨隧道立交断面各监测点加速度时程曲线

　　由上述可知，在上行列车荷载作用下，各监测点加速度时程曲线规律基本一致，均表现出振动特性。由于上行列车荷载先通过上跨隧道常规断面，后经过立交断面，所以常规断面在列车开始运行时刻加速度就出现明显的振动趋势，而立交断面则在开始时刻加速度基本在 0 值附近振动。此外，立交断面加速度峰值出现时刻也略滞后于常规断面，当列车完全通过各断面后，加速度最后都趋近于 0 值附近。

　　上跨隧道常规断面与上跨隧道立交断面各监测点加速度峰值见表 3-15；各监测点加速度峰值变化趋势见图 3-52。

表 3-15　上行双列交会荷载下上跨隧道各监测点加速度峰值　　　　（单位：m/s²）

监测断面	拱顶	拱肩	边墙	拱脚	道床	拱底
上跨隧道常规断面	0.47	0.62	0.95	1.53	3.19	2.97
上跨隧道立交断面	0.75	1.01	1.10	1.81	7.56	7.33

图 3-52　上行双列交会荷载下各监测点加速度峰值变化趋势

　　由上述可知，上跨隧道衬砌结构各部位的加速度随离开运行列车距离的增大而逐渐减小。其中道床位置处加速度响应最为强烈，拱顶最小，立交断面道床位置加速度较常规断面增加了 4.37m/s²。此外，上跨立交断面各部位加速度峰值均大于常规断面。这表明立交断面是立体交叉隧道的危险断面。因此，在上行列车荷载作用下，立交断面为动力分析的关键断面。

（2）上跨隧道主应力分析。

由于立交断面的放大作用，且上跨隧道道床及拱底位移、加速度动力响应较大，故对道床及拱底处主应力增值进行分析。图 3-53 为上跨隧道立交断面道床、拱底处在上行列车荷载作用下最大主应力时程曲线。图 3-54 为上跨隧道立交断面道床及拱底处在上行列车荷载作用下最小主应力时程曲线。

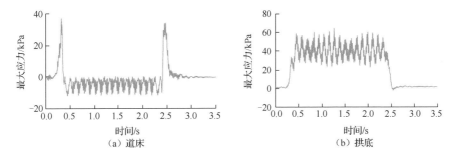

（a）道床　　　　　　　　　　　　（b）拱底

图 3-53　上行双列交会荷载下上跨隧道立交断面最大主应力时程曲线

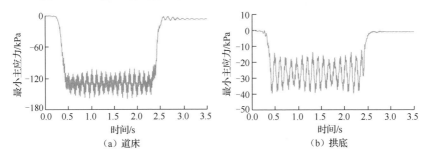

（a）道床　　　　　　　　　　　　（b）拱底

图 3-54　上行双列交会荷载下上跨隧道立交断面最小主应力时程曲线

由上述可知，列车在未到达立交断面时，断面内引起的应力水平很低，基本上在 0 值附近小范围内波动。在列车到达立交断面时，应力有一个突变，会增大到某一个数值，然后在此数值附近小范围内波动；在离开断面时，应力突降，降至 0 值附近波动，渐渐趋于 0 值。应力瞬时突变现象是由瞬时加载方式造成的。如上所述，实际上由于列车振动荷载是连续施加的，不会产生应力突变现象，因此在计算数据分析与应用时，应研究应力突变后稳态变化的值，而对突变值予以忽略。在上行列车荷载作用下，监测点第一主应力均增大，上跨隧道道床处第一主应力增加了 12.02kPa，上跨隧道拱底增加了 63.44kPa。上跨隧道道床处第三主应力增加了 158.98kPa，上跨隧道拱底增加了 40.28kPa，并未达到混凝土的抗拉、抗压极限强度。这表明上行荷载产生的结构附加应力对衬砌结构影响较小。

2）下穿隧道动力响应分析

（1）下穿隧道变形结果分析。

在上行列车荷载作用下，下穿隧道常规断面与立交断面各监测点位移时程曲线见图 3-55 和图 3-56。

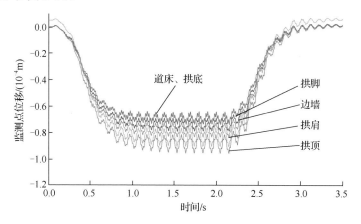

图 3-55　上行双列交会荷载下下穿隧道常规断面各观测点位移时程曲线

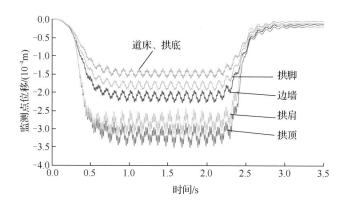

图 3-56　上行双列交会荷载下下穿隧道立交断面各监测点位移时程曲线

由上述可知，下穿隧道常规断面与立交断面各监测点位移时程曲线规律基本一致，数值大小有差别，且均表现出振动的特性。由于上行列车荷载离下穿隧道常规断面较远，当列车运行一定时间后，竖向位移开始出现振动。当上行列车运行结束后，下穿隧道各断面竖向位移均趋于 0 值。

把下穿隧道常规断面与立交断面各监测点的最大竖向位移值整理见表 3-16；各监测点竖向位移变化趋势见图 3-57。

表 3-16　上行双列交会荷载下下穿隧道各监测点最大竖向位移值　　　（单位：mm）

监测断面	拱顶	拱肩	边墙	拱脚	道床	拱底
下穿隧道常规断面	0.096	0.090	0.083	0.079	0.074	0.073
下穿隧道立交断面	0.351	0.312	0.229	0.195	0.161	0.160

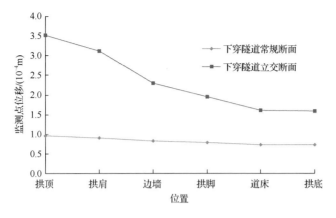

图 3-57　上行双列交会荷载下各监测点位移变化趋势

由上述可知，下穿隧道常规断面各监测点位移几乎相等且很小，表明上行列车荷载对下穿隧道常规断面几乎无影响。下穿隧道立交断面各部位最大竖向位移均大于下穿隧道常规断面的。此外，衬砌各结构部位离列车荷载越近，最大竖向振动位移就越大。其中，立交断面拱顶位置位移最大，为 0.351mm，较常规断面增加了 265.6%。这表明下穿隧道立交断面拱顶处为危险部位，立交断面为危险断面。下穿隧道立交断面最大竖向振动位移由大到小依次为拱顶、拱肩、边墙、拱脚、道床、拱底。

限于篇幅仅列出下穿隧道常规断面与立交断面拱顶和拱肩加速度时程曲线分别见图 3-58 和图 3-59。

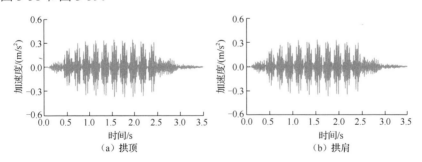

图 3-58　下穿隧道常规断面各观测点加速度时程曲线

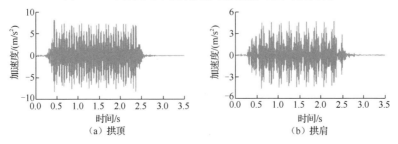

图 3-59　上行双列交会荷载下下穿隧道立交断面各监测点加速度时程曲线

　　由上述可知，在上行列车荷载作用下，下穿隧道常规断面与下穿隧道立交断面各监测点加速度时程曲线规律基本一致，数值大小不同，且均表现出振动特性。由于上行列车荷载离下穿隧道常规断面较远，所以当列车运行一定时间后，加速度开始出现振动，且振动激烈程度较小，几乎无影响。当上行列车运行结束后，下穿隧道各断面加速度均趋于 0 值附近。

　　把下穿隧道常规断面与下穿隧道立交断面各监测点加速度峰值整理见表 3-17；各监测点加速度峰值变化趋势见图 3-60。

表 3-17　　上行双列交会荷载下下穿隧道各监测点加速度峰值　　（单位：m/s²）

监测断面	拱顶	拱肩	边墙	拱脚	道床	拱底
下穿隧道常规断面	0.34	0.33	0.28	0.25	0.24	0.17
下穿隧道立交断面	8.21	4.68	1.56	1.29	1.20	0.96

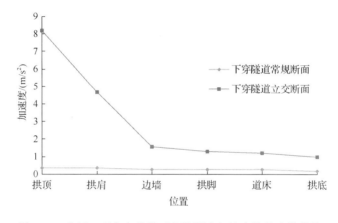

图 3-60　　上行双列交会荷载下各监测点加速度峰值变化趋势

　　由上述可知，下穿隧道衬砌结构各部位的加速度随离列车荷载距离的增大而逐渐减小，拱顶处加速度峰值最大。由于下穿隧道常规断面离上行列车荷载较远，各监测点加速度峰值均较小，其中拱顶加速度为 0.34m/s²，可见，上行荷载对下穿隧道常规断面加速度响应几乎无影响。又因为下穿隧道立交断面离上行荷载更近，所以各监测点加速度峰值均大于下穿隧道常规断面。其中下穿隧道立交断面拱顶位置加速度峰值最大，为 8.21m/s²，较常规断面增加了 7.87m/s²。这表明在上行列车荷载作用下，下穿隧道立交断面拱顶为危险部位，下穿隧道立交断面为危险断面。

　　（2）下穿隧道主应力分析。

　　由于立交断面的放大作用，且下穿隧道拱顶处结构位移、加速度动力响应较大，对拱顶处主应力增值进行分析，同时为了反映拱底处主应力变化，对拱底处结构主应力进行分析。图 3-61 为下穿隧道立交断面拱顶及拱底处在上行列车荷载作用下最大主应力时程曲线。图 3-62 为下穿隧道立交断面拱顶及拱底处在上行列车荷载作用下最小主应力时程曲线。

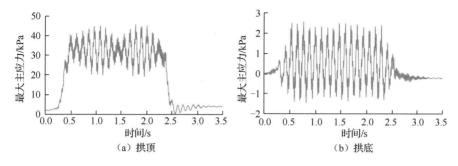

图 3-61　上行双列交会荷载下下穿隧道立交断面最大主应力时程曲线

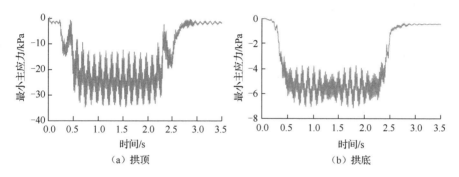

图 3-62　上行双列交会荷载下下穿隧道立交断面最小主应力时程曲线

由上述可知，在上行列车荷载作用下，各监测点最大主应力均增大，下穿隧道拱顶增加了 45.53kPa，下穿隧道拱底增加了 2.58kPa，几乎对下穿隧道拱底无影响。各监测点最小主应力均增大，下穿隧道拱顶增加了 34.36kPa，下穿隧道拱底增加了 7.13kPa，对下穿隧道拱底影响很小。由此可知，上行列车荷载主要对下穿隧道立交断面拱顶部位产生较大影响。

2. 交叉隧道下行双列交会列车荷载动力响应分析

在下穿隧道双列交会列车荷载（简称下行列车荷载）作用下，主要分析立体交叉隧道各监测断面衬砌结构的竖向位移、加速度、主应力的动力响应影响。

1）上跨隧道动力响应分析

（1）上跨隧道变形结果分析。

在下行列车荷载作用下，上跨隧道常规断面与立交断面各监测点竖向位移时程曲线分别见图 3-63 和图 3-64。上跨隧道常规断面与立交断面各监测点位移时程曲线规律与上行列车荷载作用下的规律基本一致，故不再赘述。

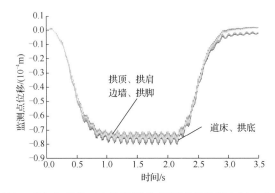

图 3-63　下行双列交会荷载下上跨隧道常规断面各监测点竖向位移时程曲线

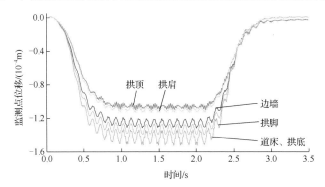

图 3-64　下行双列交会荷载下上跨隧道立交断面各监测点竖向位移时程曲线

下穿隧道常规断面与下穿隧道立交断面各监测点的最大竖向位移值见表 3-18；各监测点位移变化趋势见图 3-65。

表 3-18　下行双列交会荷载下上跨隧道各监测点最大竖向位移值　（单位：mm）

监测断面	拱顶	拱肩	边墙	拱脚	道床	拱底
上跨隧道常规断面	0.078	0.080	0.079	0.079	0.079	0.079
上跨隧道立交断面	0.110	0.113	0.132	0.139	0.152	0.152

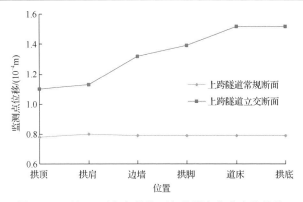

图 3-65　下行双列交会荷载下各监测点位移变化趋势

　　由上述可知，衬砌各结构部位离列车荷载越远，最大竖向位移就越小。其中，道床、拱底处位移最大，拱顶最小。由于上跨隧道常规断面离下行荷载较远，上跨隧道常规断面各观测点位移均较小，拱底处最大竖向位移为 0.079mm，说明下行列车荷载对上跨隧道常规断面几乎无影响。此外，上跨隧道立交断面各部位最大竖向位移均大于上跨隧道常规断面，其中上跨隧道立交断面拱底位置位移为 0.152mm，较上跨隧道常规断面增加了 92.4%。这说明在下行列车荷载作用下，立交断面仍是危险断面。

　　由于在下行列车荷载作用下，上跨隧道各监测断面各监测点加速度时程曲线规律基本一致，其数值大小有差别，不再一一赘述。在此只选取上跨隧道道床、拱底处加速度时程曲线，分别见图 3-66 和图 3-67。

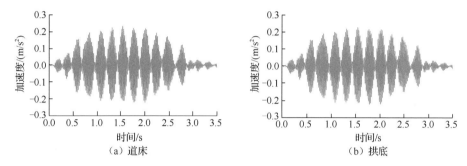

图 3-66　下行双列交会荷载下上跨隧道常规断面监测点加速度时程曲线

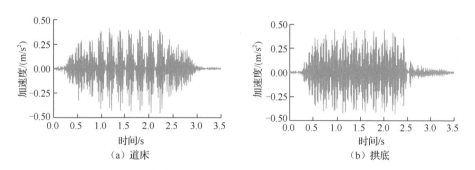

图 3-67　下行双列交会荷载下上跨隧道立交断面监测点加速度时程曲线

　　把上跨隧道常规断面与上跨隧道立交断面各监测点加速度峰值整理见表 3-19；加速度峰值变化趋势见图 3-68。

表 3-19　下行双列交会荷载下上跨隧道各监测点加速度峰值　　（单位：m/s²）

监测断面	拱顶	拱肩	边墙	拱脚	道床	拱底
上跨隧道常规断面	0.13	0.16	0.18	0.22	0.25	0.25
上跨隧道立交断面	0.19	0.31	0.37	0.42	0.40	0.41

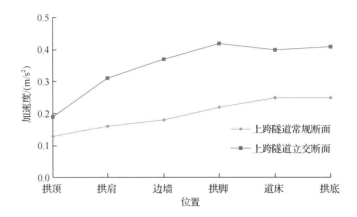

图 3-68　下行双列交会荷载下各监测点加速度峰值变化趋势

由上述可知，由于上跨隧道常规断面距下行列车荷载较远，各监测点加速度峰值均较小，最大加速度峰值发生在道床处，为 0.25m/s²。这表明下行列车荷载对上跨隧道常规断面加速度响应影响较小。上跨隧道立交断面衬砌结构各部位的加速度随离开列车荷载距离的增大而逐渐减小。在列车到达立交断面时，各部位出现加速度最大值，但数值不是很大，拱底处加速度为 0.41m/s²，说明下行列车荷载对上跨隧道立交断面加速度影响不是很大。此外，由于上跨隧道立交断面离下行列车荷载更近，各监测点加速度峰值均大于上跨隧道常规断面，其中上跨隧道立交断面拱底位置加速度较上跨隧道常规断面增加了 0.16m/s²。这表明与常规段相比，上跨隧道立交段为危险断面，因此立交断面仍是列车动力响应分析的关键断面。

（2）上跨隧道主应力分析。

由于立交断面的放大作用，且上跨隧道道床及拱底位移、加速度动力响应较大，对道床及拱底处主应力增值进行分析。

在下行列车荷载作用下，图 3-69 为上跨隧道立交断面道床及拱底处最大主应力时程曲线。图 3-70 为上跨隧道立交断面道床及拱底处最小主应力时程曲线。

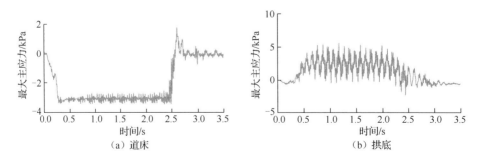

图 3-69　下行双列交会荷载下上跨隧道立交断面最大主应力时程曲线

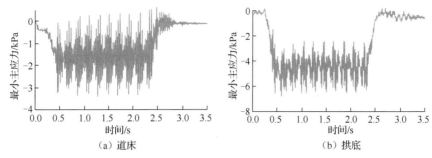

（a）道床　　　　　　　　　　　（b）拱底

图3-70　下行双列交会荷载下上跨隧道立交段面最小主应力时程曲线

由上述可知，在下行列车荷载作用过程中，各监测点最大主应力均增大，但增大值比较小，道床处最大主应力增加了 3.44kPa，拱底增加了 5.57kPa；各观测点最小主应力均增大，但增大值比较小，上跨隧道道床处最小主应力增加了 3.38kPa，上跨隧道拱底处增加了 6.79kPa，由此可见，下行列车荷载对上跨隧道立交断面的影响小于上行荷载对下穿隧道立交断面的影响。

2）下穿隧道动力响应分析

（1）下穿隧道变形结果分析。

在下行列车荷载作用下，下穿隧道常规断面与立交断面竖向位移时程曲线分别见图 3-71 和图 3-72。由上述可知，下穿隧道各断面的位移时程曲线与上行列车荷载作用下上跨隧道各断面的位移时程规律基本一致，只是数值大小有差别。

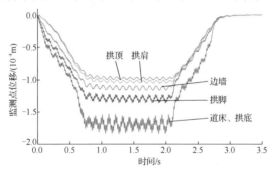

图3-71　下行双列交会荷载下下穿隧道常规断面各监测点竖向位移时程曲线

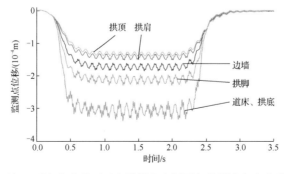

图3-72　下行双列交会荷载下下穿隧道立交断面各监测点竖向位移时程曲线

下穿隧道常规断面与下穿隧道立交断面各监测点最大竖向位移值整理见表 3-20；竖向位移变化趋势见图 3-73。

表 3-20　下行双列交会荷载下下穿隧道各监测点最大竖向位移值　（单位：mm）

监 测 断 面	拱顶	拱肩	边墙	拱脚	道床	拱底
下穿隧道常规断面	0.101	0.106	0.116	0.136	0.184	0.183
下穿隧道立交断面	0.140	0.152	0.185	0.230	0.337	0.337

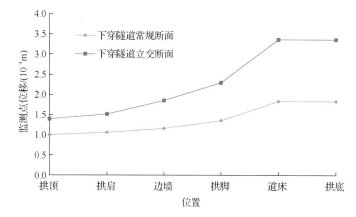

图 3-73　下行双列交会荷载下各监测点竖向位移变化趋势

由上述可知，在下行列车荷载作用下，衬砌各结构部位离列车荷载越远，最大竖向位移越小。下穿隧道常规断面道床位置响应最为强烈（与拱底几乎相等），最大竖向位移为 0.183mm。当列车经过下穿隧道立交断面时，道床处（与拱底几乎相等）最大竖向位移为 0.337mm。此外，下穿隧道立交断面各部位最大竖向位移均大于常规断面，其中下穿隧道立交断面道床位置位移较常规断面道床处增加了 84.2%。这表明立交断面位移有显著的增大作用。因此，立交断面仍是列车动力响应分析的关键。

在下行列车荷载作用下，下穿隧道断面各监测点加速度时程曲线规律基本一致，只是数值大小有差别，下穿隧道常规断面和立交断面的拱顶、拱底处加速度时程曲线分别见图 3-74 和图 3-75。

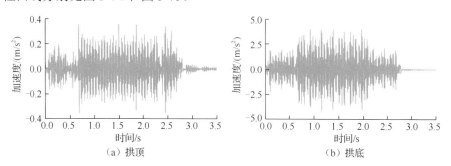

（a）拱顶　　　　　　　　　　　　（b）拱底

图 3-74　下行双列交会荷载下下穿隧道常规断面观测点加速度时程曲线

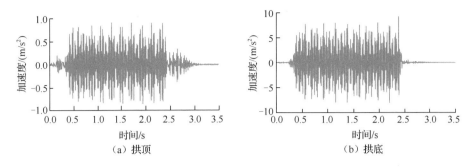

（a）拱顶　　　　　　　　　　　　　（b）拱底

图 3-75　下行双列交会荷载下下穿隧道立交断面监测点加速度时程曲线

由上述可知，在下行列车荷载作用下，由于列车荷载先通过下穿隧道常规断面后经过立交断面，立交断面出现加速度峰值略滞后于常规断面的，当列车通过各断面后，加速度最后趋近于 0 值。结构加速度表现为冲击响应特征。

下穿隧道常规断面与下穿隧道立交断面各监测点加速度峰值见表 3-21；加速度峰值变化趋势见图 3-76。

表 3-21　下行双列交会荷载下下穿隧道各监测点加速度峰值　　　（单位：m/s^2）

监测断面	拱顶	拱肩	边墙	拱脚	道床	拱底
下穿隧道常规断面	0.35	0.67	1.42	1.90	4.05	4.01
下穿隧道立交断面	0.91	0.93	0.96	2.06	7.24	7.01

由上述可知，下穿隧道衬砌结构各部位的加速度随离开列车荷载距离的增大而逐渐减小。下穿隧道立交断面各部位加速度峰值均大于常规断面的，除边墙部位以外。其中，道床、拱底位置处加速度响应最为强烈，其他位置较平缓一些。立交断面道床位置加速度较常规断面增加了 3.19m/s^2，表明立交断面加速度有明显的增大趋势，因此在下行列车荷载作用下，下穿隧道立交断面仍是危险断面。

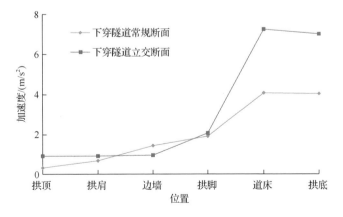

图 3-76　下行双列交会荷载下各监测点加速度峰值变化趋势

（2）下穿隧道主应力分析。

由于立交断面的放大作用，且下穿隧道拱底位移、加速度动力响应较大，同时为了对比，对拱底处及拱顶处主应力增值进行分析。在下行列车荷载作用下，图 3-77 为下穿隧道立交断面拱顶及拱底处最大主应力时程曲线；图 3-78 为下穿隧道立交断面拱顶及拱底处最小主应力时程曲线。

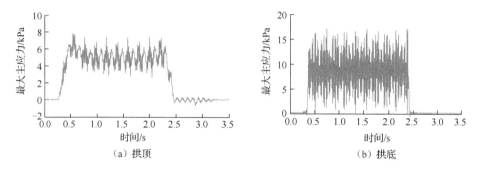

（a）拱顶　　　　　　　　　　　　　　（b）拱底

图 3-77　下行双列交会荷载下下穿隧道立交断面最大主应力时程曲线

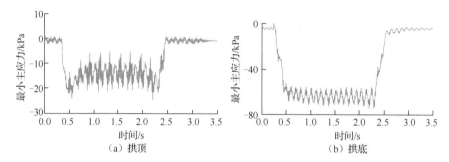

（a）拱顶　　　　　　　　　　　　　　（b）拱底

图 3-78　下行双列交会荷载下下穿隧道立交断面最小主应力时程曲线

由上述可知，在下行列车荷载作用下，各观测点最大主应力均增大，下穿隧道拱顶增加了 8.02kPa，下穿隧道拱底增加了 17.17kPa；各观测点最小主应力均增大，下穿隧道拱顶增加了 20.01kPa，下穿隧道拱底增加了 73.77kPa。由此可见，下行列车荷载对下穿隧道拱底主应力响应影响较大，对下穿隧道拱顶主应力响应影响较小。

3. 交叉隧道上、下行四列交会列车荷载动力响应分析

在上跨隧道与下穿隧道四列交会列车荷载（上、下交会列车荷载）作用下，对立体交叉隧道各监测断面衬砌结构竖向位移、加速度、主应力 3 个方面的动力响应增量进行分析。

1）上跨隧道动力响应分析

（1）上跨隧道变形结果分析。

上跨隧道常规断面与上跨隧道立交断面竖向位移时程曲线分别见图 3-79 和

图 3-80。

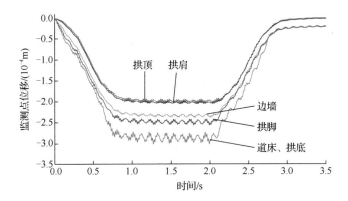

图 3-79　上、下行四列交会荷载下上跨隧道常规断面各监测点竖向位移时程曲线

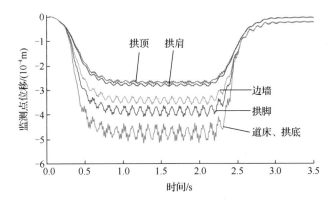

图 3-80　上、下行四列交会荷载下上跨隧道立交断面各监测点竖向位移时程曲线

由上述可知，在上、下交会列车荷载作用下，上跨隧道各断面各监测点最大竖向位移时程曲线规律基本一致，数值大小有差别。此外，上跨隧道常规断面出现竖向位移最大值的时刻略早于上跨隧道立交断面的，由于上跨隧道立交断面离列车运行时距离较远，故列车开始运行时，立交断面竖向位移几乎为 0，当列车全部停止运行后，各监测点位移趋于 0 值附近。

上跨隧道常规断面与上跨隧道立交断面各监测点最大竖向位移值见表 3-22；竖向位移变化趋势见图 3-81。

表 3-22　上、下行四列交会荷载下上跨隧道各监测点最大竖向位移值　（单位：mm）

监测断面	拱顶	拱肩	边墙	拱脚	道床	拱底
上跨隧道常规断面	0.203	0.206	0.238	0.256	0.302	0.301
上跨隧道立交断面	0.274	0.284	0.359	0.409	0.513	0.513

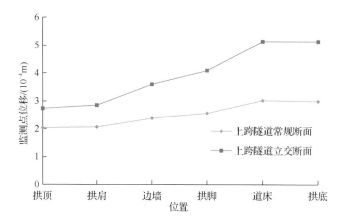

图 3-81　上、下行四列交会荷载下各监测点位移变化趋势

　　由上述可知，在上、下交会列车荷载作用下，上跨隧道常规断面与上跨隧道立交断面的最大竖向位移变化规律一致。其中，道床与拱底处位移较大，数值几乎相等，拱顶处位移较小。上跨隧道立交断面各观测部位最大竖向位移均大于上跨隧道常规断面，其中上跨隧道立交断面道床处位移最大，为 0.513mm，较上跨隧道常规断面道床处增加了 69.9%。这表明立交断面位移有明显的增大作用，立交断面为危险断面。此外，与上行列车荷载相比，上、下交会列车荷载对上跨隧道立交断面的位移影响明显加剧。其中，道床处增加了 40.9%，对上跨隧道常规断面位移也有一定的增加，道床处增加了 33.0%。这表明上、下交会列车通行方式为最不利的通行方式。

　　由于在上、下交会列车荷载作用下，上跨隧道各观测断面各观测点加速度时程曲线规律基本一致，只是数值大小有差别，不再一一赘述。本节只选取了上跨隧道道床、拱底处加速度时程曲线，分别见图 3-82 和图 3-83。

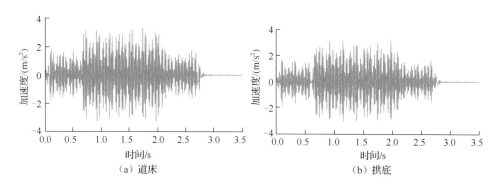

图 3-82　上、下行四列交会荷载下上跨隧道常规断面监测点加速度时程曲线

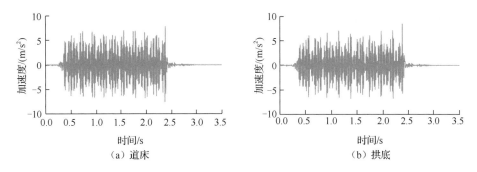

图 3-83　上、下行四列交会荷载下上跨隧道立交断面监测点加速度时程曲线

由上述可知，在上、下交会列车荷载作用下，各监测点加速度时程曲线规律基本一致，数值大小有差别。此外，上跨隧道常规断面出现加速度峰值的时刻略早于上跨隧道立交断面的，由于上跨隧道立交断面离列车运行时距离较远，列车开始运行时，立交断面加速度几乎为 0，当列车停止运行后，各监测点加速度趋于 0 值附近。

上跨隧道常规断面与上跨隧道立交断面各监测点加速度峰值见表 3-23；加速度峰值变化趋势见图 3-84。

表 3-23　上、下行四列交会荷载下上跨隧道各监测点加速度峰值　（单位：m/s²）

监测断面	拱顶	拱肩	边墙	拱脚	道床	拱底
上跨隧道常规断面	0.66	0.68	1.09	1.61	3.19	2.97
上跨隧道立交断面	0.79	0.85	1.29	2.32	7.85	8.45

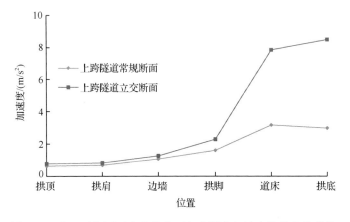

图 3-84　上、下行四列交会荷载下各监测点加速度峰值变化趋势

由上述可知，上跨隧道衬砌结构各部位的加速度离运行的列车越远，振动加速度就越小。其中上跨隧道立交断面拱底位置加速度峰值较强烈，为 8.45m/s²，

而其他位置较缓和，拱顶最小，为 0.79m/s²。上跨隧道立交断面各部位加速度峰值均大于与上跨隧道常规断面的。其中上跨隧道立交断面道床位置加速度较常规断面加速度增加了 4.66m/s²。这表明立交断面加速度有明显的增大作用，因此立交断面是列车运行时的危险断面。此外，与上行列车荷载相比，上、下交会列车荷载对上跨隧道立交断面的加速度影响明显加剧，对上跨隧道常规断面加速度也有一定的增加，表明上、下交会列车通行为不利通行方式。

（2）上跨隧道主应力分析。

由于立交断面的放大作用，且上跨隧道立交断面道床及拱底位移、加速度动力响应较大，故对道床及拱底处主应力增值进行分析。

在上、下交会荷载作用下，图 3-85 为上跨隧道立交断面道床、拱底最大主应力时程曲线；图 3-86 为上跨隧道立交断面道床、拱底最小主应力时程曲线。

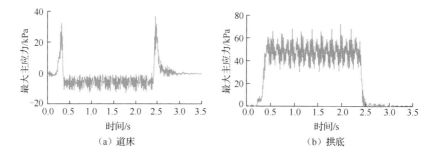

图 3-85　上、下行四列交会荷载下上跨隧道立交断面最大主应力时程曲线

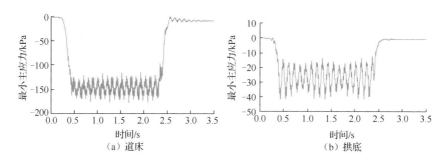

图 3-86　上、下行四列交会荷载下上跨隧道立交断面最小主应力时程曲线

由上述可知，在上、下交会列车荷载作用下，各监测点最大主应力均增大，上跨隧道道床处最大主应力增加了 14.07kPa，表现为压应力；上跨隧道拱底最大主应力增加了 69.45kPa，表现为拉应力；各监测点最小主应力均增大，上跨隧道道床处最小主应力增加了 177.38kPa，上跨隧道拱底最小主应力增加了 41.48kPa。与上行列车荷载相比，上、下交汇荷载对上跨隧道道床、拱底主应力影响更大一些。道床处最大、最小主应力比上行列车荷载分别增加了 2.05kPa 和 18.40kPa，拱底处最大、最小主应力比上行列车荷载分别增加了 6.01kPa 和 1.20kPa。

2）下穿隧道动力响应分析

（1）下穿隧道变形结果分析。

　　下穿隧道常规断面与下穿隧道立交断面各监测点竖向位移时程曲线分别见图 3-87 和图 3-88。

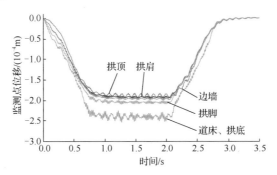

图 3-87　上、下行四列交会荷载下下穿隧道常规断面各监测点竖向位移时程曲线

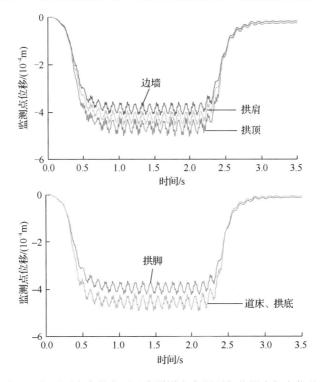

图 3-88　上、下行四列交会荷载下下穿隧道立交断面各监测点竖向位移时程曲线

　　把下穿隧道常规断面与立交断面各监测点最大竖向位移值整理见表 3-24；各监测点最大竖向位移值变化趋势见图 3-89。

表 3-24　上、下行四列交会荷载下下穿隧道各监测点最大竖向位移值变化趋势（单位：mm）

监测断面	拱顶	拱肩	边墙	拱脚	道床	拱底
下穿隧道常规断面	0.194	0.195	0.198	0.209	0.253	0.253
下穿隧道立交断面	0.503	0.457	0.415	0.424	0.490	0.489

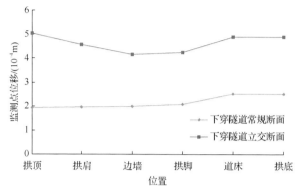

图 3-89　上、下行四列交会荷载下各监测点竖向位移变化趋势

　　由上述可知，在上、下交汇列车荷载作用下，下穿隧道立交断面与下穿隧道常规断面位移变化趋势不同，由于受上跨隧道列车荷载的影响，下穿隧道拱顶处竖向位移振动程度较大，最大竖向位移为 0.503mm，与下穿隧道常规段相比，其由竖向位移响应最小位置变为最大位置。此外，下穿隧道立交断面各部位最大竖向位移均大于下穿隧道常规断面。下穿隧道立交断面其余位置竖向位移响应程度由大到小依次为道床、拱底、拱肩、拱脚、边墙。此外，与下行列车荷载相比，下穿隧道常规断面道床处（与拱底相等）位移增加了 37.5%，立交断面道床处（与拱底几乎相等）位移增加了 45.4%。这表明上下交汇列车通行方式为最不利通行方式。

　　由于在上、下交汇列车荷载作用下，下穿隧道各观测断面各监测点加速度时程曲线规律基本一致，数值大小有差别，不再一一赘述。下面只列出下穿隧道拱顶、拱底处加速度时程曲线，分别见图 3-90 和图 3-91。

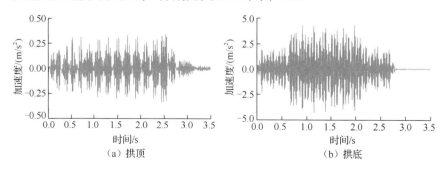

图 3-90　上、下行四列交会荷载下下穿隧道常规断面监测点加速度时程曲线

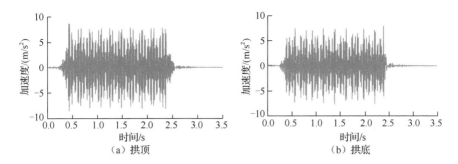

图 3-91　上、下行四列交会荷载下下穿隧道立交断面监测点加速度时程曲线

把下穿隧道常规断面与下穿隧道立交断面各监测点加速度峰值整理见表 3-25；加速度峰值变化趋势见图 3-92。

表 3-25　上、下行四列交会荷载下下穿隧道各监测点加速度峰值　（单位：m/s²）

监测断面	拱顶	拱肩	边墙	拱脚	道床	拱底
下穿隧道常规断面	0.36	0.68	1.43	1.90	4.35	4.32
下穿隧道立交断面	8.63	3.39	2.26	2.81	7.84	7.63

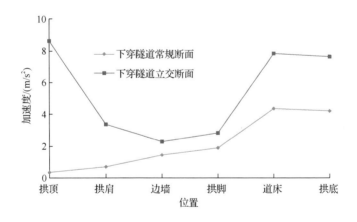

图 3-92　上、下行四列交会荷载下各监测点加速度峰值变化趋势

由上述可知，下穿隧道立交断面和下穿隧道常规断面的加速度响应程度大小略有不同。由于受上、下交会列车荷载的影响，道床和拱顶处加速度响应较为强烈。其余位置响应程度由大到小依次为拱底、拱肩、拱脚、边墙。下穿隧道立交断面各部位加速度峰值均大于常规断面的。这表明立交断面加速度有明显的增大作用，因此立交断面是列车运行时的危险断面。此外，与下行列车荷载相比，上、下交会列车荷载加剧了衬砌各结构部位的加速度振动程度。

（2）下穿隧道主应力分析。

由于立交断面的放大作用，且下穿隧道立交断面拱顶及拱底位移、加速度动力响应较大，对拱顶及拱底处主应力增值进行分析。在上、下交会荷载作用下，图 3-93 为下穿隧道立交断面拱顶及拱底最大主应力时程曲线；图 3-94 为下穿隧道立交断面拱顶及拱底最小主应力时程曲线。

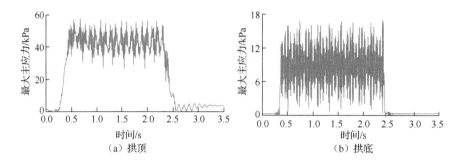

图 3-93　上、下行四列交会荷载下下穿隧道立交断面最大主应力时程曲线

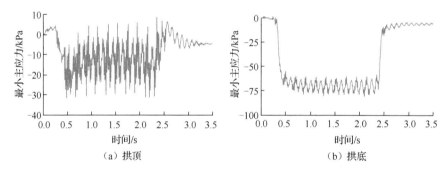

图 3-94　上、下行四列交会荷载下下穿隧道立交断面最小主应力时程曲线

由上述可知，在上、下交会列车荷载作用下，各监测点最大主应力均增大，下穿隧道拱顶最大主应力增加了 57.69kPa，下穿隧道拱底最大主应力增加了 17.07kPa。各监测点最小主应力均增加，下穿隧道拱顶最小主应力增加了 31.57kPa，下穿隧道拱底最小主应力增加了 80.83kPa。与上行（或下行）列车荷载相比，各监测立交断面主应力略有增加，说明上、下交会列车荷载对隧道衬砌结构更不利一些。

4. 各通行方式综合分析

无论是上跨隧道双列交会列车荷载、下穿隧道双列交会列车荷载，还是上、下四列交会列车荷载，上、下立交断面都是危险断面，因此立交断面是交叉隧道在列车荷载作用下动力响应分析的关键。

列车在不同通行方式下，立交断面各监测点最大竖向位移见表 3-26。

表 3-26　立交断面各监测点最大竖向位移　　　（单位：mm）

位置	上行荷载	下行荷载	上、下交汇荷载
上跨隧道拱顶	0.164	0.110	0.274
上跨隧道拱肩	0.171	0.113	0.284
上跨隧道边墙	0.227	0.132	0.359
上跨隧道拱脚	0.268	0.139	0.409
上跨隧道道床	0.364	0.152	0.513
上跨隧道拱底	0.363	0.152	0.513
下穿隧道拱顶	0.351	0.140	0.503
下穿隧道拱肩	0.312	0.152	0.457
下穿隧道边墙	0.229	0.185	0.415
下穿隧道拱脚	0.195	0.230	0.424
下穿隧道道床	0.161	0.337	0.490
下穿隧道拱底	0.160	0.337	0.489

由表 3-26 可知，上、下交会列车荷载产生的结构各部位竖向位移最大，其中上跨隧道立交断面道床处位移最大（0.513mm）。此外，上行荷载对上跨隧道立交断面的位移影响大于下行列车荷载对下穿隧道立交断面的影响，表明上行荷载对结构位移更不利。因此，列车安全通行方式的顺序为下行通车→上行通车→上、下交会通车。

列车在不同通行方式下，立交断面各监测点加速度峰值见表 3-27。

表 3-27　立交断面各监测点加速度峰值　　　（单位：m/s^2）

位置	上行荷载	下行荷载	上、下交汇荷载
上跨隧道拱顶	0.75	0.19	0.79
上跨隧道拱肩	1.01	0.31	0.85
上跨隧道边墙	1.10	0.37	1.29
上跨隧道拱脚	1.81	0.42	2.32
上跨隧道道床	7.56	0.40	7.85
上跨隧道拱底	7.33	0.41	8.45
下穿隧道拱顶	8.21	0.91	8.63
下穿隧道拱肩	4.68	0.93	3.39
下穿隧道边墙	1.56	0.96	2.26
下穿隧道拱脚	1.29	2.06	2.81
下穿隧道道床	1.20	7.24	7.84
下穿隧道拱底	0.96	7.01	7.63

由表 3-27 可知，上、下交会列车荷载产生的结构各部位加速度峰值最大，其

中下穿隧道立交断面拱顶处加速度最大（8.63m/s^2）。上行荷载对上跨隧道各观测点的加速度影响大于下行荷载对下穿隧道各观测点的影响，表明上行荷载对结构加速度更不利。因此，列车安全通行方式的顺序为下行通车→上行通车→上、下交会通车。

列车在不同通行方式下，立交断面各监测点主应力增值见表3-28。

表3-28　立交断面各监测点主应力增值　　　　　　　　　（单位：kPa）

位置	上行荷载		下行荷载		上、下交汇荷载	
	σ_1	σ_3	σ_1	σ_3	σ_1	σ_3
上跨隧道道床	-12.02	-158.98	-3.44	-3.38	-14.07	-177.38
上跨隧道拱底	63.44	-40.28	5.57	-6.79	69.45	-41.48
下穿隧道拱顶	45.53	-34.36	8.02	-20.01	57.69	-31.57
下穿隧道拱底	2.58	-7.13	17.17	-73.77	17.07	-80.83

注：负数代表压应力。

由表3-28可知，上、下交会列车荷载产生的结构各部位主应力较大，其中上跨隧道立交断面拱底处最大主应力为69.45kPa。上行荷载对上跨隧道各监测点的主应力影响大于下行荷载对下穿隧道各监测点的影响，表明上行荷载对结构主应力更不利。因此，列车安全通行方式的顺序为下行通车→上行通车→上、下交会通车。

3.5　高速铁路列车荷载作用下影响因素敏感性分析

3.5.1　参数敏感性分析方法介绍

通过确定不同参数敏感度大小[176]来分析某一系统的稳定性是被广泛认可的一种方法。这一办法的定义如下：在一个包含 n 个变量 $\alpha = \{\alpha_1, \alpha_2, \cdots, \alpha_n\}$ 的系统中，如果试图研究该系统的某一项特性 p，且该特性 p 与变量 α 存在函数关系，即 $p = f\{\alpha_1, \alpha_2, \cdots, \alpha_n\}$。首先假设这些变量存在一个定值 $\alpha^* = \{\alpha_1^*, \alpha_2^*, \cdots, \alpha_n^*\}$，系统特性也为定值 p^*。然后在所有变量的各自正常范围内使其大小发生变化，同时确定系统特性 p 因为这些变量的变化而引起的变化。将这种分析系统特性 p 偏离基准状态 p^* 的趋势和程度的过程称为敏感性分析。

要想对系统做敏感性分析首先需要确定某种特性与其相关变量之间的对应关系。数值方法和图表法是针对分析复杂系统的有效手段。函数对应关系确定后，需要确定变量与特性的一组定值作为敏感性分析的标准集，即基准参数集。在分析不同问题时，基准参数集也是不同的。本节选择《铁路隧道设计规范》（TB 10003—2016）所规定的 V 级围岩参数作为基准参数集，并对上跨隧道衬砌拱底处的最大主应力对其围岩的物理力学参数变化做敏感性分析。确定了基准参数集后，即可对各不同参数进行敏感性分析，令 α_k 在其可能的范围内进行变动，则系统特性 p

表现为 $p = f\left(\alpha_1^*, \cdots, \alpha_{k-1}^*, \alpha_k, \alpha_{k+1}^*, \cdots, \alpha_n^*\right)$。将不同参数 α_k 的数值与相对应的最大主应力 P 绘成曲线，即可确定最大主应力对各参数的敏感度大小。

以上分析仅能分析出系统特性 p 对某单一因素的敏感性。而在实际情况中，往往由多个不同的物理量来决定系统的特性，其物理量单位也有所不同。所以只能得到单一因素的敏感度，而无法比较不同因素之间的敏感度大小。因此，在分析多个不同物理量的敏感度时，必须对各参数进行无量纲化处理。

首先定义无量纲的敏感度函数 $S_k\left(\alpha_k\right)$ 和敏感度因子 S_k^*，然后认为敏感度函数 $S_k\left(\alpha_k\right)$ 是该系统特性 p 对某一参数 α_k 的偏导数，也就是将该系统特性 p 的相对误差 $\delta_p = |\Delta p|/p$ 与参数 α_k 的相对误差 $\delta_{ak} = |\Delta \alpha_k|/\alpha_k$ 的比值作为敏感度函数，即

$$S_k\left(\alpha_k\right) = \frac{\delta_p}{\delta_{ak}} = \frac{\dfrac{|\Delta \alpha_k|}{p}}{\dfrac{|\Delta \alpha_k|}{\alpha_k}} = \left|\frac{\Delta p}{\Delta \alpha_k}\right|\frac{\alpha_k}{p} \qquad (k = 1, 2, \cdots, n) \qquad (3\text{-}89)$$

在 α_k 处，当 $\Delta \alpha_k$ 趋近于 0 时，$\lim_{\Delta \alpha_k \to 0} \Delta p/\Delta \alpha_k = \mathrm{d}\varphi\left(\alpha_k\right)/\mathrm{d}\alpha_k = \varphi\left(\alpha_k\right)$，可认为是函数 $p = \varphi\left(\alpha_k\right)$ 的导函数，因此有

$$S_k\left(\alpha_k\right) = \left|\frac{\mathrm{d}\varphi\left(\alpha_k\right)}{\mathrm{d}\alpha_k}\right|\frac{\alpha_k}{p} \qquad (k = 1, 2, \cdots, n) \qquad (3\text{-}90)$$

那么，根据该系统特性 p 的单因素函数 $p = \varphi\left(\alpha_k\right)$ 就可以得到敏感度函数 $S_k\left(\alpha_k\right)$。然后再绘出关于 α_k 的敏感度函数曲线 $S_k - \alpha_k$。最后，将 $\alpha_k = \alpha^*$ 代入 $S_k\left(\alpha_k\right)$ 得到 $S_k^* = S_k\left(\alpha_k^*\right)$，其中 S_k^* 被称作敏感度因子，S_k^* 是一个无量纲的实数。通过比较 S_k^* 的大小，就可以分析系统特性内不同影响因素的敏感性大小。

3.5.2　各影响因素的敏感性分析

本节应用上述敏感性分析方法分析围岩级别 F、列车速度 V、隧道间净距 J、隧道埋深 H 对列车荷载作用下立体交叉隧道中衬砌结构最大振动主应力的影响，计算工况及围岩计算参数分别见表 3-29 和表 3-30，其中工况 3、工况 6、工况 7 和工况 14 相同。

表 3-29　计算工况

工况	计算条件		备注
1	围岩级别	Ⅲ级围岩	上、下交汇通车，列车速度为 350km/h，隧道间净距 1m，隧道埋深 50m
2		Ⅳ级围岩	
3		Ⅴ级围岩	

续表

工况	计算条件		备注
4	列车速度	250km/h	上、下交汇通车，V级围岩，隧道间净距1m，隧道埋深50m
5		300km/h	
6		350km/h	
7	隧道间净距	1m	上、下交汇通车，V级围岩，列车速度为350km/h，隧道埋深50m
8		5m	
9		15m	
10		25m	
11	隧道埋深	20m	上、下交汇通车，V级围岩，列车速度为350km/h，隧道间净距1m
12		30m	
13		40m	
14		50m	

表 3-30　围岩参数

围岩级别	重度 γ /（kN/m³）	弹性模量 E_0/GPa	泊松比 μ
III	23.5	8.0	0.27
IV	21.0	2.5	0.33
V	18.0	1.2	0.37

此外，以隧道埋深 50m、V 级围岩、两隧道间净距 1m、列车速度 350km/h、上跨隧道立交断面拱底位置最大主应力为基准参数集，见表 3-31。

表 3-31　基准参数集

隧道间净距 J/m	列车速度 V/（km/h）	埋深 H/m	围岩级别 F	位置 W
1	350	50	V	拱底（上跨隧道立交断面）

1. 围岩级别敏感性分析

选取 III、IV、V 级围岩分析围岩级别对上、下四列交会列车荷载作用下上跨隧道衬砌结构的影响，拱底处最大主应力计算结果见表 3-32；不同围岩级别下最大主应力变化趋势曲线见图 3-95。

表 3-32　不同围岩级别下最大主应力

围岩级别 F	III	IV	V
最大主应力 P/kPa	45.75	52.23	69.45

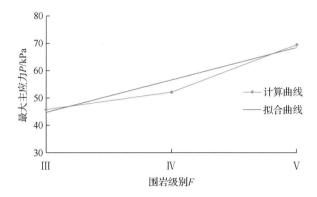

图 3-95　不同围岩级别下最大主应力变化趋势曲线

将不同围岩级别下的拱底最大主应力数据进行曲线拟合，得到最大主应力 P 与围岩级别 F 的函数关系，即

$$P = 11.81F + 9.41 \qquad (3-91)$$

相应的敏感度函数见式（3-92）。敏感度函数曲线如图 3-96 所示。分析图 3-96 可知，当围岩级别为 V 级时，其敏感度比较高；随着围岩级别 F 的减小，相应的敏感度也减小，且减小趋势越来越大。将基准值参数 $F^* = 5$ 代入式（3-92），即

$$S(F^*) = \left| \frac{11.81F^*}{11.81F^* + 9.41} \right| \qquad (3-92)$$

得出参数（围岩级别）的敏感度因子 $S(F^*) = 0.86$。

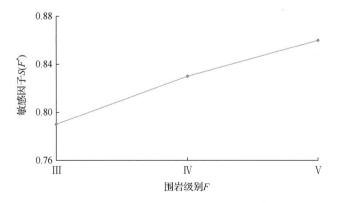

图 3-96　$S(F^*)$-F 敏感度曲线

2. 列车速度敏感性分析

列车的运行速度分别取 250km/h、300km/h 和 350km/h。在上、下四列交会列车荷载作用下，分析该影响因素的不同对上跨隧道衬砌的影响。拱底处最大主应力计算结果整理见表 3-33；P-V 曲线变化趋势见图 3-97。

表 3-33　不同列车速度下拱底处最大主应力

列车时速 V/（km/h）	250	300	350
最大主应力 P/kPa	55.55	64.25	69.45

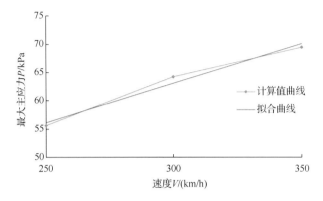

图 3-97　不同列车速度下拱底处最大主应力 P-V 曲线变化趋势

　　将不同列车速度下拱底处最大主应力数据进行曲线拟合，得到的最大主应力 P 与速度 V 的函数关系，即

$$P=0.139V+21.383 \tag{3-93}$$

　　根据上式得到敏感度函数关系见式（3-94），相应的曲线见图 3-98。分析图 3-98 可知，在列车运行速度为 350km/h 时，其敏感度比较大；随着列车速度 V 值的减小，敏感度值也减小，且减小趋势越来越大。将基准值参数 $V^*=350$ 代入式（3-94），有

$$S(V^*)=\left|\frac{0.139V^*}{0.139V^*+21.383}\right| \tag{3-94}$$

得出参数（列车速度）的敏感度因子 $S(V^*)=0.69$。

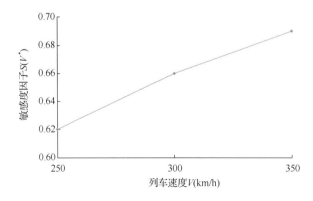

图 3-98　$S(V^*)$-V 敏感度曲线

3. 隧道间净距敏感性分析

两立体交叉隧道间净距分别取 1m、5m、15m 和 25m。在上、下四列交会列车荷载作用下，分析该影响因素的不同对上跨隧道衬砌的影响。拱底处最大主应力计算结果见表 3-34；P-J 曲线变化趋势见图 3-99。

表 3-34　不同隧道间净距下拱底处最大主应力

净距 J/m	1	5	15	25
最大主应力 P/kPa	69.45	51.42	37.43	35.55

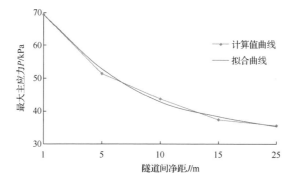

图 3-99　不同隧道间净距下最大主应力 P-J 曲线变化趋势

将不同隧道间净距下上跨隧道拱底处最大主应力数据进行曲线拟合，得到的最大主应力 P 与净距 J 的函数关系，即

$$P = 40.83 \times e^{(-D/6.21)} + 34.61 \qquad (3\text{-}95)$$

由上式得到敏感度函数式（3-96），相应的敏感度函数曲线见图 3-100。由图 3-100 可以看出，在净距尺寸为 1m 时，敏感度比较高；随着净距 J 值的增大，敏感度相应变小，但减小趋势有所变缓。将基准值参数 $J^* = 1$ 代入式（3-96），即

$$S(J^*) = \left| \frac{40.83 \times e^{(-D/6.21)} \times J}{40.83 \times e^{(-D/6.21)} + 34.61} \right| \qquad (3\text{-}96)$$

得出参数（净距）的敏感度因子 $S(J^*) = 0.50$。

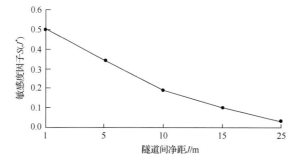

图 3-100　$S(J^*)$-J 敏感度曲线

4. 隧道埋深敏感性分析

上跨隧道埋深 H 分别取 20m、30m、40m 和 50m。在上、下四列交会列车荷载作用下，分析该影响因素的不同对上跨隧道衬砌的影响。拱底处最大主应力计算结果整理见表 3-35；P-H 曲线变化趋势见图 3-101。

表 3-35　隧道埋深不同拱底处最大主应力

隧道埋深 H/m	20	30	40	50
最大主应力 P/kPa	78.33	77.23	73.63	69.45

将不同隧道埋深下上跨隧道拱底处最大主应力数据进行曲线拟合，得到的最大主应力 P 与隧道埋深 H 的函数关系，即

$$P = -0.302H + 85.244 \tag{3-97}$$

由上式得到敏感度函数式（3-98），相应的敏感度曲线如图 3-102 所示。由图 3-102 可以看出，在隧道埋深为 20m 时，敏感度相应较低；随着埋深 H 值的增大，敏感度有所增加，但增加速度变缓。将参数埋深基准值 $H^* = 50$ 代入式（3-98），即得出参数（埋深）的敏感度因子 $S(H^*) = 0.22$。

$$S(H^*) = \left| \frac{-0.302H^*}{-0.302H^* + 85.244} \right| \tag{3-98}$$

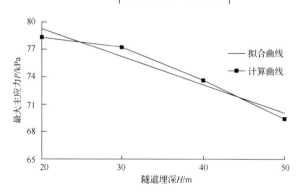

图 3-101　不同拱底处最大主应力 P-H 曲线变化趋势

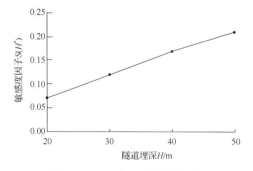

图 3-102　$S(H^*)$-H 敏感度曲线

5. 各影响因素大小综合分析

各不同影响参数的基准值敏感度见表 3-36。由表 3-36 可知，对于最大主应力，最敏感的因素是围岩级别，其敏感度因子为 0.86，其后依次为列车速度 0.69km/h、净距 0.50m、隧道埋深 0.22m。对隧道衬砌结构最大主应力影响因素敏感性大小依次是围岩级别、列车速度、隧道间净距、隧道埋深，因此在修建隧道时也应考虑这个规律。

表 3-36 各参数的基准值敏感度

围岩级别敏感度因子 F^*	列车速度 V/（km/h）	隧道间净距 J/m	隧道埋深 H/m
0.86	0.69	0.50	0.22

3.6 高速铁路交叉隧道列车荷载动力响应影响分区及抗振分析

3.6.1 影响分区阈值的确定

由于高速列车通行对无砟轨道的道板（道床）的垂向位移要求比较严格，本节选取立体交叉隧道上跨隧道道床结构处最大竖向振动位移响应值作为划分影响分区的标准。考虑到计算工况是在上、下四列交会列车荷载单次通行下通过，因此不考虑混凝土的疲劳效应，并认为轨道板结构为线弹性结构。本节提出对于无砟轨道，轨道板板中垂向位移基准值为 0.2mm，最大允许值为 0.3mm；轨道板板端垂向位移基准值为 0.4mm，最大允许值为 0.5mm。因此，在上、下交会列车荷载作用下上跨隧道道床处动力响应影响分区及结构对策，见表 3-37。

表 3-37 基于道床结构动力响应影响分区及结构对策

影响分区	道床结构位移/mm	结构对策
破坏区	$S \geqslant 0.5$	必须采取减振措施
强影响区	$0.4 \leqslant S < 0.5$	必须采取减振措施
弱影响区	$0.3 \leqslant S < 0.4$	适当采取减振措施
无影响区	$S < 0.3$	无须采取减振措施

注：S 表示道床结构最大垂向位移。

3.6.2 立体交叉隧道动力响应影响分区的划分

1. 不同围岩级别下立体交叉隧道沿轨道方向影响分区

由工况 1～工况 3，上跨隧道各断面道床最大竖向位移见图 3-103。在上、下交会列车通行，列车速度为 350km/h，立交隧道净距 1m，埋深 50m 时，由图 3-103

可知：①当围岩级别为Ⅴ级时，在距立交断面前后 4m 处出现破坏区，其中道床处最大竖向位移为 0.513mm；在距立交段 6～15m 处为强影响区，其中道床处最大竖向位移为 0.440mm；在距立交断面前后 10～23m 处为弱影响区，其中道床处最大竖向位移为 0.389mm；在距立交断面前后大于 27m 时为无影响区，其中道床处最大竖向位移为 0.285mm。②当围岩级别为Ⅳ级时，道床位置均未出现破坏区也未出现强影响区。在距立交段前后 0～12m 处为弱影响区，其中道床处最大竖向位移为 0.367mm；在距立交断面前后大于 12m 时为无影响区，其中道床处最大竖向位移为 0.229mm。③当围岩级别为Ⅲ级时，道床位置均处于无影响区，表明在Ⅲ级围岩下列车在最不利通行方式下通行是安全的。

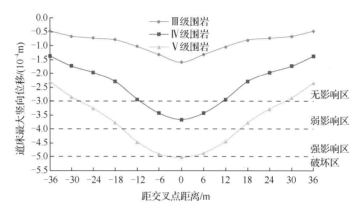

图 3-103　不同围岩级别上跨隧道各断面道床最大竖向位移

由以上分析及表 3-37 可知，不同围岩级别下立体交叉隧道沿轨道方向影响分区见表 3-38。

表 3-38　不同围岩级别下立体交叉隧道沿轨道方向影响分区

围岩级别	影响分区			
	破坏区	强影响区	弱影响区	无影响区
Ⅲ	—	—	—	$S > 0$
Ⅳ	—	—	$0 < S \leqslant 0.8B$	$S > 0.8B$
Ⅴ	$0 < S \leqslant 0.27B$	$0.27B < S \leqslant B$	$B < S \leqslant 1.8B$	$S > 1.8B$

注：B 表示隧道宽度，下同。

2. 不同列车速度下立体交叉隧道沿轨道方向影响分区

由工况 4～工况 6，上跨隧道各断面道床最大竖向位移见图 3-104。在Ⅴ级围岩下，上、下交会列车荷载，立交隧道净距 1m，埋深 50m 时，由图 3-104 可知：①当列车速度为 350km/h 时，在距立交断面前后 4m 处出现破坏区，其中道床处最大竖向位移为 0.513mm；在距立交段 6～15m 处为强影响区，其中道床处最大竖向位移为 0.440mm；在距立交断面前后 10～23m 处为弱影响区，其中道床处最大竖向位移为 0.389mm；在距立交断面前后大于 27m 处为无影响区，其中道床处最大竖向位移为 0.285mm。②当列车速度为 300km/h 时，道床位置均未出现破坏区。在距立交段前后 0～13m 处为强影响区，其中道床处最大竖向位移为 0.486mm；在距立交断面前后 13～24m 处为弱影响区，其中道床处最大竖向位移为 0.366mm；在距立交断面前后大于 24m 处为无影响区，其中道床处最大竖向位移为 0.285mm。③当列车速度为 250km/h 时，道床位置均未出现破坏区。在距立交段前后 0～10m 处为强影响区，其中道床处最大竖向位移为 0.477mm；在距立交断面前后 10～21m 处为弱影响区，其中道床处最大竖向位移为 0.362mm；在距立交断面前后大于 21m 处为无影响区，其中道床处最大竖向位移为 0.277mm。④随着列车速度的增大，强弱影响区距交叉点的距离随之增大，但增大距离不是十分明显。

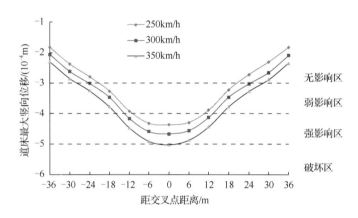

图 3-104　不同列车速度上跨隧道各断面道床最大竖向位移

由以上分析及表 3-37 可知，不同列车速度下立体交叉隧道沿轨道方向影响分区见表 3-39。

表 3-39　不同列车速度下立体交叉隧道沿轨道方向影响分区

列车速度/（km/h）	影响分区			
	破坏区	强影响区	弱影响区	无影响区
250	—	$0 < S \leqslant 0.67B$	$0.67B < S \leqslant 1.4B$	$S > 1.4B$
300	—	$0 < S \leqslant 0.87B$	$0.87B < S \leqslant 1.6B$	$S > 1.6B$
350	$0 < S \leqslant 0.27B$	$0.27B < S \leqslant B$	$B < S \leqslant 1.8B$	$S > 1.8B$

3. 不同隧道间净距下立体交叉隧道沿轨道方向影响分区

由工况 7～工况 10，上跨隧道各断面道床最大竖向位移及影响分区见图 3-105。

在Ⅴ级围岩级别下，上、下交汇列车荷载，列车速度为350km/h，隧道埋深50m时，由图3-105可知：①当隧道间净距为1m时，在距立交断面前后4m处出现破坏区，其中道床处最大竖向位移为0.513mm；在距立交段6～15m处为强影响区，其中道床处最大竖向位移为0.440mm；在距立交断面前后10～23m处为弱影响区，其中道床处最大竖向位移为0.389mm；在距立交断面前后大于27m处为无影响区，其中道床处最大竖向位移为0.285mm。②当隧道间净距为5m时，道床位置均未出现破坏区。在距立交段前后0～13m处为强影响区，其中道床处最大竖向位移为0.477mm；在距立交断面前后13～21m处为弱影响区，其中道床处最大竖向位移为0.345mm；在距立交断面前后大于21m处为无影响区，其中道床处最大竖向位移为0.297mm。③当隧道间净距为15m时，道床位置均未出现破坏区。在距立交段前后0～11m处为强影响区，其中道床处最大竖向位移为0.440mm；在距立交断面前后11～24m处为弱影响区，其中道床处最大竖向位移为0.389mm；在距立交断面前后大于24m处为无影响区，其中道床处最大竖向位移为0.286mm。④当隧道间净距为25m时，道床位置均未出现破坏区也未出现强影响区。在距立交段前后0～17m处为弱影响区，其中道床处最大竖向位移为0.385mm；在距立交断面前后大于17m时为无影响区，其中道床处最大竖向位移为0.291mm。⑤由不同隧道间净距分区可知，隧道间净距对道床处的最大竖向位移影响较大，当隧道间净距超过25m时，沿轨道方向只存在一定范围的弱影响区。

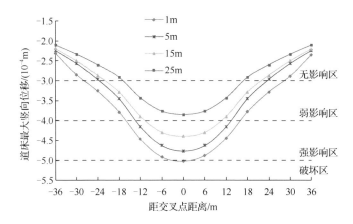

图3-105　不同隧道间净距上跨隧道各断面道床最大竖向位移

由以上分析及表3-37可知，在不同隧道净距下立体交叉隧道沿轨道方向影响分区见表3-40。

表 3-40　不同隧道间净距下立体交叉隧道沿轨道方向影响分区

隧道间净距/m	影响分区			
	破坏区	强影响区	弱影响区	无影响区
1	$0 < S \leqslant 0.27B$	$0.27B < S \leqslant B$	$B < S \leqslant 1.8B$	$S > 1.8B$
5	—	$0 < S \leqslant 0.87B$	$0.87B < S \leqslant 1.6B$	$S > 1.6B$
15	—	$0 < S \leqslant 0.73B$	$0.73B < S \leqslant 1.6B$	$S > 1.6B$
25	—	—	$0 < S \leqslant 1.13B$	$S > 1.13B$

4. 不同埋深下立体交叉隧道沿轨道方向影响分区

以上计算说明隧道埋深 30m 与埋深 40m 道床处的结构最大竖向位移几乎相等，故只取工况 11、工况 12 和工况 14，上跨隧道各断面道床最大竖向位移见图 3-106。

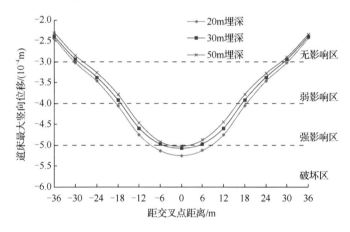

图 3-106　不同隧道埋深上跨隧道各断面道床最大竖向位移

在 V 级围岩级别下，上、下交汇列车荷载，列车速度为 350km/h，隧道间净距 1m 时，由图 3-106 可知：①当隧道埋深为 20m 时，在距立交断面前后 8m 左右出现破坏区，其中道床处最大竖向位移为 0.521mm；在距立交段前后 8～19m 处为强影响区，其中道床处最大竖向位移为 0.475mm；在距立交断面前后 19～30m 处为弱影响区，其中道床处最大竖向位移为 0.347mm；在距立交断面前后大于 30m 处为无影响区，其中道床处最大竖向位移为 0.244mm。②当隧道埋深为 30m 时，在距立交断面前后 6m 左右出现破坏区，其中道床处最大竖向位移为 0.517mm；在距立交段 6～17m 处为强影响区，其中道床处最大竖向位移为 0.459mm；在距立交断面前后 17～27m 处为弱影响区，其中道床处最大竖向位移为 0.391mm；在距立交断面前后大于 27m 处为无影响区，其中道床处最大竖向位移为 0.294mm。③当隧道埋深为 50m 时，在距立交断面前后 4m 处出现破坏区，其中道床处最大竖向位移为 0.513mm；在距立交段 6～15m 处为强影响区，其中道床处最大竖向位移为 0.440mm；在距立交断面前后 10～23m 处为弱影响区，其中道床处最大竖向位移为 0.389mm；在距立交断面前后大于 27m 处为无影响区，其中道床处最大竖向位移为 0.285mm。由不同埋深分区可知，隧道埋深对道床处的最大竖向位移影响不大。

由图 3-106 及表 3-37 可知，不同隧道埋深下立体交叉隧道沿轨道方向影响分区见表 3-41。

表 3-41　不同隧道埋深下立体交叉隧道沿轨道方向影响分区

隧道埋深/m	影响分区			
	破坏区	强影响区	弱影响区	无影响区
20	$0 < S \leqslant 0.53B$	$0.53B < S \leqslant 1.27B$	$1.27B < S \leqslant 2B$	$S > 2B$
30	$0 < S \leqslant 0.4B$	$0.4B < S \leqslant 1.13B$	$1.13B < S \leqslant 1.8B$	$S > 1.8B$
50	$0 < S \leqslant 0.27B$	$0.27B < S \leqslant B$	$B < S \leqslant 1.8B$	$S > 1.8B$

3.6.3　抗振措施分析

1. 抗振方案

本节以 V 级围岩，列车速度 350km/h，隧道埋深 50m，两隧道间净距 1m，上、下交会列车荷载作用进行工况对比计算。根据山岭隧道常见的抗振方法，设计了两种抗振方法对列车荷载作用下交叉隧道进行抗振加固的数值模拟。为了便于分析比较，对未加固隧道进行了列车振动响应研究，具体方案如下：方案一，未增加衬砌厚度（50cm）；方案二，增加衬砌厚度（60cm、70cm）；方案三，加固一定范围内的围岩。根据相关研究[177,178]，加固范围选取隧道初支结构外围 3m 左右，加固区参数可以按提高围岩参数的 30%～60%。围岩加固区示意图见图 3-107，围岩加固区力学参数见表 3-42。

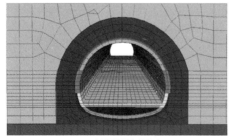　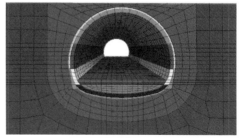

（a）上跨隧道加固区　　　　　　　　　　（b）下穿隧道加固区

图 3-107　围岩加固区示意图

表 3-42　围岩加固区力学参数

重度 γ / (kN/m³)	弹性模量 E_0/GPa	泊松比 μ	黏聚力 c/MPa	内摩擦角 φ/(°)
2 200	3.5	0.35	0.45	33

2. 计算结果与分析

1）增加衬砌厚度对道床最大竖向位移的影响

不同的衬砌厚度对道床最大竖向位移响应影响见图 3-108。由图 3-108 可知，上跨隧道道床最大竖向位移随着衬砌厚度的增加而减小，且离立交断面越近减小幅度越大。当衬砌厚度由 50cm 增加到 60cm 时，立交断面最大竖向位移减小了 0.081mm，为 0.432mm；当衬砌厚度由 60cm 增加到 70cm 时，立交断面最大竖向位移减小 0.124mm，为 0.390mm。随着衬砌厚度的增加，道床最大竖向位移减小幅度减缓。如按上述划分的影响分区标准来看，当衬砌厚度为 60cm 时，无破坏区出现，大约在立交断面前后 6m 处存在小范围的强影响区；当衬砌厚度为 70cm 时，无破坏区和强影响区出现，大约在立交断面前后 15m 处只存在小范围的弱影响区。以位移响应值作为评价抗振效果时，增加衬砌厚度对道床起到一定抗振效果，但是效果不是十分明显。

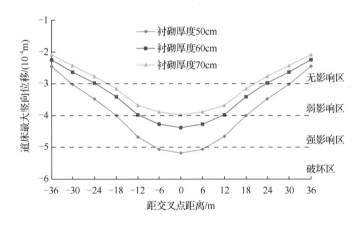

图 3-108　不同衬砌厚度对道床最大竖向位移响应影响

2）加固一定范围的围岩对道床最大竖向位移的影响

加固一定范围围岩对道床最大竖向位移响应影响见图 3-109。由图 3-109 可知，加固一定范围的围岩后，上跨隧道道床最大竖向位移明显减小，且离立交断面越近减小幅度越大。加固围岩后，立交断面道床处最大竖向位移为 0.298mm。如按上述划分的影响分区标准来看，当加固一定范围围岩时，上、下交会列车通行是安全的。以位移响应值作为评价抗振效果时，加固一定范围内的围岩能起到一定抗振效果，且效果比较明显。

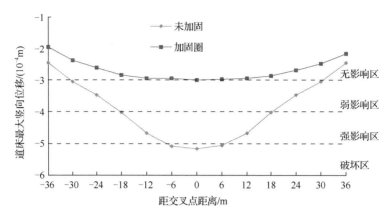

图 3-109 加固一定范围围岩对道床最大竖向位移响应影响

根据表 3-37 及以上分析可知，加固一定范围的围岩及增加衬砌厚度后，立体交叉隧道沿轨道方向影响分区见表 3-43。

表 3-43 不同加固方式下沿轨道方向影响分区

加固方式	影响分区			
	破坏区	强影响区	弱影响区	无影响区
未加固	$0 < S \leqslant 0.27B$	$0.27B < S \leqslant B$	$B < S \leqslant 1.8B$	$S > 1.8B$
增加衬砌厚度（20cm）	—	—	$0 < S \leqslant B$	$S > B$
加固一定范围围岩	—	—	—	$S > 0$

第四章 地震荷载作用下交叉隧道动力响应及安全评价

4.1 地震荷载作用下交叉隧道地震响应分析

4.1.1 计算模型

设 X、Y 和 Z 轴正向分别是横断面右方向、顺隧道轴线方向和竖直方向，模型尺寸是 90m×90m×80m（隧道埋深 20m，洞宽 10m），模型顶部是自由面，底部使用静态边界，前后左右四面加自由场边界，正交隧道三维计算模型如图 4-1 所示。围岩采用弹塑性材料，支护结构为弹性材料，初期支护采用实体单元，二衬是 C30 的混凝土，地层和支护结构的物理力学指标见表 4-1。

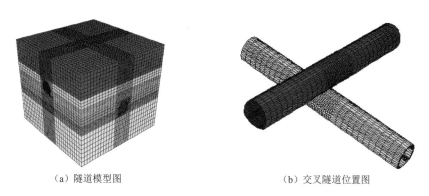

（a）隧道模型图 （b）交叉隧道位置图

图 4-1 隧道模型图和交叉隧道位置图

表 4-1 地层和支护结构的物理力学指标

材料种类	弹性模量 E_0/GPa	密度 ρ/（kN/m³）	泊松比 μ	内摩擦角 φ/（°）	黏聚力 c/MPa
Ⅱ级围岩	25.0	26.0	0.23	55	1.8
Ⅲ级围岩	15.0	24.0	0.27	40	1.2
Ⅳ级围岩	4.0	23.0	0.30	35	0.5
Ⅴ级围岩	1.5	19.0	0.40	25	0.1
初期支护	21.0	23.0	0.18	—	—
二衬	31.0	25.0	0.18	—	—

选取两个典型的断面进行分析，上跨隧道 $y=36$、$y=45$ 与 $y=54$ 断面（图 4-2），下穿隧道 $x=36$、$x=45$ 与 $x=54$ 断面（图 4-3）。其中上中、下中为隧道交叉中心分析断面，通过表 4-2、表 4-3 和图 4-4、图 4-5 比较三个断面各监测点最大主应力，得出上跨隧道中心断面和下穿隧道中心断面各个位置的数值分别大于上左、上右和下左、下右，因此只考虑上隧道中心断面、下隧道中心断面在不同情况下的动力响应。为便于分析，设置目标工作面处周边监测点，见图 4-6。

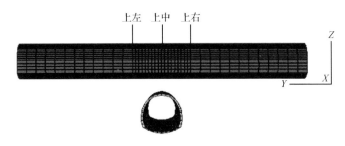

图 4-2　上跨隧道分析断面示意图

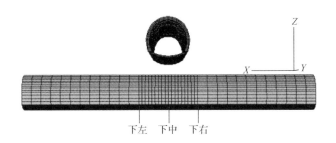

图 4-3　下穿隧道分析断面示意图

表 4-2　上跨隧道不同断面最大主应力值　　　　　　　　（单位：MPa）

分析断面	最大主应力值							
	左拱脚	左拱腰	左拱肩	拱顶	右拱肩	右拱腰	右拱脚	仰拱
上左	2.27	0.78	1.56	0.83	1.31	0.60	2.82	0.63
上中	2.43	0.98	1.72	0.93	1.44	0.77	3.01	0.78
上右	2.27	0.78	1.56	0.83	1.31	0.60	2.82	0.63

表 4-3　下穿隧道不同断面最大主应力值　　　　　　　　（单位：MPa）

分析断面	最大主应力值						
	左拱脚	左拱腰	左拱肩	拱顶	右拱肩	右拱腰	右拱脚
下左	1.98	4.02	1.92	0.79	1.92	4.02	1.98
下中	2.02	4.25	1.95	0.81	1.95	4.25	2.02
下右	1.98	4.02	1.92	0.79	1.92	4.02	1.98

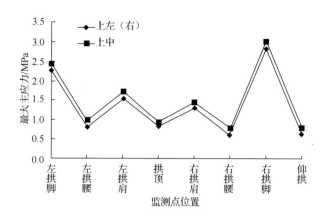

图 4-4　上跨隧道不同断面最大主应力值图

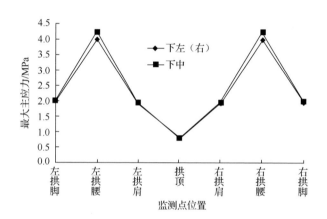

图 4-5　下穿隧道不同断面最大主应力值图

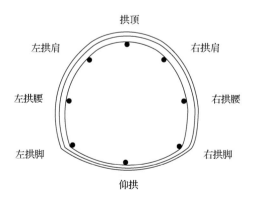

图 4-6　目标工作面周边监测点布置

4.1.2 隧道间净距对交叉隧道地震动力响应影响分析

1. 加速度响应分析

1）上跨隧道加速度响应

不同交叉净距下，上跨隧道拱顶加速度时程曲线见图 4-7～图 4-10。各监测点隧道间净距加速度正、负值及差值见表 4-4；加速度差值与隧道间净距的关系曲线见图 4-11。

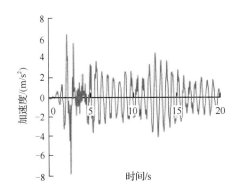

图 4-7　隧道间净距 0.5D 加速度时程曲线　　　图 4-8　隧道间净距 1D 加速度时程曲线

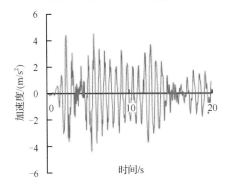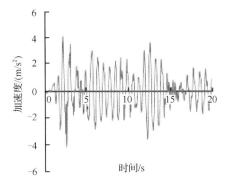

图 4-9　隧道间净距 1.5D 加速度时程曲线　　　图 4-10　隧道间净距 2D 加速度时程曲线

表 4-4　上跨隧道各监测点隧道间净距加速度正、负值及差值　　（单位：m/s²）

位置	隧道间净距							
	0.5D		1D		1.5D		2D	
	加速度正、负值	差值	加速度正、负值	差值	加速度正、负值	差值	加速度正、负值	差值
左拱脚	$-6.71\sim$ 5.44	12.25	$-5.17\sim$ 4.60	9.77	$-4.24\sim$ 4.92	9.16	$-4.10\sim$ 4.48	8.58
左拱腰	$-7.24\sim$ 5.91	13.15	$-5.04\sim$ 4.68	9.72	$-4.35\sim$ 4.56	8.91	$-4.14\sim$ 3.97	8.11

续表

位置	隧道间净距							
	0.5D		1D		1.5D		2D	
	加速度正、负值	差值	加速度正、负值	差值	加速度正、负值	差值	加速度正、负值	差值
左拱肩	−7.59~6.27	13.86	−3.65~4.93	8.58	−4.29~4.13	8.42	−4.19~4.14	8.33
拱顶	−7.78~6.46	14.24	−3.58~4.82	8.40	−4.24~4.21	8.45	−4.16~4.14	8.30
右拱肩	−7.57~6.19	13.76	−3.78~4.70	8.48	−4.18~4.28	8.46	−4.06~4.17	8.23
右拱腰	−7.20~5.82	13.02	−5.23~4.32	9.55	−4.18~4.75	8.93	−4.22~3.99	8.21
右拱脚	−6.68~5.44	12.12	−5.38~4.66	10.04	−4.56~4.94	9.50	−4.20~4.44	8.64
仰拱	−6.59~5.34	11.93	−5.26~5.04	10.30	−4.47~4.99	9.46	−4.09~4.43	8.52

注：表中差值是指加速度正、负值的差；D 表示隧洞洞宽，下同。

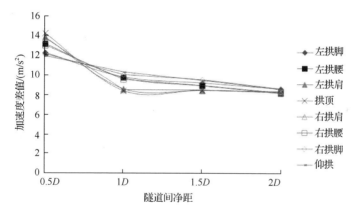

图 4-11　上跨隧道加速度差值与隧道间净距的关系曲线

（D 为隧洞洞宽，下同）

通过表 4-4 和图 4-11 可知，地震荷载的前提下，由于交叉隧道间净距的增大，上跨隧道各点的峰值加速度差值均有所降低。当隧道净距从 0.5D 增大到 2D 时，左拱脚减幅 30.0%，左拱腰减幅 37.9%，左拱肩减幅 39.9%，拱顶减幅 41.7%，右拱肩减幅 40.2%，右拱腰减幅 36.9%，右拱脚减幅 28.7%，仰拱减幅 28.6%。当隧道间净距由 0.5D 增大到 1D 时，减幅速度较快；当隧道间净距由 1D 增大到 2D 时，减幅速度较慢；且各点的峰值加速度差值趋于接近。这说明交叉隧道间净距的增大，对降低隧道衬砌加速度响应峰值的差异有利，也有利于提高衬砌结构地震响应的整体性能，增强了衬砌结构的变形及抗震特性。

2）下穿隧道加速度响应

在隧道间净距不同的前提下，拱顶加速度时程曲线、差值与隧道间净距关系曲线，以及各监测点净距加速度正、负值及差值见图 4-12～图 4-16 和表 4-5。从图 4-16 和表 4-5 可以知道，下穿隧道的监测数据具有对称性。在地震荷载作用下，随着交叉隧道间净距的增大，下穿隧道各点的峰值加速度差值有所减小。当隧道净距从 0.5D 到 2D 时，拱脚加速度值减幅 42.1%，拱腰减幅 48.1%，拱肩减幅 46.3%，拱顶减幅 42.5%；各点差值减小的幅度基本一致，并且各点的差值逐渐靠拢。这表明交叉净距变大，既可以减小隧道衬砌加速度响应峰值区别，也有利于提升衬砌结构的整体性能、变形及抗震性能。

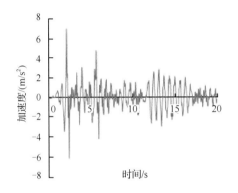

图 4-12　隧道间净距 0.5D 加速度时程曲线

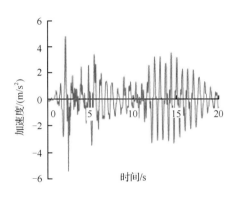

图 4-13　隧道间净距 1D 加速度时程曲线

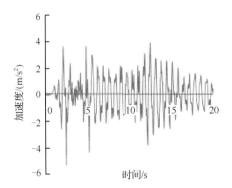

图 4-14　隧道间净距 1.5D 加速度时程曲线

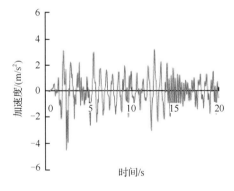

图 4-15　隧道间净距 2D 加速度时程曲线

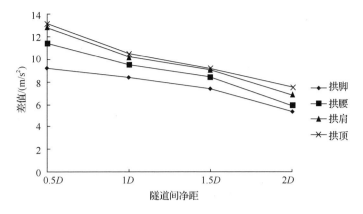

图 4-16　下穿隧道差值与隧道间净距关系曲线

表 4-5　下穿隧道各监测点隧道间净距加速度正、负值及差值　　（单位：m/s²）

位置	隧道间净距							
	0.5D		1D		1.5D		2D	
	加速度正、负值	差值	加速度正、负值	差值	加速度正、负值	差值	加速度正、负值	差值
左拱脚	−4.87～4.41	9.28	−4.82～3.55	8.37	−3.60～3.82	7.42	−2.76～2.62	5.38
左拱腰	−5.63～5.78	11.41	−4.69～4.82	9.51	−4.61～3.78	8.39	−3.05～2.87	5.92
左拱肩	−6.11～6.72	12.83	−5.40～4.75	10.15	−5.27～3.82	9.09	−3.78～3.11	6.89
拱顶	−6.20～6.92	13.12	−5.66～4.79	10.45	−5.38～3.82	9.20	−4.40～3.14	7.54
右拱肩	−6.11～6.72	12.83	−5.40～4.75	10.15	−5.27～3.82	9.09	−3.78～3.11	6.89
右拱腰	−5.63～5.78	11.41	−4.69～3.82	8.51	−4.61～3.78	8.39	−3.05～2.87	5.92
右拱脚	−4.87～4.41	9.28	−4.82～3.55	8.37	−3.60～3.82	7.42	−2.76～2.62	5.38

2. 应力响应分析

1）上跨隧道最大主应力响应

在不同隧道间净距情况下，根据计算结果得出各监测点的最大主应力时程曲线、最大主应力与隧道间净距关系曲线见图 4-17～图 4-21；各监测点隧道间净距最大主应力及减幅见表 4-6。

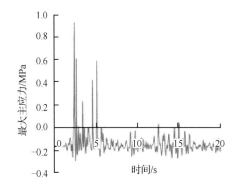

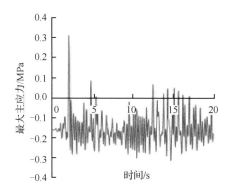

图 4-17　隧道间净距 0.5D 最大主应力时程曲线　　图 4-18　隧道间净距 1D 最大主应力时程曲线

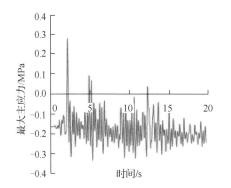

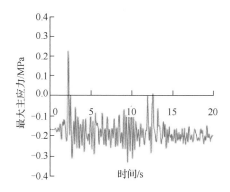

图 4-19　隧道间净距 1.5D 最大主应力时程曲线　　图 4-20　隧道间净距 2D 最大主应力时程曲线

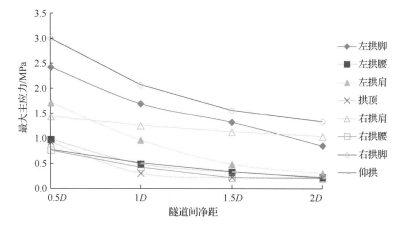

图 4-21　上跨隧道最大主应力与隧道间净距关系曲线

表 4-6　上跨隧道各监测点不同隧道间净距最大主应力及减幅

位置	隧道间净距							
	0.5D（基准值）	1D		1.5D		2D	
	最大主应力/MPa	最大主应力/MPa	减幅/%	最大主应力/MPa	减幅/%	最大主应力/MPa	减幅/%
左拱脚	2.43	1.70	30.0	1.33	45.3	0.86	64.6
左拱腰	0.98	0.49	50.0	0.33	66.3	0.23	76.5
左拱肩	1.72	0.97	43.6	0.49	71.5	0.31	82.0
拱顶	0.93	0.31	66.7	0.23	75.3	0.23	75.3
右拱肩	1.44	1.26	12.5	1.13	21.5	1.04	27.8
右拱腰	0.77	0.43	44.1	0.22	71.4	0.21	72.7
右拱脚	3.01	2.07	31.2	1.56	48.2	1.34	55.5
仰拱	0.78	0.51	34.6	0.34	56.4	0.22	71.8

注：与 0.5D 相比，不同净距情况下最大主应力的差值称为减幅；D 表示隧洞洞宽，下同。

由上述可知，在地震荷载作用过程中随着交叉隧道间净距的变大，上跨隧道衬砌拱顶处的最大主应力逐渐由拉应力向压应力靠近；隧道间净距由 0.5D 增大到 1D 时，最大主应力的减速比较快；隧道间净距由 1D 到 2D 时，最大主应力的减速较缓。在地震荷载的作用下，由于隧道间净距的增加各点拉应力逐渐向压应力靠近，说明交叉隧道间净距越大，地震荷载对上跨隧道的破坏就会减小。这是因交叉隧道间净距变大，就会降低下穿隧道对上跨隧道的影响，故上跨隧道受地震荷载的破坏也越小。

2）下穿隧道最大主应力响应

在不同隧道间净距的前提下，根据计算结果得出应力时程曲线见图 4-22～图 4-25；各监测点的最大主应力见表 4-7；最大主应力与隧道间净距关系曲线见图 4-26。

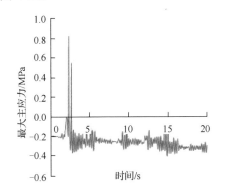 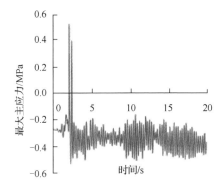

图 4-22　隧道间净距 0.5D 最大主应力时程曲线　　图 4-23　隧道间净距 1D 最大主应力时程曲线

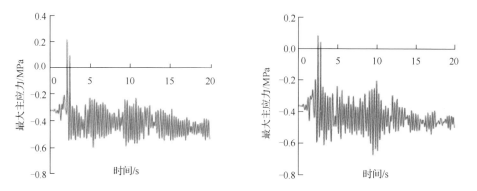

图4-24　隧道间净距1.5D最大主应力时程曲线　　图4-25　隧道间净距2D最大主应力时程曲线

表4-7　下穿隧道各监测点隧道间净距最大主应力及减幅

位置	隧道间净距						
	0.5D（基准值）	1D		1.5D		2D	
	最大主应力/MPa	最大主应力/MPa	减幅/%	最大主应力/MPa	减幅/%	最大主应力/MPa	减幅/%
左拱脚	2.02	1.75	13.4	1.26	37.6	0.73	63.9
左拱腰	4.25	3.24	23.8	2.59	39.1	2.46	42.1
左拱肩	1.95	1.42	27.2	0.82	57.9	0.56	71.3
拱顶	0.81	0.52	35.8	0.22	72.8	0.08	90.1
右拱肩	1.95	1.42	27.2	0.82	57.9	0.56	71.3
右拱腰	4.25	3.24	23.8	2.59	39.1	2.46	42.1
右拱脚	2.02	1.75	13.4	1.26	37.6	0.73	63.9

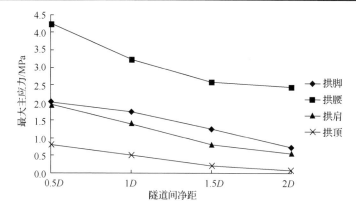

图4-26　下穿隧道最大主应力与隧道净距的关系曲线

由表4-7和图4-26可知，下穿隧道的监测数据具有对称性。在地震荷载作用过程中，随着隧道间净距的增大，下穿隧道衬砌拱顶处的最大主应力逐渐由拉应力向压应力靠近；当隧道间净距由0.5D增大到2D时，拱脚最大主应力减幅63.9%，拱腰减幅42.1%，拱肩减幅71.3%，拱顶减幅90.1%；当隧道间净距由0.5D增大到2D时，最大主应力减速比较均匀。在地震荷载的作用下，随着隧道间净距的增加各点拉应力渐渐向压应力靠拢，表明地震荷载下，若交叉净距变大，地震荷载对下穿隧道的破坏就会变小。这是因交叉净距越大，上跨隧道反射、折射地震波的波程增大，故下穿隧道受地震荷载的二次伤害减小。

3. 竖向位移响应分析

1）上跨隧道竖向位移分析

在不同隧道间净距情况下，根据计算结果得出上跨隧道在震动过程中各监测点隧道间净距竖向位移及减幅见表4-8；竖向位移与隧道间净距关系曲线见图4-27。

表4-8　上跨隧道各监测点隧道间净距竖向位移及减幅

| 位置 | 隧道间净距 | | | | | | |
| | 0.5D（基准值） | 1D | | 1.5D | | 2D | |
	竖向位移/cm	竖向位移/cm	减幅/%	竖向位移/cm	减幅/%	竖向位移/cm	减幅/%
左拱脚	6.74	6.63	1.6	6.55	2.6	6.55	2.6
左拱腰	6.69	6.62	1.0	6.50	2.6	6.46	3.3
左拱肩	6.72	6.68	0.5	6.52	2.9	6.48	3.5
拱顶	7.41	7.36	0.6	7.20	2.7	6.98	5.7
右拱肩	6.49	6.45	0.7	6.29	3.0	6.20	4.4
右拱腰	6.48	6.43	0.7	6.28	3.0	6.19	4.4
右拱脚	6.34	6.28	1.0	6.19	2.3	6.07	4.3
仰拱	6.56	6.45	1.6	6.42	2.0	6.34	3.2

注：与隧道间净距0.5D时的竖向位移相比，不同隧道间净距情况下的竖向位移减量为减幅，下同。

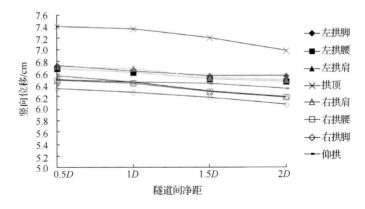

图4-27　上跨隧道竖向位移与隧道间净距关系曲线

由表 4-8 和图 4-27 可知，在地震荷载作用下由于隧道净距的增大上跨隧道衬砌竖向位移呈现逐渐减小的趋势；拱顶处竖向位移值明显大于其他部位，且隧道间净距由 0.5D 增大到 2D 时，各监测点竖向位移减幅比较均匀。这说明在地震荷载作用下，交叉隧道间净距越大，地震荷载对上跨隧道的影响就越小，其原因是交叉隧道间净距越大，下穿隧道对上跨隧道的影响就越小，所以上跨隧道受地震荷载的影响也就越小。

2）下穿隧道竖向位移分析

在不同隧道间净距情况下，下穿隧道在震动过程中各监测点的隧道间净距竖向位移及减幅见表 4-9；竖向位移与隧道间净距关系曲线见图 4-28。

表 4-9　下穿隧道各监测点隧道间净距竖向位移及减幅

位置	隧道间净距						
	0.5D（基准值）	1D		1.5D		2D	
	竖向位移/cm	竖向位移/cm	减幅/%	竖向位移/cm	减幅/%	竖向位移/cm	减幅/%
左拱脚	6.08	6.024	1.0	5.83	4.1	5.72	6.0
左拱腰	6.17	6.12	0.8	5.92	4.1	5.80	6.0
左拱肩	6.23	6.19	0.6	5.98	4.0	5.85	6.0
拱顶	7.40	7.33	0.9	7.08	4.3	6.90	6.7
右拱肩	6.23	6.19	0.6	5.98	4.0	5.85	6.0
右拱腰	6.17	6.12	0.8	5.92	4.1	5.80	6.0
右拱脚	6.08	6.02	1.0	5.83	4.1	5.72	6.0
仰拱	6.09	6.02	1.1	5.85	4.0	5.74	5.8

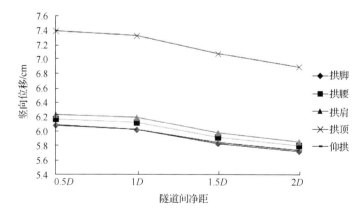

图 4-28　下穿隧道竖向位移与隧道间净距关系曲线

　　由表 4-9 和图 4-28 可知，下穿隧道的监测数据具有对称性。在地震荷载作用过程中，随着隧道间净距的增大，下穿隧道衬砌竖向位移呈现逐渐减小的趋势；拱顶处竖向位移值明显大于其他部位，且隧道间净距由 0.5D 增大到 2D 时，各监测点竖向位移减幅比较均匀。这说明交叉隧道间净距越大，地震荷载对下穿隧道的破坏就会变小。这是因为交叉隧道间净距变大，上跨隧道反射、折射地震波的波程增大，故下穿隧道受地震荷载的二次伤害减小。

4.1.3　隧道埋深对交叉隧道地震动力响应影响分析

1. 加速度响应分析

1）上跨隧道加速度响应

　　在不同上跨隧道埋深情况下，根据计算结果得出拱顶加速度时程曲线、加速度差值与上跨隧道埋深关系曲线，以及各监测点加速度正、负值及差值见图 4-29～图 4-33 和表 4-10。

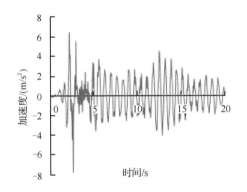

图 4-29　上跨隧道深 20m 加速度时程曲线

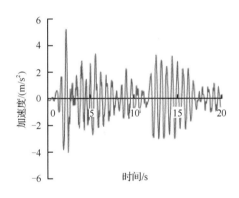

图 4-30　上跨隧道埋深 30m 加速度时程曲线

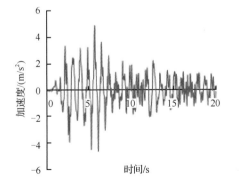

图 4-31　上跨隧道埋深 50m 加速度时程曲线

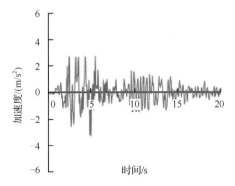

图 4-32　上跨隧道埋深 100m 加速度时程曲线

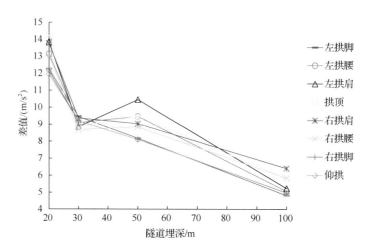

图 4-33　上跨隧道加速度差值与埋深关系曲线

表 4-10　上跨隧道各监测点隧道埋深加速度正、负值及差值　　　　（单位：m/s²）

位置	隧道埋深							
	20m		30m		50m		100m	
	加速度正、负值	差值	加速度正、负值	差值	加速度正、负值	差值	加速度正、负值	差值
左拱脚	−6.71～5.44	12.25	−5.07～4.38	9.45	−3.98～4.19	8.17	−2.34～2.48	4.82
左拱腰	−7.24～5.91	13.15	−4.35～4.74	9.09	−4.75～4.71	9.46	−2.59～2.48	5.07
左拱肩	−7.59～6.27	13.86	−4.39～4.46	8.85	−4.99～5.46	10.45	−2.55～2.68	5.23
拱顶	−7.78～6.46	14.24	−4.37～4.50	8.87	−4.66～4.82	9.48	−2.75～3.06	5.81
右拱肩	−7.57～6.19	13.76	−4.52～4.85	9.37	−4.41～4.62	9.03	−3.14～3.27	6.41
右拱腰	−7.20～5.82	13.02	−4.26～4.42	8.68	−4.50～4.34	8.84	−3.11～2.74	5.85
右拱脚	−6.68～5.44	12.12	−4.79～4.40	9.19	−3.98～4.12	8.10	−2.45～2.53	4.98
仰拱	−6.59～5.34	11.93	−4.79～4.40	9.19	−3.98～4.12	8.10	−2.32～2.65	4.97

注：差值是指加速度正、负值的差，下同。

　　由上述可知，地震荷载的作用下，由交叉隧道埋深的增大上跨隧道各监测点的差值都有所减小。隧道埋深从 20m 到 100m 时，左拱脚差值减幅 60.7%，左拱腰减幅 61.4%，左拱肩减幅 62.2%，拱顶减幅 59.2%，右拱肩减幅 53.4%，右拱腰减幅 55.1%，右拱脚减幅 58.9%，仰拱减幅 58.4%；各监测点的峰值加速度差值逐渐靠拢。这表明隧道埋深的增加，不仅仅有利于减小隧道衬砌响应峰值的差距，也有利于提升衬砌的整体性能、变形及抗震性能。

　　2）下穿隧道加速度响应

　　在不同隧道埋深情况下，根据计算结果得出拱顶加速度时程曲线、加速度差值与隧道埋深的关系曲线，以及各监测点隧道埋深的加速度正、负值及差值见图 4-34～图 4-38 和表 4-11。

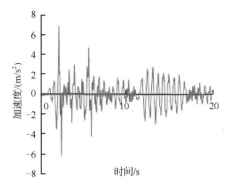

图 4-34　隧道埋深 20m 加速度时程曲线

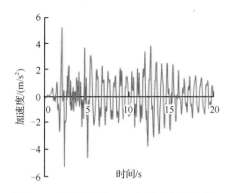

图 4-35　隧道埋深 30m 加速度时程曲线

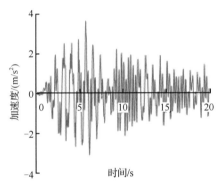

图 4-36　隧道埋深 50m 加速度时程曲线

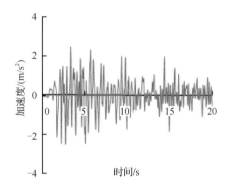

图 4-37　隧道埋深 100m 加速度时程曲线

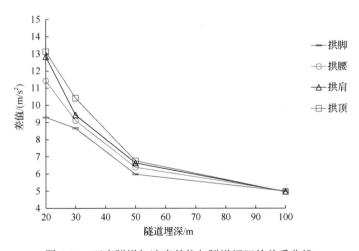

图 4-38　下穿隧道加速度差值与隧道埋深的关系曲线

表 4-11   下穿隧道各监测点隧道埋深加速度正、负值及差值   （单位：m/s²）

位置	隧道埋深							
	20m		30m		50m		100m	
	加速度正、负值	差值	加速度正、负值	差值	加速度正、负值	差值	加速度正、负值	差值
左拱脚	−4.87～4.41	9.28	−4.34～4.32	8.66	−2.91～3.06	5.97	−2.72～2.27	4.99
左拱腰	−5.63～5.78	11.41	−4.45～4.66	9.11	−3.02～3.36	6.38	−2.64～2.35	4.99
左拱肩	−6.11～6.72	12.83	−4.57～4.86	9.43	−3.09～3.54	6.63	−2.53～2.43	4.96
拱顶	−6.20～6.92	13.12	−5.27～5.14	10.41	−3.12～3.63	6.75	−2.50～2.45	4.95
右拱肩	−6.11～6.72	12.83	−4.57～4.86	9.43	−3.09～3.54	6.63	−2.53～2.43	4.96
右拱腰	−5.63～5.78	11.41	−4.45～4.66	9.11	−3.02～3.36	6.38	−2.64～2.35	4.99
右拱脚	−4.87～4.41	9.28	−4.34～4.32	8.66	−2.91～3.06	5.97	−2.72～2.27	4.99

由上述可知，下穿隧道的监测数据具有对称性。在地震荷载作用下，随着交叉隧道埋深的增大下穿隧道各监测点的峰值加速度差值都有所减小。隧道埋深由 20m 到 100m，拱脚的差值减幅为 46.3%，拱腰减幅 56.3%，拱肩减幅 61.3%，拱顶减幅 62.3%；隧道埋深从 20m 到 50m 时，减幅较快。隧道埋深大于 50m 时，减幅较慢；各点的峰值加速度差值趋于靠拢。这表明隧道埋深的变大，不仅有利于缩小衬砌响应峰值的差距，也有利于提升衬砌结构的整体性能、变形以及抗震性能。

2. 应力响应分析

1）上跨隧道最大主应力响应

在不同隧道埋深情况下，根据计算结果得出最大主应力时程曲线、最大主应力与隧道埋深关系曲线，以及最大主应力及减幅，见图 4-39～图 4-43 和表 4-12。

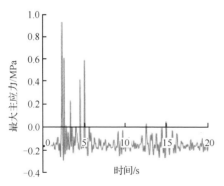

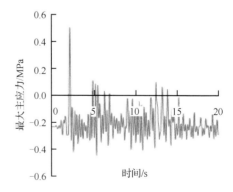

图 4-39   隧道埋深 20m 最大主应力时程曲线   图 4-40   隧道埋深 30m 最大主应力时程曲线

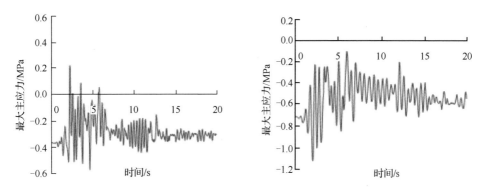

图 4-41　隧道埋深 50m 最大主应力时程曲线　　图 4-42　隧道埋深 100m 最大主应力时程曲线

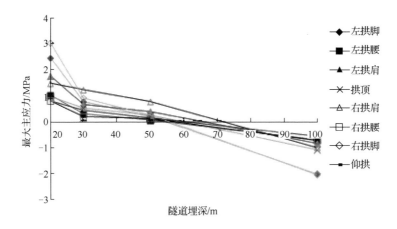

图 4-43　上跨隧道最大主应力与隧道埋深关系曲线

表 4-12　上跨隧道各监测点隧道埋深最大主应力及减幅

位置	隧道埋深						
	20m	30m		50m		100m	
	最大主应力/MPa	最大主应力/MPa	减幅/%	最大主应力/MPa	减幅/%	最大主应力/MPa	减幅/%
左拱脚	2.43	0.74	69.5	0.16	93.4	-2.03	183.6
左拱腰	0.98	0.27	72.4	0.02	98.0	-0.74	175.5
左拱肩	1.72	0.03	63.3	0.36	79.1	-0.87	150.6
拱顶	0.93	0.50	46.2	0.22	76.3	-1.12	220.4
右拱肩	1.44	1.20	16.7	0.74	48.6	-1.03	171.5
右拱腰	0.77	0.17	77.9	0.10	87.0	-0.76	198.7
右拱脚	3.01	0.89	70.4	0.23	92.3	-2.07	168.9
仰拱	0.78	0.42	64.2	0.12	84.6	-0.60	176.9

注：与隧道埋深 20m 相比，不同隧道埋深情况下最大主应力减量为减幅。

由上述可知，在地震荷载作用下由于隧道埋深的增大上跨隧道衬砌拱顶处的最大主应力逐渐由拉应力向压应力靠近；整体上隧道埋深小于 50m 时，最大主应力减速比较快；隧道埋深达到 100m 时，各监测点部位的最大主应力已经由拉应力变成压应力。这说明在受到地震荷载前提下，隧道埋深变大，地震对隧道的破坏就会变小。这是因隧道埋深变大，隧道受围岩约束也会变大，故隧道受地震的破坏也就会变小。

2）上跨隧道最小主应力响应

在不同隧道埋深前提下，上跨隧道衬砌各监测点最小主应力及增幅见表 4-13。由表 4-13 可知，各监测点最小主应力值随隧道埋深的增大而增大，说明隧道埋深的增大提高了衬砌结构压应力。

表 4-13　上跨隧道各监测点隧道埋深最小主应力及增幅　　（单位：MPa）

位置	隧道埋深						
	20m	30m		50m		100m	
	最小主应力/MPa	最小主应力/MPa	增幅/%	最小主应力/MPa	增幅/%	最小主应力/MPa	增幅/%
左拱脚	-8.94	-12.80	43.2	-19.40	117.0	-29.45	229.4
左拱腰	-6.67	-9.12	36.7	-11.80	76.9	-18.45	176.6
左拱肩	-8.29	-10.10	21.8	-13.30	60.4	-18.01	117.2
拱顶	-4.44	-6.76	52.3	-12.90	190.5	-23.58	431.1
右拱肩	-7.37	-8.92	21.0	-11.26	52.8	-20.65	180.2
右拱腰	-6.78	-8.46	24.8	-11.32	67.0	-19.21	183.3
右拱脚	-11.76	-15.90	35.2	-19.22	63.4	-29.85	153.8
仰拱	-6.06	-7.62	25.7	-10.53	73.8	-20.94	245.5

注：与隧道埋深 20m 相比，不同隧道埋深情况下的最小主应力增量为增幅。

3）下穿隧道最大主应力响应

在不同隧道埋深情况下，根据计算结果下穿隧道的最大主应力时程曲线、最大主应力与埋深关系曲线，以及各监测点的最大主应力及减幅见图 4-44～图 4-48 和表 4-14。

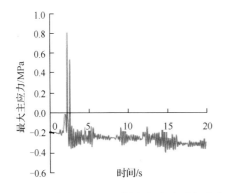

图 4-44　隧道埋深 20m 最大主应力时程曲线　　图 4-45　隧道埋深 30m 最大主应力时程曲线

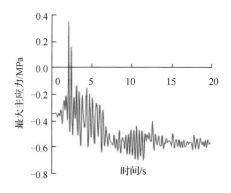

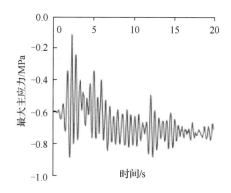

图 4-46　隧道埋深 50m 最大主应力时程曲线　　图 4-47　隧道埋深 100m 最大主应力时程曲线

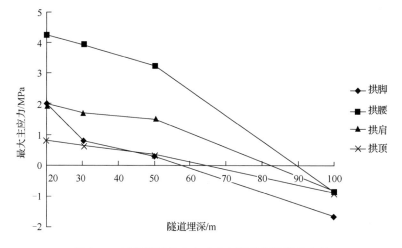

图 4-48　下穿隧道最大主应力与隧道埋深关系曲线

表 4-14　下穿隧道各监测点隧道埋深最大主应力及减幅

位置	隧道埋深						
	20m	30m		50m		100m	
	最大主应力/MPa	最大主应力/MPa	减幅/%	最大主应力/MPa	减幅/%	最大主应力/MPa	减幅/%
左拱脚	2.02	0.80	60.4	0.32	84.2	-1.65	181.7
左拱腰	4.25	3.94	7.3	3.23	24.0	-0.83	119.5
左拱肩	1.95	1.72	11.8	1.50	23.1	-0.83	142.6
拱顶	0.81	0.62	23.5	0.35	56.8	-0.89	209.9
右拱肩	1.95	1.72	11.8	1.50	23.1	-0.83	142.6
右拱腰	4.25	3.94	7.3	3.23	24.0	-0.83	119.5
右拱脚	2.02	0.80	60.4	0.32	84.2	-1.65	183.7

注：与隧道埋深 20m 相比，不同隧道埋深情况下的最大主应力减量为减幅。

　　由表 4-14 和图 4-48 可知，下穿隧道的监测数据具有对称性。在地震荷载作用过程中随着隧道埋深的变大，衬砌各监测点的最大主应力逐渐向压应力发展；

隧道埋深由 20m 到 100m 时，拱脚最大主应力减幅 181.7%，拱腰减幅 119.5%，拱肩减幅 142.6%，拱顶减幅 209.9%；且各监测点部位的最大主应力已经由拉应力变成压应力。这说明交叉隧道的埋深变大，地震对隧道的破坏就会变小。这是因为埋深变大，隧道受围岩的约束就会变大，故隧道受地震荷载的破坏就会变小。

4）下穿隧道最小主应力响应

在不同隧道埋深情况下，下穿隧道衬砌各监测点最小主应力及增幅见表 4-15。由表 4-15 可知，下穿隧道的监测数据具有对称性。随着隧道埋深的变大，各监测点最小主应力值也会逐渐变大。这说明随着隧道埋深的增大，提高了衬砌结构压应力。

表 4-15　下穿隧道各监测点隧道埋深最小主应力及增幅　　　（单位：MPa）

位置	隧道埋深						
	20m	30m		50m		100m	
	最小主应力/MPa	最小主应力/MPa	增幅/%	最小主应力/MPa	增幅/%	最小主应力/MPa	增幅/%
左拱脚	−11.76	−13.99	19.0	−17.26	46.8	−26.01	121.2
左拱腰	−10.56	−12.33	16.8	−18.46	74.8	−24.71	134.0
左拱肩	−7.43	−9.42	26.8	−13.10	76.3	−18.62	150.6
拱顶	−5.97	−7.68	28.6	−9.94	66.5	−14.59	144.4
右拱肩	−7.43	−9.42	26.8	−13.10	76.3	−18.62	150.6
右拱腰	−10.56	−12.33	16.8	−18.46	74.8	−24.71	134.0
右拱脚	−11.76	−13.99	19.0	−17.26	46.8	−26.01	121.2

注：与隧道埋深 20m 相比，不同隧道埋深情况下的最小主应力增量为增幅。

3. 竖向位移响应分析

1）上跨隧道竖向位移分析

在不同隧道埋深情况下，上跨隧道在震动过程中各监测点的竖向位移及减幅见表 4-16；隧道竖向位移与隧道埋深关系曲线见图 4-49。

表 4-16　上跨隧道各监测点隧道埋深竖向位移及减幅

位置	隧道埋深						
	20m	30m		50m		100m	
	竖向位移/cm	竖向位移/cm	减幅/%	竖向位移/cm	减幅/%	竖向位移/cm	减幅/%
左拱脚	6.57	6.43	2.1	6.262	4.7	5.76	12.2
左拱腰	6.78	6.62	2.4	6.46	4.7	5.89	13.1
左拱肩	6.90	6.68	3.1	6.53	5.3	5.98	13.4
拱顶	7.40	7.27	1.7	7.07	4.4	6.85	7.4
右拱肩	6.57	6.45	1.9	6.14	6.6	5.78	12.0
右拱腰	6.50	6.37	1.9	6.12	5.7	5.67	12.6
右拱脚	6.28	6.17	1.7	6.03	4.0	5.55	11.6
仰拱	6.30	6.19	1.7	6.08	3.6	5.69	9.8

注：与隧道埋深 20m 相比，不同隧道埋深情况下的竖向位移减量为减幅。

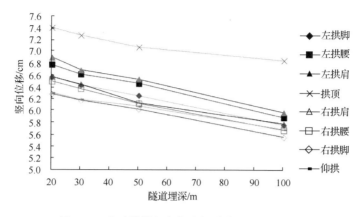

图 4-49　上跨隧道竖向位移与隧道埋深关系曲线

由上述可知，在地震荷载作用过程中随着隧道埋深的增大上跨隧道衬砌竖向位移呈现逐渐减小的趋势；拱顶处竖向位移值明显大于其他部位，且隧道埋深由20m 增大到100m 时，各监测点竖向位移减幅比较均匀；当隧道埋深大于 50m 时，竖向位移减幅较快，说明交叉隧道埋深越大，地震荷载对上跨隧道的影响就越小。

2）下穿隧道竖向位移分析

在不同隧道埋深情况下，下穿隧道在震动过程中各监测点竖向位移及减幅见表 4-17。隧道竖向位移与隧道埋深关系曲线见图 4-50。

表 4-17　下穿隧道各监测点竖向位移及减幅　　　　　（单位：cm）

位置	隧道埋深						
	20m	30m		50m		100m	
	竖向位移/cm	竖向位移/cm	减幅/%	竖向位移/cm	减幅/%	竖向位移/cm	减幅/%
左拱脚	6.08	5.84	3.9	5.68	6.6	5.30	12.8
左拱腰	6.17	6.01	2.6	5.81	5.9	5.48	11.3
左拱肩	6.23	6.15	1.3	5.95	4.5	5.53	11.2
拱顶	7.40	7.24	2.2	7.01	5.3	6.26	15.4
右拱肩	6.23	6.15	1.3	5.95	4.5	5.53	11.2
右拱腰	6.17	6.01	2.6	5.81	5.9	5.48	11.3
右拱脚	6.08	5.84	4.0	5.68	6.6	5.30	12.8
仰拱	6.09	5.83	4.3	5.66	7.1	5.40	11.3

注：与隧道埋深 20m 相比，不同隧道埋深情况下的竖向位移减量为减幅。

由上述可知，下穿隧道的监测数据具有对称性，在地震荷载作用过程中随着隧道埋深的增大下穿隧道衬砌竖向位移呈现逐渐减小的趋势；拱顶处竖向位移值明显大于其他部位，且隧道埋深由 20m 增大到100m 时，各监测点竖向位移减幅比较均匀；当隧道埋深大于 50m 时，竖向位移减幅较快。这说明交叉隧道的埋深变大，地震对下行隧道的破坏性也会减小。

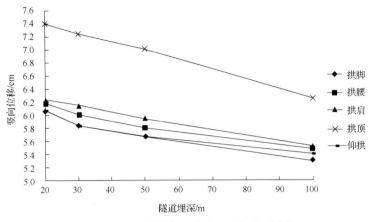

图 4-50 下穿隧道竖向位移与埋深关系曲线

4.1.4 围岩级别对交叉隧道地震动力响应影响分析

1. 加速度响应分析

1）上跨隧道加速度响应

在不同围岩级别的前提下，根据计算结果得出加速度差值与围岩级别关系曲线，以及各监测点加速度正、负最大绝对值见图 4-51 和表 4-18。

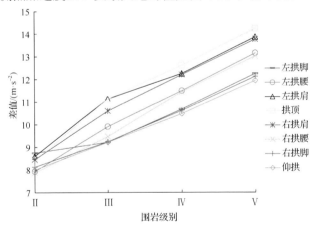

图 4-51 上跨隧道加速度差值与围岩级别关系曲线

表 4-18 上跨隧道各监测点围岩级别加速度正、负值及差值 　（单位：m/s²）

位置	围岩级别							
	II 级（基准值）		III 级		IV 级		V 级	
	加速度正、负值	差值	加速度正、负值	差值	加速度正、负值	差值	加速度正、负值	差值
左拱脚	$-4.16\sim$ 4.59	8.75	$-4.42\sim$ 4.80	9.22	$-5.24\sim$ 5.44	10.68	$-6.71\sim$ 5.44	12.15

续表

位置	围岩级别							
	Ⅱ级（基准值）		Ⅲ级		Ⅳ级		Ⅴ级	
	加速度正、负值	差值	加速度正、负值	差值	加速度正、负值	差值	加速度正、负值	差值
左拱腰	-3.55~4.38	7.93	-5.30~4.61	9.91	-5.52~5.97	11.49	-7.24~5.91	13.15
左拱肩	-3.64~4.96	8.60	-6.06~5.07	11.13	-5.94~6.31	12.25	-7.59~6.27	13.86
拱顶	-3.59~4.81	8.40	-6.08~5.05	11.13	-6.17~6.44	12.61	-7.78~6.46	14.24
右拱肩	-3.76~4.70	8.46	-5.87~4.73	10.60	-5.94~6.26	12.20	-7.57~6.19	13.76
右拱腰	-3.53~4.34	7.87	-5.07~4.40	9.47	-5.53~5.91	11.44	-7.20~5.82	13.02
右拱脚	-4.07~4.06	8.13	-4.46~4.78	9.24	-5.20~5.42	10.62	-6.69~5.42	12.11
仰拱	-3.96~4.04	8.00	-4.45~4.77	9.22	-5.17~5.32	10.49	-6.60~5.34	11.94

注：差值是指加速度正、负值的差，下同。

由上述可知，地震荷载作用下，随着交叉隧道围岩级别增大（围岩质量变差），上跨隧道各监测点的峰值加速度差值均有所提高，围岩级别从Ⅱ级到Ⅴ级时，左拱脚差值增幅为40.0%，左拱腰增幅65.8%，左拱肩增幅61.2%，拱顶增幅69.5%，右拱肩增幅62.6%，右拱腰增幅65.4%，右拱脚增幅49.1%，仰拱增幅50.2%。各点的峰值加速度差值的差异越来越明显。这说明交叉隧道围岩级别增大，各点的加速度响应峰值差距也扩大，不仅打破了衬砌结构整体的稳定性，减弱了衬砌结构的变形及抗震性能，也表明衬砌在地震激励作用下对围岩级别非常敏感，围岩条件越差将会导致上跨隧道衬砌的加速度差值增大。

2）下穿隧道加速度响应

不同围岩级别前提下，根据计算结果得出加速度差值与围岩级别的关系曲线见图4-52；各监测点加速度正、负值及差值见表4-19。

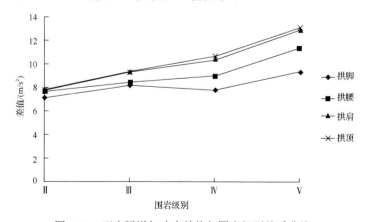

图4-52　下穿隧道加速度差值与围岩级别关系曲线

表 4-19　下穿隧道各监测点围岩级别加速度正、负值及差值　　（单位：m/s²）

位置	围岩级别							
	II级		III级		IV级		V级	
	加速度正、负值	差值	加速度正、负值	差值	加速度正、负值	差值	加速度正、负值	差值
左拱脚	−3.26～3.89	7.15	−4.23～3.98	8.21	−3.55～4.18	7.73	−4.87～4.41	9.28
左拱腰	−3.43～4.36	7.79	−4.30～4.11	8.41	−4.49～4.41	8.90	−5.63～5.78	11.41
左拱肩	−3.43～4.36	7.79	−4.96～4.37	9.33	−5.02～5.31	10.33	−6.11～6.72	12.83
拱顶	−3.48～4.37	7.85	−4.90～4.43	9.33	−5.12～5.52	10.64	−6.20～6.92	13.12
右拱肩	−3.43～4.36	7.79	−4.96～4.37	9.33	−5.02～5.31	10.33	−6.11～6.72	12.83
右拱腰	−3.43～4.36	7.79	−4.30～4.11	8.41	−4.49～4.41	8.90	−5.63～5.78	11.41
右拱脚	−3.26～3.89	7.15	−4.23～3.98	8.21	−3.55～4.18	7.73	−4.87～4.41	9.28

由上述可知，下穿隧道的监测数据具有对称性。在地震荷载作用下，随着交叉隧道围岩级别的增大（围岩质量变差）下穿隧道各监测点的峰值加速度差值均有所提高。围岩级别从II级到V级时，拱脚加速度差值增幅为 29.9%，拱腰增幅 49.5%，拱肩增幅 64.7%，拱顶增幅 67.1%。各点的峰值加速度差值的差异逐渐明显。这说明交叉隧道围岩级别的增大（围岩质量变差），各点的加速度响应峰值差距会扩大，打破了衬砌结构整体的稳定性，甚至破坏衬砌结构的变形以及抗震性能，可见衬砌在地震激励作用下对围岩级别非常敏感，围岩条件逐渐变差会造成下穿隧道衬砌的加速度差值逐渐变大。

2. 应力响应分析

1）上跨隧道最大主应力响应分析

在不同围岩级别的前提下，根据计算结果得出上跨隧道的最大主应力时程曲线、最大主应力与围岩级别关系曲线，以及各监测点最大主应力及增幅，见图 4-53～图 4-57 和表 4-20。

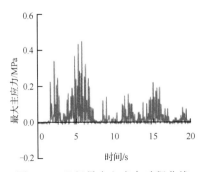

图 4-53　II级最大主应力时程曲线

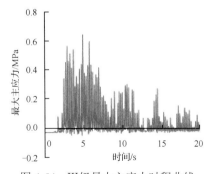

图 4-54　III级最大主应力时程曲线

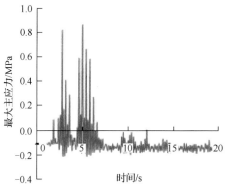

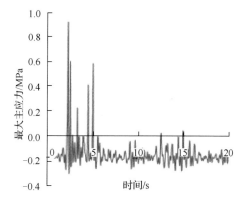

图 4-55　Ⅳ级最大主应力时程曲线　　　　　　图 4-56　Ⅴ级最大主应力时程曲线

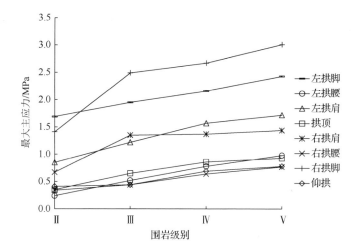

图 4-57　上跨隧道最大主应力与围岩级别关系曲线

表 4-20　上跨隧道各监测点围岩级别最大主应力及增幅

位置	围岩级别						
	Ⅱ级（基准值）	Ⅲ级		Ⅳ级		Ⅴ级	
	最大主应力/MPa	最大主应力/MPa	增幅/%	最大主应力/MPa	增幅/%	最大主应力/MPa	增幅/%
左拱脚	1.69	1.95	15.4	2.16	27.8	2.43	43.8
左拱腰	0.24	0.52	116.7	0.78	225	0.98	308.3
左拱肩	0.85	1.22	43.5	1.57	84.7	1.72	102.3
拱顶	0.35	0.65	85.7	0.86	145.7	0.93	165.7
右拱肩	0.67	1.35	101.5	1.37	104.5	1.44	114.9
右拱腰	0.34	0.44	29.4	0.64	88.2	0.77	126.5

续表

位置	围岩级别						
	II级（基准值）	III级		IV级		V级	
	最大主应力/MPa	最大主应力/MPa	增幅/%	最大主应力/MPa	增幅/%	最大主应力/MPa	增幅/%
右拱脚	1.41	2.49	76.6	2.67	89.4	3.01	117.0
仰拱	0.41	0.44	7.3	0.69	68.3	0.78	90.2

注：与II级围岩相比，不同围岩级别情况下的最大主应力增量为增幅，下同。

从上述可知，在地震荷载作用过程中随着交叉隧道围岩级别的增大（围岩质量变差）上跨隧道衬砌拱顶处的最大主应力逐渐由压应力向拉应力靠近；围岩级别从II级增大到III级时，最大主应力增速较快；当围岩级别从III级增大到V级时，最大主应力增速缓慢；当围岩较差时，衬砌的拱脚部位承受拉应力较大，不利于结构受力。这表明衬砌在地震激励作用下对围岩级别非常敏感，围岩条件越差会导致衬砌的最大主应力值越大，说明地震荷载对上行隧道的影响越大。

2）下穿隧道最大主应力响应分析

不同围岩级别的前提下，下穿隧道的最大主应力时程曲线、最大主应力与围岩级别的关系曲线，以及各监测点最大主应力及增幅见图4-58～图4-62和表4-21。

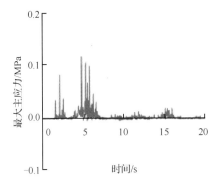

图 4-58　II级最大主应力时程曲线

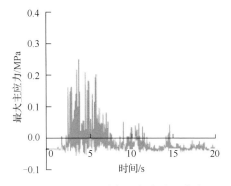

图 4-59　III级最大主应力时程曲线

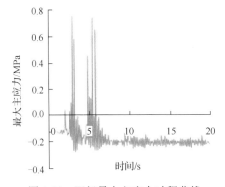

图 4-60　IV级最大主应力时程曲线

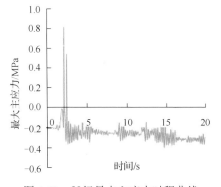

图 4-61　V级最大主应力时程曲线

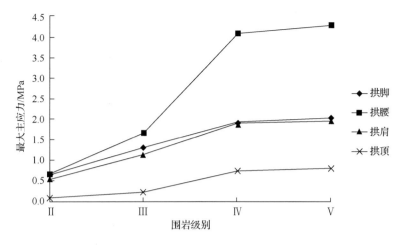

图 4-62　下穿隧道最大主应力与围岩级别关系曲线

表 4-21　下穿隧道各监测点最大主应力及增幅

位置	围岩级别						
	II 级（基准值）	III 级		IV 级		V 级	
	最大主应力/MPa	最大主应力/MPa	增幅/%	最大主应力/MPa	增幅/%	最大主应力/MPa	增幅/%
左拱脚	0.67	1.31	95.5	1.91	185.1	2.02	201.5
左拱腰	0.67	1.65	146.3	4.06	506.0	4.25	534.3
左拱肩	0.55	1.13	105.5	1.88	241.8	1.95	254.5
拱顶	0.12	0.25	108.3	0.75	525.0	0.81	575.0
右拱肩	0.55	1.13	105.5	1.88	241.8	1.95	254.5
右拱腰	0.67	1.65	146.3	4.06	506.0	4.25	534.3
右拱脚	0.67	1.31	95.5	1.91	185.1	2.02	201.5

从上述可知，下穿隧道的监测数据具有对称性。交叉隧道围岩级别从 II 级增大到 V 级时，下行隧道拱脚最大主应力增幅 201.5%，拱腰最大主应力增幅 534.3%，拱肩最大主应力增幅 254.5%，拱顶最大主应力增幅 575.0%；当围岩级别从 II 级增大到 IV 级时，整体上最大主应力增速较快；当围岩级别从 IV 级增大到 V 级时，最大主应力增速比较缓慢；围岩较差时，衬砌的拱腰部位承受拉应力比较大，不利于衬砌结构的受力。这表明衬砌在地震激励作用下对围岩级别非常敏感，围岩条件越差将会导致衬砌的最大主应力值越大，说明地震荷载对下穿隧道的影响就越大。

3. 竖向位移响应分析

1）上跨隧道竖向位移分析

不同围岩级别的情况下，根据计算结果得出上跨隧道在振动过程中各监测点的竖向位移及增幅见表 4-22；竖向位移与围岩级别关系曲线见图 4-63。

表 4-22　上跨隧道各监测点竖向位移及增幅

位置	围岩级别						
	II级	III级		IV级		V级	
	竖向位移/cm	竖向位移/cm	增幅/%	竖向位移/cm	增幅/%	竖向位移/cm	增幅/%
左拱脚	5.21	5.30	1.7	5.62	7.9	6.63	27.3
左拱腰	5.21	5.32	2.1	5.67	8.8	6.62	26.9
左拱肩	5.22	5.34	2.3	5.70	9.2	6.68	28.0
拱顶	6.24	6.36	1.9	6.63	6.2	7.40	18.6
右拱肩	5.22	5.38	3.1	5.61	7.5	6.45	23.6
右拱腰	5.21	5.37	3.0	5.58	7.1	6.43	23.5
右拱脚	5.20	5.34	2.6	5.54	6.4	6.27	20.5
仰拱	5.20	5.31	2.1	5.56	6.9	6.45	24.0

注：与II级围岩相比，不同围岩级别情况下的竖向位移增量为增幅，下同。

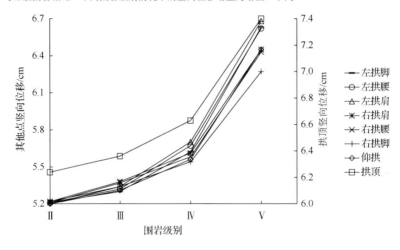

图 4-63　上跨隧道竖向位移与围岩级别关系曲线

由上述可知，在地震荷载作用下由于交叉隧道围岩级别的增大（围岩质量变差）上跨隧道衬砌处的竖向位移呈现上升的趋势；各监测点的上升趋势基本一致，但拱顶处竖向位移值明显大于其他部位；当围岩级别从II级增大到IV级时，整体上各监测点竖向位移增速较慢；当围岩级别从IV级增大到V级时，各监测点竖向位移增速较快。这表明衬砌在地震激励作用下对围岩级别非常敏感，围岩条件越差将会导致衬砌的竖向位移值越大，说明地震荷载对上跨隧道的影响就越大。

2）下穿隧道竖向位移分析

不同围岩级别的情况下，根据计算结果下穿隧道在震动过程中各监测点的竖向位移及增幅见表 4-23。竖向位移与围岩级别的关系曲线见图 4-64。

表 4-23　下穿隧道各监测点竖向位移及增幅

位置	围岩级别						
	围岩级别 II 的竖向位移/cm	围岩级别 III 的竖向位移/cm	增幅/%	围岩级别 IV 的竖向位移/cm	增幅/%	围岩级别 V 的竖向位移/cm	增幅/%
左拱脚	5.18	5.25	1.4	5.43	4.9	6.08	17.4
左拱腰	5.19	5.29	1.9	5.50	5.8	6.17	18.8
左拱肩	5.20	5.31	2.1	5.53	6.3	6.23	19.7
拱顶	6.49	6.52	0.5	6.81	4.9	7.40	14.0
右拱肩	5.20	5.31	2.1	5.53	6.3	6.23	19.7
右拱腰	5.19	5.29	1.8	5.50	5.8	6.17	18.8
右拱脚	5.18	5.25	1.3	5.43	4.9	6.08	17.4
仰拱	5.18	5.24	1.2	5.40	4.3	6.09	17.6

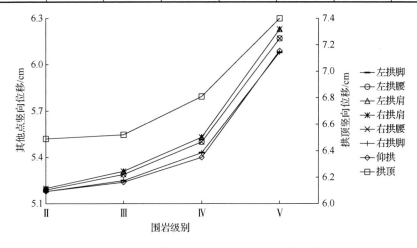

图 4-64　下穿隧道竖向位移与围岩级别关系曲线

从上述可知，下穿隧道的监测数据具有对称性，在地震荷载作用过程中随着交叉隧道围岩级别的增大（围岩质量变差），下穿隧道衬砌处的竖向位移呈现上升的趋势；各监测点的上升趋势基本一致，但拱顶处竖向位移值明显大于其他部位；交叉隧道围岩级别从 II 级增大到 V 级时，拱脚处竖向位移增幅 17.4%，拱腰处竖向位移增幅 18.8%，拱肩处竖向位移增幅 19.7%，拱顶处竖向位移增幅 14.0%，仰拱处竖向位移增幅 17.6%；当围岩级别从 II 增大到 IV 时，整体上各监测点竖向位移增速较慢；当围岩级别从 IV 级增大到 V 级时，各监测点竖向位移增速较快。这表明衬砌在地震激励作用下对围岩级别非常敏感，围岩条件越差将会导致衬砌的竖向位移值越大，说明地震荷载对下穿隧道的影响就越大。

4.2　地震荷载作用下各影响因素敏感性分析

本节主要研究交叉隧道的净距 J、交叉隧道的埋深 H 及围岩级别 F 三个因素对衬砌结构最大拉应力的影响。以埋深 50m、V 级围岩、2D（其中 D 为隧洞洞宽，洞宽 10m）净距，拱顶位置最大主应力为基准参数，见表 4-24。

表 4-24　基准参数

隧道间净距 J/m	埋深 M/m	围岩级别 W
2D	50	V

4.2.1　隧道间净距敏感性分析

1. 上跨隧道不同净距敏感性分析

交叉隧道间净距分别取 0.5D、1D、1.5D 和 2D（其中 D 为隧洞洞宽）。考虑由它的变动对上跨隧道抗震的影响，计算结果得出不同隧道间净距拱顶最大拉应力及最大主应力与隧道间净距关系曲线见表 4-25 和图 4-65。

表 4-25　上跨隧道不同净距拱顶最大拉应力

隧道净距 J/m	0.5D	1D	1.5D	2D
最大拉应力 P/MPa	0.93	0.31	0.23	0.23

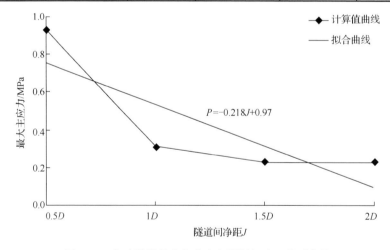

图 4-65　上跨隧道最大主应力与隧道间净距关系曲线
（D 为隧洞洞宽，下同）

通过拟合所得到的计算结果，给出 P 和 J 的拟合函数如下：

$$P = -0.218J + 0.97 \tag{4-1}$$

敏感度函数见式（4-2），与之对应的 $S(J^*)$ 敏感度曲线见图 4-66。由图 4-66 可知，当交叉隧道的净距 J 值较小时，敏感度较高；J 值增大，敏感度减小，但是减小的速率变慢。把基准值 $J^* = 2D$ 代入式（4-2），就可以得出隧道间净距的敏感度因子 $S(J^*) = 1.286$。

$$S(J) = \left| \frac{-0.218J}{-0.218J + 0.97} \right| \tag{4-2}$$

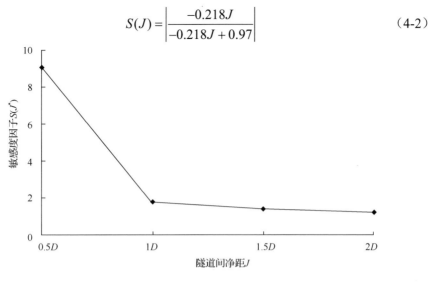

图 4-66　上跨隧道 $S(J^*)$-J 敏感度曲线

2. 下穿隧道不同净距敏感性分析

交叉隧道间净距分别取 0.5D、1D、1.5D 和 2D（其中 D 为隧洞洞宽）。考虑由它的变动对下穿隧道抗震的影响，计算结果得出不同净距拱顶最大拉应力、最大拉应力与隧道间净距关系曲线见表 4-26 和图 4-67。

表 4-26　下穿隧道不同隧道间净距拱顶最大拉应力

隧道间净距 J/m	0.5D	1D	1.5D	2D
最大拉应力 P/MPa	0.81	0.52	0.22	0.08

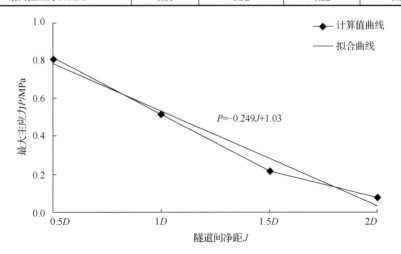

图 4-67　下穿隧道拱顶最大拉应力与隧道间净距关系曲线

通过拟合所得到的计算结果，给出 P 与 J 的拟合函数为

$$P = -0.249J + 1.03 \qquad (4\text{-}3)$$

由式（4-3）所得到敏感度函数见式（4-4），与之对应的 $S(J^*)\text{-}J$ 敏感度曲线见图 4-68。由图 4-68 可知，当交叉隧道间净距 J 值比较小时，敏感度比较高；当 J 值增大，敏感度就会减小，但是减小的趋势会变缓。把基准值 $J^* = 2D$ 代入式（4-4），就可以得到隧道间净距的敏感度因子 $S(J^*) = 1.261$。

$$S(J) = \left| \frac{-0.249J}{-0.249J + 1.03} \right| \qquad (4\text{-}4)$$

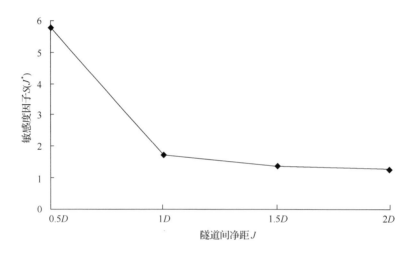

图 4-68　下穿隧道 $S(J^*)\text{-}J$ 敏感度曲线

4.2.2　隧道埋深敏感性分析

1. 上跨隧道不同埋深敏感性分析

考虑由交叉隧道的埋深大小的变动对上跨的影响，计算结果得出拱顶最大拉应力、最大拉应力与隧道埋深关系曲线见表 4-27 和图 4-69。

通过拟合所得到的计算结果，给出 P 和 H 的拟合函数为

$$P = -0.0247H + 1.368 \qquad (4\text{-}5)$$

敏感度函数见式（4-6），与之对应的 $S(H^*)\text{-}H$ 敏感度曲线见图 4-70。由图 4-70 可知，交叉隧道埋深 H 值较小时，敏感度值较大；当 H 值增大时，敏感度就会减小，但是减小的速率变慢。把基准值 $H^* = 50$ 代入式（4-6），便能得出 H 的敏感度因子 $S(H^*) = 1.182$。

$$S(H) = \left| \frac{-0.0247H}{-0.0247H + 1.368} \right| \qquad (4-6)$$

表 4-27　上跨隧道不同隧道埋深拱顶最大拉应力

隧道埋深 H/m	20	30	50	100
最大拉应力 P/MPa	0.93	0.5	0.22	-1.12

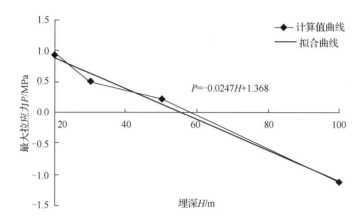

图 4-69　上跨隧道拱顶最大拉应力与隧道埋深关系曲线

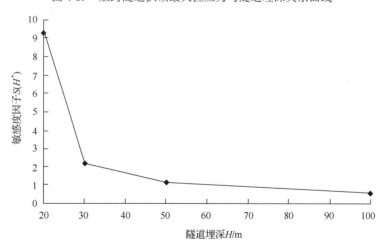

图 4-70　上跨隧道 $S(H^*)$-H 敏感度曲线

2. 下穿隧道不同埋深敏感性分析

考虑由交叉隧道的埋深大小的变动对下行隧道抗震的影响，计算结果得出拱顶最大拉应力、最大主应力与隧道埋深关系曲线见表 4-28 和图 4-71。

表 4-28   下穿隧道不同隧道埋深拱顶最大拉应力

隧道埋深 H/m	20	30	50	100
最大拉应力 P/MPa	0.81	0.62	0.35	-0.89

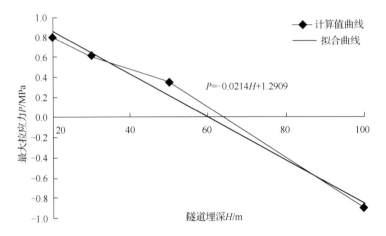

图 4-71   下穿隧道拱顶最大主应力与隧道埋深关系曲线

通过拟合所得到的计算结果，给出 P 和 H 的拟合函数如下：

$$P = -0.0214H + 1.2909 \tag{4-7}$$

敏感度函数：

$$S(H) = \left| \frac{-0.0214H}{-0.0214H + 1.2909} \right| \tag{4-8}$$

与之对应的曲线见图 4-72。

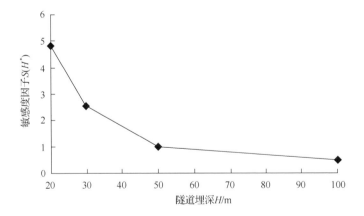

图 4-72   下穿隧道 $S(H^*)$-H 敏感度曲线

从图 4-72 中可以得出，若隧道埋深 H 值变小，敏感度值就会变大；当 H 值变大，敏感度就会减小，但是减小的趋势会变缓。把基准值 $H^* = 50$ 代入式（4-8），就可以得到隧道埋深的敏感度因子 $S(H^*) = 0.989$。

4.2.3　围岩级别敏感性分析

1. 上跨隧道不同围岩级别敏感性分析

本节考虑围岩级别变化对上跨隧道抗震的影响，根据计算结果得出拱顶最大拉应力、最大主应力与围岩级别关系曲线见表 4-29 和图 4-73。

表 4-29　上跨隧道不同围岩级别隧道拱顶最大拉应力

围岩级别 F	II	III	IV	V
最大拉应力 P/MPa	0.35	0.65	0.86	0.93

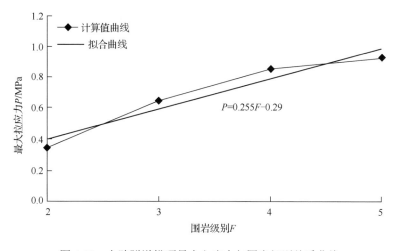

图 4-73　上跨隧道拱顶最大主应力与围岩级别关系曲线

通过拟合所得到的计算结果，给出 P 和 F 的拟合函数如下：

$$P = 0.255F - 0.29 \tag{4-9}$$

敏感度函数见式（4-10），与之对应 $S(F^*)\text{-}F$ 敏感度曲线见图 4-74。从图 4-74 中可以得出，围岩级别 F 值小，敏感度值就低；当 F 值变大，敏感度值也会随着变大。把基准值 $F^* = 5$ 代入式（4-10），就可以得到围岩级别的敏感度因子 $S(F^*) = 2.318$。

$$S(F) = \left| \frac{0.255F}{0.255F - 0.29} \right| \tag{4-10}$$

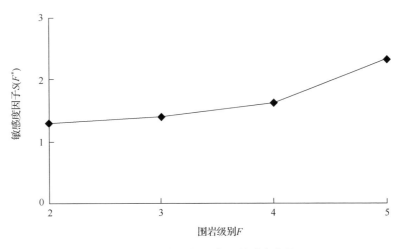

图 4-74　上跨隧道 $S(F^*)$-F 敏感度曲线

2. 下穿隧道不同围岩级别敏感性分析

本节考虑围岩级别变化对下穿隧道抗震的影响，根据计算结果得出拱顶最大拉应力、最大主应力与围岩级别关系曲线见表 4-30 和图 4-75。

表 4-30　下穿隧道不同围岩级别隧道拱顶最大拉应力

围岩级别 F	II	III	IV	V
最大拉应力 P/MPa	0.12	0.25	0.75	0.81

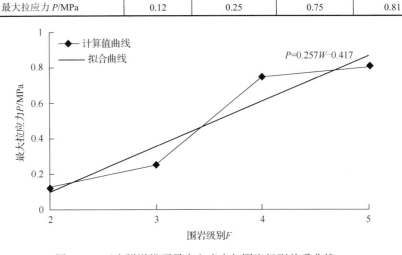

图 4-75　下穿隧道拱顶最大主应力与围岩级别关系曲线

通过拟合所得到的计算结果，给出 P 和 F 的拟合函数为

$$P = 0.257F - 0.417 \tag{4-11}$$

敏感度函数见式（4-12），与之对应的 $S(F^*)$-F 敏感度曲线见图 4-76，由图 4-76 可知，围岩级别 F 值越低，敏感度值就低；随着 F 值的增大，敏感度值

也会随着变大。把基准值 $F^* = 5$ 代入式（4-12），就可以得到 F 的敏感度因子 $S(F^*) = 5.299$。

$$S(F) = \left| \frac{0.257F}{0.257F - 0.417} \right| \tag{4-12}$$

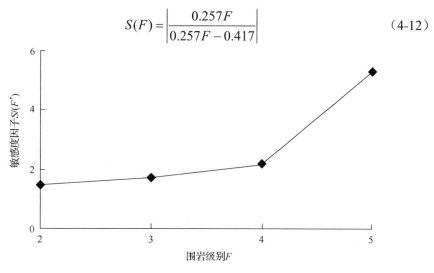

图 4-76 下穿隧道 $S(F^*)$-F 敏感度曲线

4.2.4 各影响因素大小综合分析

每个因素的敏感度值见表 4-31 和表 4-32。由表 4-31 和表 4-32 可以得出，就最大拉应力而言，上跨隧道最大的敏感因素是围岩级别，它的敏感度值是 2.318，另外两个依次为隧道净距和隧道埋深。下穿隧道最敏感的因素也是围岩级别，其敏感度为 5.299，其后依次为隧道净距和隧道埋深。

表 4-31 上跨隧道各参数的敏感度因子

隧道净距 J/m	隧道埋深 H/m	围岩级别 F
1.286	1.182	2.318

表 4-32 下穿隧道各参数的敏感度因子

隧道净距 J/m	隧道埋深 H/m	围岩级别 F
1.216	0.989	5.299

4.3 地震荷载作用下裂缝对衬砌安全性的影响规律

4.3.1 基本理论

1. 衬砌结构模拟方法

目前在设计隧道的结构体系时，主要采用两类计算模型：第一类是以支护结构作为承载主体，围岩作为荷载主要来源，同时考虑其对支护结构的变形起约束作用，也就是荷载-结构模型；第二类称为地层-结构模型或整体复合模型，是以围岩为承载主体，支护结构则约束和限制围岩向隧道内变形。本节采取地层结构模型。地层-结构法的思想是将衬砌和地层视为整体，在满足变形协调条件的前提下分别计算衬砌和地层的内力，并据以验算地层的稳定性和进行结构截面设计。与荷载-结构法相比，地层-结构法可以充分考虑地下结构与周围地层的相互作用，结合具体的施工过程可以充分模拟地下结构以及周围地层在每一个施工工况的结构内力以及周围地层的变形更能符合工程实际，随着今后研究和发展，地层-结构法将会得到广泛应用和发展。

2. 衬砌强度安全系数的计算方法

为了更好地利用实体单元模拟衬砌，并且能够得到直观的计算结果，利用 FLAC^{3D} 内嵌 FISH 语言，进行二次开发，根据计算得到的实体单元的应力，经过一定处理得到衬砌的弯矩、轴力及安全系数，使衬砌内力更加直观，为评价衬砌的安全性提供了定量数据。由 FLAC^{3D} 求得衬砌单元应力后，读取衬砌同一截面上两个单元质心的应力及坐标。在衬砌各单元质心应力分量已知的情况下，可以按照下述方法求解计算衬砌通过两个对应单元质心的截面上的法向应力。设已知两个对应单元质心及其坐标：质心 1（x_1，y_1）和质心 2（x_2，y_2），则通过这两个单元质心的衬砌截面与竖直面之间的夹角为

$$\alpha = \arctan \frac{x_2 - x_1}{y_2 - y_1} \tag{4-13}$$

在所讨论的截面上各个单元的质心点所对应的法向应力 σ_n 计算公式为

$$\sigma_n = \sigma_x \cos^2 \theta + \sigma_y \sin^2 \theta + \sigma_{xy} \sin^2 \theta \tag{4-14}$$

式中：σ_x、σ_y、σ_{xy} 为所讨论质心点的应力分量；θ 为所讨论截面的外法线与 σ_x 之间的夹角，以逆时针方向为正，且 $\theta = -\alpha$。设两个质心点上的法向应力按上式算出且分别为 σ_{n_1} 和 σ_{n_2}。假定两单元之间法向应力按线性分布，由于需要在二衬单元的不同位置模拟同一裂缝宽度而裂缝扩展深度不同的裂缝，则截面外边缘的法向应力可按图 4-77 和式（4-15）、式（4-16）进行计算。

$$\sigma_1 = \sigma_{n_1} + \frac{2(\sigma_{n_1} - \sigma_{n_2})}{3} \tag{4-15}$$

$$\sigma_2 = \sigma_{n_1} - \frac{2(\sigma_{n_1} - \sigma_{n_2})}{3} \tag{4-16}$$

在已求得截面边缘应力值 σ_1 和 σ_2 的情况下，根据材料力学压弯组合计算公式，可推出所讨论截面上的弯矩和轴力的计算式为

$$M = \frac{bh^2 (\sigma_1 - \sigma_2)}{12} \tag{4-17}$$

$$N = \frac{bh(\sigma_1 + \sigma_2)}{2} \tag{4-18}$$

式中：b、h 分别为所讨论截面的宽度和厚度（通常情况下 b 取 1m）。

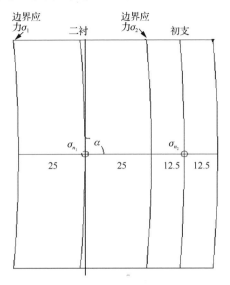

图 4-77　截面边缘应力计算方式

　　根据上述计算得到的内力结果，进而计算隧道衬砌的安全系数，以达到对衬砌安全性进行检验的目的。本节具体计算方法是根据材料的极限强度计算出偏心件的极限承载力 N_U，并与实际进行比较，得出截面的抗压（或抗拉）强度安全系数。

　　检查其是否满足要求，即

$$K = \frac{N_U}{N} \geqslant [K] \tag{4-19}$$

当由抗压强度控制，即 $|e| = |M/N| \leqslant 0.2h$ 时，

$$N_U = \phi \alpha R_a bh \tag{4-20}$$

其中

$$\alpha = 1 - 0.648\left(\frac{e}{h}\right) - 12.569\left(\frac{e}{h}\right)^2 + 15.444\left(\frac{e}{h}\right)^3$$

式中：R_a 为混凝土极限抗压强度；ϕ 为构件纵向系数（对于隧道衬砌，取 $\phi = 1$）；b、h 分别为衬砌截面宽度和厚度，通常 b 取 1m；α 为轴力的偏心影响系数。

　　当由抗拉强度控制，即 $|e| = |M/N| \geqslant 0.2h$ 时，

$$N_U = 1.75\phi R_l bh\left(\frac{6e}{h-1}\right) \tag{4-21}$$

式中：R_l 为混凝土极限抗拉强度。

3. 函数的编制

FLAC^{3D}具有强大的内嵌 FISH 语言，用户可以定义新的变量和函数，以适应用户的需要。FISH 语言具有以下功能：①用户自定义材料的空间分布规律，如材料的非线性等；②用户可以定义变量，追踪其变化规律并绘图表示或打印输出；③用户可以设计 FLAC^{3D}内部没有的单元形状；④在数值试验中可以进行伺服控制；⑤用户可以指定特殊的边界条件；⑥自动进行参数分析；⑦利用 FLAC^{3D}内部定义的 FISH 变量或函数，获得计算过程中节点、单元参数，如坐标/位移、速度、材料参数、应力、应变及不平衡力等。

基于上述 FISH 语言强大的功能，发展了求解衬砌弯矩、轴力、安全系数的FISH 函数，该函数可以实现对所选衬砌单元的应力等参数的读取，并且按上述公式求解弯矩、轴力、安全系数，最后输出结果文件。为了更直观地反映衬砌的受力和安全状况，通过对结果文件的简单处理可得到衬砌的弯矩、轴力、安全系数的表格。

4.3.2 衬砌结构裂缝的模拟

当采用有限元分析混凝土结构的开裂时，常常认为当单元内任意高斯点的应力状态达到开裂条件时，则认为该单元破坏，如果单元较大时，则计算误差较大，因此需要加密网格以达到精度要求，但如果一开始就采用较密网格，这势必会出现计算量大、计算速度慢的现象。因此，合理的方法就是：先采用较粗糙的网格进行计算，当发现单元达到开裂条件或计算结果不能满足精度要求时，则对原粗糙网格进行加密，为了更好地划分网格和计算，本节采用连续协调加密方式进行单元加密。

本节采用地层-结构法计算带裂缝二衬结构的安全性，直接建立带裂缝的二衬结构模型，裂缝在模型上表示为两条相交的线段，A 为两条直线交叉点，其表示裂缝尖端，B 和 C 表示直线另外两个端点。衬砌裂缝模拟见图 4-78。

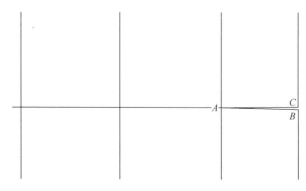

图 4-78　衬砌裂缝模拟图

4.3.3　模型计算与结果分析

1. 含二衬裂缝交叉隧道工况

根据裂缝走向与隧道纵轴方向的相互关系，隧道二衬结构的裂缝可以分为纵向裂缝、环向裂缝和斜向裂缝。纵向裂缝是指平行于隧道轴线的裂缝，其对隧道的危害最大；环向裂缝是指沿隧道环向分布的裂缝，危害相对较小；斜向裂缝一般与隧道纵轴呈 45°左右，其危害性仅次于纵向裂缝。通过收集和查阅众多隧道二衬裂缝长度、所在位置和扩展深度的统计资料，选取裂缝长度为 2m、宽度为 2mm，扩展深度和所在位置不同的纵向裂缝作为研究对象。

为了研究地震荷载作用下含裂缝立体交叉隧道衬砌裂缝所在位置对隧道安全性的影响，因地震荷载对隧道断面左右两侧产生的作用效果不同，且衬砌裂缝通常会对称出现，故建立隧道二衬裂缝扩展深度为 8cm，而立体交叉隧道二衬裂缝所在位置不同对衬砌安全性影响的工况见表 4-33。

表 4-33　研究二衬裂缝位置不同对衬砌安全性影响的工况

隧道位置	工况	裂缝位置
上跨隧道	1	拱顶
	2	两侧拱肩
	3	两侧拱腰
	4	两侧拱脚
下穿隧道	5	拱顶
	6	两侧拱肩
	7	两侧拱腰
	8	两侧拱脚

根据表 4-33 中铁路立体交叉隧道二衬裂缝扩展深度为 8cm，而衬砌裂缝分别在上跨隧道和下穿隧道不同位置时建立的含衬砌裂缝立体交叉隧道的 FLAC^{3D} 计算模型见图 4-79。

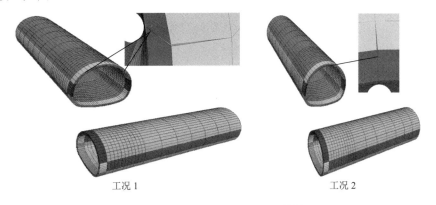

工况 1　　　　　　　　　　　　　　　　　工况 2

图 4-79　二衬裂缝位置不同的计算模型

图 4-79 （续）

上述建立了铁路立体交叉隧道的衬砌裂缝分别位于上跨隧道和下穿隧道拱顶、两侧拱肩、两侧拱腰和两侧拱脚，并且用隧道衬砌裂缝扩展深度为 8cm 时的含衬砌裂缝立体交叉隧道的 FLAC^{3D} 计算模型来研究在地震荷载作用下，含衬砌裂缝立体交叉隧道因隧道衬砌裂缝所在位置的不同而对隧道整体安全性产生的影响。为了研究在地震荷载作用下，含衬砌裂缝铁路立体交叉隧道衬砌裂缝扩展深度对立体交叉隧道整体安全性的影响，并且通过多种途径查阅国内外大量的关于隧道衬砌裂缝的统计资料得知，在实际工程中的各类隧道中拱顶衬砌出现裂缝最为常见，因而建立铁路立体交叉隧道的衬砌裂缝位置分别位于上跨隧道和下穿隧道拱顶，并对衬砌裂缝的扩展深度分别为 4cm、8cm、12cm、16cm、20cm 和 24cm 时的含衬砌裂缝立体交叉隧道的计算模型为例进行研究，得出铁路立体交叉隧道衬砌结构裂缝扩展深度不同对衬砌安全性影响的工况，见表 4-34。

表 4-34　研究二衬裂缝深度不同对衬砌安全性影响的工况

隧道位置	工况	裂缝深度/cm
上跨隧道	1	4
	2	8
	3	12
	4	16
	5	20
	6	24
下穿隧道	7	4
	8	8
	9	12
	10	16
	11	20
	12	24

根据表 4-34 中铁路立体交叉隧道的衬砌裂缝所在位置分别位于上跨和下穿隧道拱顶，隧道衬砌裂缝扩展深度分别为 4cm、8cm、12cm、16cm、20cm 和 24cm 时建立的含衬砌裂缝的铁路立体交叉隧道的 FLAC^{3D} 计算模型，见图 4-80。

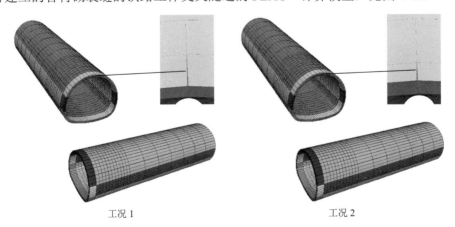

工况 1　　　　　　　　　　　　　　工况 2

图 4-80　二衬裂缝扩展深度不同的计算模型

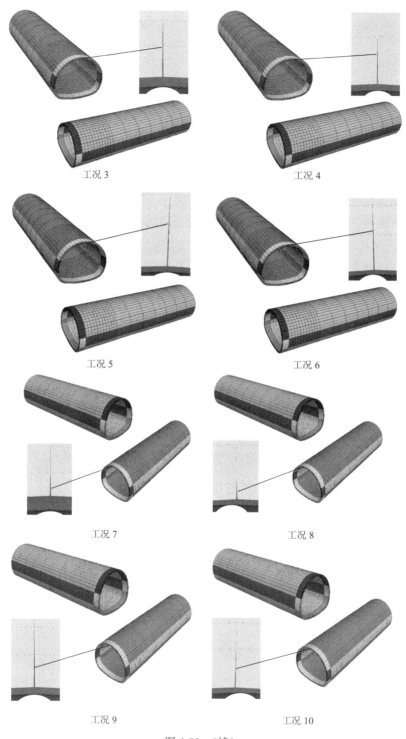

工况 3　　　　　　　　　　　　　工况 4

工况 5　　　　　　　　　　　　　工况 6

工况 7　　　　　　　　　　　　　工况 8

工况 9　　　　　　　　　　　　　工况 10

图 4-80　（续）

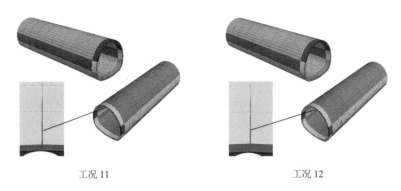

工况 11　　　　　　　　　　工况 12

图 4-80 （续）

2. 上跨隧道衬砌裂缝位置对安全系数的影响

在地震荷载作用下，立体交叉隧道中衬砌裂缝位置分别在上述特殊位置衬砌安全系数及增幅见表 4-35。

表 4-35　上跨隧道不同裂缝位置下的特殊位置衬砌安全系数及增幅

位置		工况								无损（基准值）
		工况 1		工况 2		工况 3		工况 4		
		衬砌安全系数	增幅/%	衬砌安全系数	增幅/%	衬砌安全系数	增幅/%	衬砌安全系数	增幅/%	
上跨隧道	左拱顶	4.24	25.73	4.27	26.71	4.02	19.29	4.25	26.11	3.37
	左拱肩	5.68	17.14	4.44	-8.45	5.15	6.19	5.71	17.73	4.85
	左拱腰	2.27	7.86	2.32	10.48	2.81	33.81	2.31	10.00	2.10
	左拱脚	3.69	-8.56	3.71	-8.17	3.36	-16.83	4.54	12.38	4.04
	左仰拱	3.70	9.67	3.71	10.09	3.56	5.64	3.66	8.61	3.37
	右拱顶	4.26	25.00	4.25	24.63	4.04	18.48	4.28	25.51	3.41
	右拱肩	5.96	16.55	4.61	-9.78	5.40	5.68	5.97	16.83	5.11
	右拱腰	2.11	11.58	2.12	12.17	1.73	-8.47	2.10	11.11	1.89
	右拱脚	0.88	-8.86	0.88	-9.28	0.80	-17.53	1.58	62.89	0.97
	右仰拱	3.60	9.75	3.61	10.06	3.47	5.79	3.72	13.41	3.28
下穿隧道	左拱顶	2.27	19.68	2.28	20.00	2.15	13.16	2.27	19.68	1.90
	左拱肩	1.87	29.60	1.87	29.60	1.66	15.28	1.87	29.60	1.44
	左拱腰	1.27	33.29	1.28	33.33	1.15	19.79	1.28	33.33	0.96
	左拱脚	2.27	6.05	2.28	6.54	2.21	3.27	2.17	1.40	2.14
	左仰拱	1.27	-7.30	1.27	-7.30	1.22	-10.95	1.27	-7.30	1.37
	右拱顶	2.49	34.97	2.51	35.68	2.43	31.35	2.50	35.14	1.85
	右拱肩	2.71	1.90	2.71	1.90	2.65	-0.38	2.71	1.90	2.66
	右拱腰	1.12	28.47	1.12	28.47	1.03	18.39	1.12	28.47	0.87
	右拱脚	0.51	28.82	0.51	28.82	0.46	17.95	0.51	28.82	0.39
	右仰拱	1.26	-6.44	1.26	-6.44	1.21	-9.70	1.26	-6.44	1.34

　　图 4-81 中横坐标为铁路立体交叉隧道中上跨隧道衬砌的几个典型位置，纵坐标为安全系数，曲线表示了在地震荷载作用下无损立体交叉隧道与上跨隧道拱顶、两侧拱肩、两侧拱腰、两侧拱脚分别存在裂缝时上跨隧道衬砌中几个典型位置安全系数的大小关系。结合数据与图 4-81 可知，当上跨隧道拱顶存在衬砌裂缝时，与无损时上跨隧道相比，仅有上跨隧道典型位置左拱脚和右拱脚衬砌结构的安全系数有略微降低，其中左拱脚衬砌结构的安全系数下降了 8.56%，右拱脚衬砌结构的安全系数下降了 8.86%，其他典型和非典型位置的安全系数均有不同程度的提高；当上跨隧道两侧拱肩存在衬砌裂缝时，与无损时上跨隧道相比，上跨隧道典型位置左拱肩、右拱肩、左拱脚、右拱脚的安全系数都有不同程度的降低，其他典型位置衬砌结构的安全系数有不同程度的提高；当上跨隧道两侧拱腰存在衬砌裂缝时，与无损时上跨隧道相比，上跨隧道典型位置右拱腰、左拱脚、右拱脚的安全系数均有不同程度的降低，而且此时上跨隧道典型位置左拱腰附近的一些非典型位置衬砌结构的安全系数有也所降低，其他典型位置的安全系数均有不同程度的提高；当上跨隧道两侧拱脚存在衬砌裂缝时，与无损时上跨隧道相比，上跨隧道所有典型位置和非典型位置衬砌结构的安全系数均有不同程度的提高，其中左拱脚衬砌结构的安全系数提高了 12.38%，右拱脚衬砌结构的安全系数提高了 62.89%，故上跨隧道两侧拱脚中任何一侧存在衬砌裂缝都有利于提高上跨隧道的整体抗震性。

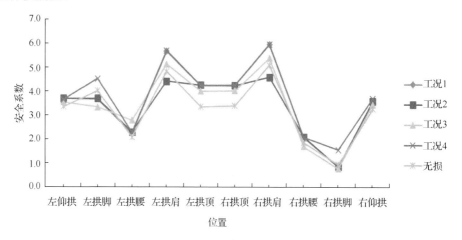

图 4-81　衬砌裂缝在上跨隧道不同位置时对上跨隧道典型位置的安全系数的影响规律

　　图 4-82 中横坐标为铁路立体交叉隧道中下穿隧道衬砌的几个典型位置，纵坐标为安全系数，曲线表示了在地震荷载作用下无损立体交叉隧道与上跨隧道拱顶、两侧拱肩、两侧拱腰、两侧拱脚分别存在衬砌裂缝时下穿隧道衬砌中几个典型位置安全系数的大小关系。结合数据与图 4-82 可知，当上跨隧道拱顶、两侧拱肩、两侧拱腰、两侧拱脚分别存在衬砌裂缝时，与立体交叉隧道无损时的下穿隧道相

比，下穿隧道断面中仅有典型位置左仰拱和右仰拱以及这两个典型位置附近的非典型位置衬砌结构的安全系数有略微降低，典型位置左仰拱衬砌结构的安全系数下降幅度大约为7%，典型位置右仰拱衬砌结构安全系数下降幅度大约为6%，其他典型位置和非典型位置衬砌结构的安全系数均有不同程度的提高，其中下穿隧道典型位置右拱顶衬砌结构的安全系数提高幅度最大，右拱顶衬砌结构安全系数提高幅度大约为35%。因此，从总体上来说，当上跨隧道拱顶、两侧拱肩、两侧拱腰、两侧拱脚分别存在衬砌裂缝，并且衬砌裂缝的扩展深度为8cm时会提高下穿隧道衬砌的整体安全性和抗震性，但需要对仰拱处加强监控量测。

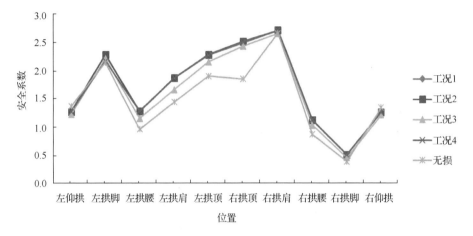

图 4-82　衬砌裂缝在上跨隧道不同位置时对下穿隧道安全系数的影响规律

3. 下穿隧道衬砌裂缝位置对安全系数的影响

通过 FLAC^{3D} 软件编制 FISH 语言计算得出在地震荷载作用下，针对于铁路立体交叉隧道不同裂缝位置下的特殊位置的衬砌安全系数及增幅见表 4-36。

表 4-36　下穿隧道不同裂缝位置下的特殊位置的衬砌安全系数及增幅

位置		工况								无损（基准值）
		工况 5		工况 6		工况 7		工况 8		
		衬砌安全系数	增幅/%	衬砌安全系数	增幅/%	衬砌安全系数	增幅/%	衬砌安全系数	增幅/%	
上跨隧道	左拱顶	3.10	−8.01	3.09	−8.31	3.11	−7.72	3.11	−7.72	3.37
	左拱肩	4.93	1.65	4.92	1.44	4.95	2.06	4.95	2.06	4.85
	左拱腰	2.38	13.33	2.39	13.81	2.39	13.81	2.39	13.81	2.10
	左拱脚	4.23	4.70	4.25	5.20	4.23	4.70	4.24	4.95	4.04
	左仰拱	3.06	−9.20	3.07	−8.90	3.06	−9.20	3.06	−9.20	3.37
	右拱顶	3.13	−8.21	3.13	−8.21	3.14	−7.92	3.14	−7.92	3.41
	右拱肩	5.18	1.37	5.17	1.17	5.18	1.37	5.18	1.37	5.11
	右拱腰	2.12	12.17	2.13	12.70	2.12	12.17	2.13	12.70	1.89

续表

位置		工况								无损（基准值）
		工况 5		工况 6		工况 7		工况 8		
		衬砌安全系数	增幅/%	衬砌安全系数	增幅/%	衬砌安全系数	增幅/%	衬砌安全系数	增幅/%	
上跨隧道	右拱脚	1.07	10.31	1.08	11.34	1.07	10.31	1.08	11.34	0.97
	右仰拱	2.97	-9.45	2.99	-8.84	2.97	-9.45	2.98	-9.15	3.28
下穿隧道	左拱顶	1.60	-15.79	1.83	-3.68	1.60	-15.79	1.60	-15.79	1.90
	左拱肩	1.41	-2.26	1.98	37.50	1.41	-2.08	1.42	-1.39	1.44
	左拱腰	0.90	-5.64	0.91	-5.21	1.25	30.21	0.90	-6.25	0.96
	左拱脚	1.79	-16.55	1.78	-16.82	1.78	-16.82	1.41	-34.11	2.14
	左仰拱	1.44	5.73	1.44	5.11	1.45	5.84	1.43	4.38	1.37
	右拱顶	1.52	-17.74	1.75	-5.41	1.54	-16.76	1.52	-17.84	1.85
	右拱肩	2.72	2.38	2.04	-23.31	2.76	3.76	2.80	5.26	2.66
	右拱腰	0.86	-1.72	0.86	-1.15	0.74	-14.94	0.84	-3.45	0.87
	右拱脚	0.38	-2.49	0.31	-20.51	0.31	-20.51	0.68	74.36	0.39
	右仰拱	1.42	5.98	1.42	5.97	1.43	6.72	1.49	11.19	1.34

图 4-83 中横坐标为铁路立体交叉隧道中上跨隧道衬砌的几个典型位置，纵坐标为安全系数，曲线表示了在地震荷载作用下无损立体交叉隧道与下穿隧道拱顶、两侧拱肩、两侧拱腰、两侧拱脚分别存在裂缝时上跨隧道衬砌中几个典型位置安全系数的高低关系。结合数据与图 4-83 可知，当下穿隧道拱顶、两侧拱肩、两侧拱腰、两侧拱脚分别存在衬砌裂缝时，与立体交叉隧道无损时的上跨隧道相比较而言，上跨隧道断面中典型位置左拱顶、右拱顶衬砌结构的安全系数略微降低，其安全系数下降幅度约为 8%，上跨隧道断面中典型位置左仰拱、右仰拱衬砌结构的安全系数略微降低，其安全系数下降幅度大约为 9%，上跨隧道其他典型位置衬砌结构的安全系数均有不同程度的提高，其中上跨隧道典型位置左拱腰、右拱腰、右拱脚衬砌结构的安全系数提高幅度比较大，其左拱腰的安全系数提高幅度大约为 14%，右拱腰的安全系数提高幅度大约为 12%，右拱脚的安全系数提高幅度大约为 11%，所以从总体上来说，当下穿隧道拱顶、两侧拱肩、两侧拱腰、两侧拱脚分别存在衬砌裂缝时，与立体交叉隧道无损时的上跨隧道相比较而言，下穿隧道衬砌裂缝在不同位置时上跨隧道典型位置中的大部分典型位置衬砌结构的安全系数都有所提高，少数典型位置衬砌结构的安全系数有所降低，但是工况 5～工况 8 中这些典型位置衬砌结构的安全系数相比于无损时这些典型位置衬砌结构相应的安全系数，其变化幅度不大，因此，在地震荷载作用下，当下穿隧道拱顶、两侧拱肩、两侧拱腰、两侧拱脚分别存在衬砌裂缝，并且衬砌裂缝扩展深度未达到 8cm 时，对上跨隧道断面中衬砌结构安全系数的影响不大。

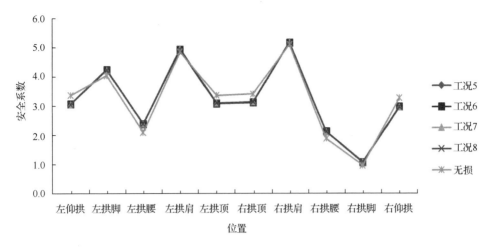

图 4-83　衬砌裂缝在下穿隧道不同位置时对上跨隧道安全系数的影响规律

图 4-84 中横坐标为铁路立体交叉隧道中下穿隧道衬砌的几个典型位置，纵坐标为安全系数，曲线表示了在地震荷载作用下无损立体交叉隧道与下穿隧道拱顶、两侧拱肩、两侧拱腰、两侧拱脚分别存在裂缝时下穿隧道衬砌中几个典型位置安全系数的高低关系。结合数据与图 4-84 可知，当下穿隧道拱顶存在裂缝时，与无损时下穿隧道相比，只有右拱肩、左仰拱、右仰拱的安全系数有略微提高，其他典型位置的安全系数均有不同程度的降低；当下穿隧道两侧拱肩存在裂缝时，与无损时下穿隧道相比，只有左拱肩、左仰拱、右仰拱的安全系数有不同程度的提高，其他典型位置的安全系数均有不同程度的降低；当下穿隧道两侧拱腰存在裂缝时，与无损时下穿隧道相比，只有左拱腰、右拱肩、左仰拱、右仰拱的安全系数有不同程度的提高，其他典型位置的安全系数均有不同程度的降低；当下穿隧道两侧拱脚存在裂缝时，与无损时下穿隧道相比，只有右拱肩、右拱脚、左仰拱、右仰拱的安全系数有所提高，其他典型位置的安全系数均有不同程度的降低。所以，当立体交叉隧道中的下穿隧道拱顶、两侧拱肩、两侧拱腰、两侧拱脚分别存在裂缝时，只有下穿隧道左仰拱和右仰拱的安全系数始终会有所提高。综上所述，在地震荷载作用下，当立体交叉隧道中的下穿隧道拱顶、两侧拱肩、两侧拱腰、两侧拱脚分别存在裂缝时，与无损时下穿隧道相比，下穿隧道衬砌典型和非典型位置的大多数安全系数都有所下降，只有很少衬砌结构的安全系数有所提高，所以下穿隧道拱顶、两侧拱肩、两侧拱腰、两侧拱脚分别存在裂缝时，都会降低下穿隧道衬砌的抗震性。

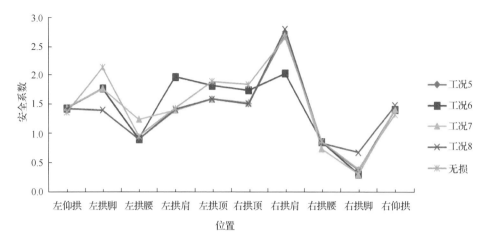

图 4-84　衬砌裂缝在下穿隧道不同位置时对下穿隧道安全系数的影响规律

4. 上跨隧道衬砌裂缝深度对安全系数的影响

运用 FLAC^{3D} 软件编制相应的 FISH 语言计算得出在地震荷载的作用下，针对上跨隧道拱顶衬砌裂缝的扩展深度分别为 4cm、8cm、12cm、16cm、20cm 和 24cm。这些不同裂缝扩展深度时特殊位置的衬砌安全系数及增幅分别见表 4-37 和表 4-38。

表 4-37　上跨隧道不同裂缝扩展深度时特殊位置的衬砌安全系数及增幅（一）

位置		工况						无损（基准值）
		工况 1		工况 2		工况 3		
		衬砌安全系数	增幅/%	衬砌安全系数	增幅/%	衬砌安全系数	增幅/%	
上跨隧道安全系数	左拱顶	4.15	23.18	4.24	25.73	4.30	27.53	3.37
	左拱肩	5.38	10.95	5.68	17.14	5.82	20.01	4.85
	左拱腰	2.20	4.69	2.27	7.86	2.29	9.15	2.10
	左拱脚	3.19	−21.06	3.69	−8.56	3.20	−20.66	4.04
	左仰拱	3.63	7.77	3.70	9.67	3.78	12.20	3.37
	右拱顶	4.20	23.08	4.26	25.00	4.34	27.45	3.41
	右拱肩	5.63	10.23	5.96	16.55	6.10	19.37	5.11
	右拱腰	2.07	9.48	2.11	11.58	2.15	13.33	1.89
	右拱脚	0.58	−39.73	0.88	−8.86	0.78	−19.32	0.97
	右仰拱	3.54	8.10	3.60	9.75	3.68	12.38	3.28
下穿隧道安全系数	左拱顶	2.21	16.51	2.27	19.68	2.62	38.13	1.90
	左拱肩	1.61	12.13	1.87	29.60	2.05	42.37	1.44
	左拱腰	1.11	16.56	1.27	33.29	1.44	50.26	0.96
	左拱脚	2.18	1.79	2.27	6.05	2.31	8.03	2.14

续表

位置		工况						无损（基准值）
		工况 1		工况 2		工况 3		
		衬砌安全系数	增幅/%	衬砌安全系数	增幅/%	衬砌安全系数	增幅/%	
下穿隧道安全系数	左仰拱	1.21	-11.30	1.27	-7.30	1.55	13.68	1.37
	右拱顶	2.41	30.69	2.49	34.97	2.78	50.21	1.85
	右拱肩	2.69	1.11	2.71	1.90	2.66	0.12	2.66
	右拱腰	1.00	15.27	1.12	28.47	1.25	44.12	0.87
	右拱脚	0.45	14.44	0.51	28.82	0.57	45.32	0.39
	右仰拱	1.20	-10.83	1.26	-6.44	1.52	12.95	1.34

表 4-38　上跨隧道不同裂缝扩展深度时特殊位置的衬砌安全系数及增幅（二）

位置		工况						无损（基准值）
		工况 4		工况 5		工况 6		
		衬砌安全系数	增幅/%	衬砌安全系数	增幅/%	衬砌安全系数	增幅/%	
上跨隧道安全系数	左拱顶	4.45	31.89	3.30	-1.98	2.98	-11.72	3.37
	左拱肩	5.96	22.87	4.70	-3.04	3.83	-21.12	4.85
	左拱腰	2.32	10.45	2.02	-3.76	1.44	-31.31	2.10
	左拱脚	2.72	-32.65	2.51	-37.80	2.13	-47.15	4.04
	左仰拱	3.87	14.73	3.33	-1.25	3.11	-7.71	3.37
	右拱顶	4.49	31.82	3.34	-2.00	3.01	-11.73	3.41
	右拱肩	6.24	22.18	4.94	-3.29	4.03	-21.15	5.11
	右拱腰	2.18	15.07	1.83	-3.65	1.34	-29.36	1.89
	右拱脚	0.68	-29.78	0.66	-31.96	0.59	-38.55	0.97
	右仰拱	3.77	15.01	3.23	-1.32	3.02	-7.87	3.28
下穿隧道安全系数	左拱顶	2.97	56.58	1.78	-6.16	1.38	-27.25	1.90
	左拱肩	2.23	55.15	1.40	-3.06	1.12	-22.07	1.44
	左拱腰	1.60	67.23	0.92	-4.15	0.74	-22.42	0.96
	左拱脚	2.35	10.02	2.09	-2.15	1.63	-23.74	2.14
	左仰拱	1.45	6.15	1.35	-1.10	1.13	-17.13	1.37
	右拱顶	3.08	65.46	1.83	0.96	1.41	-23.90	1.85
	右拱肩	2.61	-1.65	2.56	-3.73	2.03	-23.47	2.66
	右拱腰	1.39	59.77	0.84	-3.28	0.67	-22.69	0.87
	右拱脚	0.64	61.82	0.38	-2.98	0.29	-25.39	0.39
	右仰拱	1.41	5.12	1.33	-1.10	1.11	-17.12	1.34

　　图 4-85 中横坐标为铁路立体交叉隧道中上跨隧道断面中衬砌的几个典型位置，纵坐标为安全系数，曲线表示在地震荷载作用下，无损立体交叉隧道和工况 1～工况 6 这几类情况下的上跨隧道断面中的衬砌结构的几个典型位置安全系数的高低关系。结合有关数据与图 4-85 可知，上跨隧道断面中左拱顶、右拱顶、左

拱肩、右拱肩、左拱腰、右拱腰、左仰拱、右仰拱这些典型位置的安全系数随上跨隧道拱顶衬砌裂缝的扩展深度在0～16cm内加深而提高，而在上跨隧道拱顶衬砌裂缝的扩展深度为16cm之后，其安全系数随上跨隧道拱顶衬砌裂缝的加深而逐渐降低。上跨隧道断面中典型位置的左拱脚和右拱脚的安全系数先随着上跨隧道拱顶衬砌裂缝扩展深度的加深而降低，在达到一个界限值后，其安全系数会随着上跨隧道拱顶衬砌裂缝扩展深度的加深而逐渐提高，在上跨隧道拱顶衬砌裂缝的扩展深度为8cm时达到极大值，之后随着上跨拱顶衬砌裂缝扩展深度的加深而逐渐降低。在上跨隧道拱顶衬砌裂缝的扩展深度为8cm时，上跨隧道断面中典型位置的左拱脚和右拱脚的安全系数仍低于无损时这两个典型位置相应的安全系数。总体来说，当上跨隧道拱顶衬砌裂缝的扩展深度大于16cm之后，随着上跨隧道拱顶衬砌裂缝扩展深度的逐渐加深，上跨隧道断面中的这些典型位置的安全系数开始全部逐渐降低。

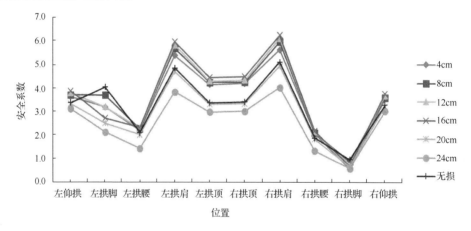

图4-85　上跨隧道拱顶衬砌裂缝扩展深度不同时对上跨隧道安全系数的影响规律

图4-86中曲线表示在地震荷载作用下，无损立体交叉隧道和工况1～工况6这几种情况下的下穿隧道衬砌结构的几个典型位置安全系数的高低关系。结合有关数据与图4-86可知，下穿隧道断面中的左拱顶、右拱顶、左拱肩、右拱肩、左拱腰、右拱腰、左拱脚、右拱脚这些典型位置衬砌结构的安全系数随上跨隧道拱顶衬砌裂缝的扩展深度在0～16cm内加深而提高，在上跨隧道拱顶的衬砌裂缝的扩展深度为16cm之后随衬砌裂缝扩展深度的加深而逐渐降低。下穿隧道典型位置右拱肩衬砌结构的安全系数随上跨隧道拱顶裂缝的扩展深度在0～8cm内加深而提高，在上跨隧道拱顶衬砌裂缝的扩展深度达到8cm之后随上跨隧道断面中衬砌裂缝扩展深度的加深而逐渐降低。下穿隧道典型位置左仰拱和右仰拱衬砌结构的安全系数先随上跨隧道拱顶衬砌裂缝扩展深度的加深而降低，在达到一个界限值之后，其安全系数会随上跨隧道拱顶衬砌裂缝扩展深度的加深而提高，在上跨隧道拱顶衬砌裂缝的扩展深度为12cm时达到极大值，之后随上跨隧道拱顶衬砌裂缝扩展深度的加深而逐渐降低。总体来说，当上跨隧道拱顶

衬砌裂缝的扩展深度大于 16cm 之后，随着上跨隧道拱顶衬砌裂缝扩展深度的逐渐变深，下穿隧道断面中这些典型位置衬砌结构的安全系数开始全部降低，当上跨隧道拱顶衬砌裂缝的扩展深度大于 20cm 之后，下穿隧道断面中这些典型位置衬砌结构的安全系数开始低于立体交叉隧道无损时这些典型位置衬砌单元相应的安全系数。

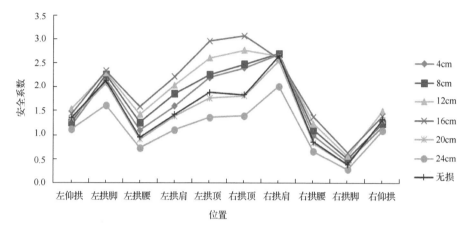

图 4-86　上跨隧道拱顶衬砌裂缝扩展深度不同时对下穿隧道安全系数的影响规律

5. 下穿隧道衬砌裂缝深度对安全系数的影响

运用 FLAC^{3D} 软件编制相应的 FISH 语言计算得出在地震荷载作用下，针对下穿隧道拱顶衬砌裂缝扩展深度分别为 4cm、8cm、12cm、16cm、20cm 和 24cm。这些不同裂缝扩展深度时特殊位置的衬砌安全系数及增幅分别见表 4-39 和表 4-40。

表 4-39　下穿隧道不同裂缝扩展深度时特殊位置的衬砌安全系数及增幅（一）

位置		工况						无损（基准值）
		工况 7		工况 8		工况 9		
		衬砌安全系数	增幅/%	衬砌安全系数	增幅/%	衬砌安全系数	增幅/%	
上跨隧道安全系数	左拱顶	2.98	-11.57	3.10	-8.01	2.78	-17.51	3.37
	左拱肩	4.88	0.62	4.93	1.65	4.38	-0.97	4.85
	左拱腰	2.20	4.76	2.38	13.33	2.09	-0.48	2.10
	左拱脚	4.09	1.24	4.23	4.70	3.74	-7.43	4.04
	左仰拱	2.92	-13.35	3.06	-9.20	2.93	-13.06	3.37
	右拱顶	3.02	-11.44	3.13	-8.21	2.80	-17.89	3.41
	右拱肩	5.14	0.59	5.18	1.37	4.59	-10.18	5.11
	右拱腰	1.98	4.76	2.12	12.17	1.86	-1.59	1.89
	右拱脚	0.99	2.06	1.07	10.31	0.92	-5.15	0.97
	右仰拱	2.85	-13.11	2.97	-9.45	2.81	-14.33	3.28

续表

位置		工况						无损（基准值）
		工况 7		工况 8		工况 9		
		衬砌安全系数	增幅/%	衬砌安全系数	增幅/%	衬砌安全系数	增幅/%	
下穿隧道安全系数	左拱顶	1.46	−23.16	1.60	−15.79	1.64	−13.68	1.90
	左拱肩	1.16	−19.73	1.41	−2.26	1.28	−11.07	1.44
	左拱腰	0.74	−22.37	0.90	−5.64	0.87	−8.99	0.96
	左拱脚	1.69	−20.81	1.79	−16.55	1.65	−22.90	2.14
	左仰拱	1.35	−1.46	1.44	5.73	1.27	−7.03	1.37
	右拱顶	1.48	−19.90	1.52	−17.74	1.66	−10.16	1.85
	右拱肩	2.52	−5.36	2.72	2.38	2.57	−3.33	2.66
	右拱腰	0.74	−14.91	0.86	−1.72	0.78	−10.39	0.87
	右拱脚	0.27	−30.26	0.38	−2.49	0.36	−8.46	0.39
	右仰拱	1.32	−1.76	1.42	5.98	1.26	−6.23	1.34

表 4-40　下穿隧道不同裂缝扩展深度时特殊位置的衬砌安全系数及增幅（二）

位置		工况						无损（基准值）
		工况 10		工况 11		工况 12		
		衬砌安全系数	增幅/%	衬砌安全系数	增幅/%	衬砌安全系数	增幅/%	
上跨隧道安全系数	左拱顶	2.30	−31.75	2.49	−26.11	2.60	−22.85	3.37
	左拱肩	3.75	−22.68	3.64	−24.95	3.54	−27.01	4.85
	左拱腰	1.69	−19.52	1.52	−27.62	1.41	−32.86	2.10
	左拱脚	3.14	−22.28	3.01	−25.50	2.87	−28.96	4.04
	左仰拱	2.67	−20.77	2.87	−14.84	2.99	−11.28	3.37
	右拱顶	2.33	−31.67	2.52	−26.10	2.63	−22.87	3.41
	右拱肩	3.94	−22.89	3.84	−24.85	3.74	−26.81	5.11
	右拱腰	1.51	−20.11	1.36	−28.04	1.25	−33.86	1.89
	右拱脚	0.77	−20.62	0.64	−34.02	0.52	−46.39	0.97
	右仰拱	2.60	−20.73	2.79	−14.94	2.91	−11.28	3.28
下穿隧道安全系数	左拱顶	1.44	−24.21	1.37	−27.72	1.31	−31.17	1.90
	左拱肩	1.09	−24.07	1.16	−19.68	1.30	−9.45	1.44
	左拱腰	0.73	−24.03	0.79	−16.98	0.94	−1.55	0.96
	左拱脚	1.56	−27.12	1.62	−24.25	1.72	−19.60	2.14
	左仰拱	1.13	−17.09	1.07	−21.82	0.93	−32.10	1.37
	右拱顶	1.44	−19.20	1.40	−24.22	1.33	−27.94	1.85
	右拱肩	2.08	−21.92	2.16	−18.80	2.28	−14.29	2.66
	右拱腰	0.67	−23.21	0.73	−16.35	0.84	−3.32	0.87
	右拱脚	0.29	−27.47	0.35	−9.86	0.45	15.60	0.39
	右仰拱	1.12	−17.02	1.05	−21.81	0.91	−32.00	1.34

　　图 4-87 中的曲线表示在地震荷载作用下，无损立体交叉隧道和在工况 7～工况 12 下的上跨隧道衬砌结构的几个典型位置的安全系数的高低关系。结合有关数据与图 4-87 可知，上跨隧道左拱肩、右拱肩、左拱腰、右拱腰、左拱脚、右拱脚中的安全系数随下穿隧道拱顶裂缝扩展深度在 0～8cm 内加深而提高，当下穿隧道拱顶裂缝扩展深度为 8cm 之后，这些位置的安全系数随下穿隧道拱顶裂缝扩展深度的加深而逐渐降低。上跨隧道左拱顶、右拱顶、左仰拱、右仰拱的安全系数在下穿隧道拱顶裂缝扩展初期随着下穿隧道拱顶裂缝扩展深度的加深而降低，在达到一个界限值后，这些典型位置的安全系数会随下穿隧道拱顶裂缝扩展深度的加深而提高，在下穿隧道拱顶裂缝扩展深度为 8cm 时达到极大值。在下穿隧道拱顶裂缝扩展深度为 8～16cm 时，这些典型位置的安全系数会随下穿隧道拱顶裂缝扩展深度的加深而降低，在下穿隧道拱顶裂缝扩展深度为 16cm 时达到极小值，在下穿隧道拱顶裂缝扩展深度为 16～24cm 时，这些典型位置的安全系数会随下穿隧道拱顶裂缝扩展深度的加深而提高，但无论下穿隧道拱顶裂缝扩展深度为何值，上跨隧道左拱顶、右拱顶、左仰拱、右仰拱的安全系数永远低于无损时这些典型位置相应的安全系数。

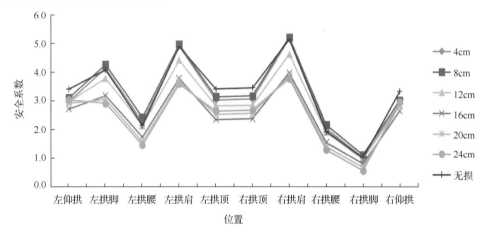

图 4-87　下穿隧道拱顶衬砌裂缝扩展深度不同时对上跨隧道安全系数的影响规律

　　图 4-88 中的曲线表示在地震荷载作用下，无损立体交叉隧道和在工况 7～工况 12 下的下穿隧道衬砌结构的几个典型位置的安全系数的高低关系。结合有关数据与图 4-88 可知，下穿隧道这些典型位置安全系数会在裂缝出现初期陡然降低，在分别达到一个界限值后，这些位置的安全系数会随下穿隧道拱顶裂缝扩展深度的加深而提高，其中左拱肩、右拱肩、左拱腰、右拱腰、左拱脚、右拱脚、左仰拱、右仰拱的安全系数在下穿隧道拱顶裂缝扩展深度为 8cm 时达到极大值，左拱顶和右拱顶的安全系数在下穿隧道拱顶裂缝扩展深度为 12cm 时达到极大值。左拱肩、右拱肩、左拱腰、右拱腰、左拱脚、右拱脚的安全系数在下穿隧道拱顶

裂缝扩展深度为 8～16cm 内随下穿隧道拱顶扩展深度的加深而降低，而在下穿隧道拱顶裂缝扩展深度为 16～24cm 内随下穿隧道拱顶扩展深度的加深而提高，左仰拱、右仰拱的安全系数在下穿隧道拱顶扩展深度为 8～24cm 内随下穿隧道拱顶扩展深度的加深而降低，左拱顶和右拱顶安全系数在下穿隧道拱顶扩展深度为 12～24cm 内随下穿隧道拱顶扩展深度的加深而降低。总体来说，当下穿隧道拱顶裂缝扩展深度为 8cm 时，下穿隧道这些典型位置的安全系数绝大多数要高于下穿隧道拱顶裂缝扩展深度为其他值时的这些典型位置的安全系数，但是下穿隧道拱顶裂缝扩展深度为 8cm 时的典型位置的安全系数仍然要低于无损时这些典型位置的安全系数，所以无论下穿隧道拱顶裂缝扩展深度为何值时，其都会降低下穿隧道大多数衬砌结构的安全系数。

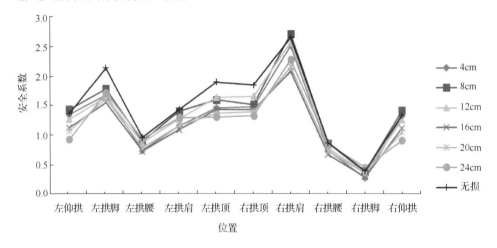

图 4-88　下穿隧道拱顶衬砌裂缝扩展深度不同时对下穿隧道安全系数的影响规律

4.4　地震荷载作用下立体交叉隧道的整体安全性评估

为了对立体交叉隧道二衬的整体安全性进行合理评估，首先需要在隧道截面的二衬上选取左右拱顶、左右拱肩、左右拱腰、左右拱脚、左右仰拱这些结构的应力数据，然后通过 FLAC^{3D} 中的 FISH 语言计算得到二衬的弯矩和轴力，最终得到二衬中所需的安全系数，最后再通过对整个隧道二衬的安全系数与《铁路隧道设计规范》（TB 10003—2016）中的钢筋混凝土结构的强度安全系数进行比较，最终对隧道衬砌结构的整体安全性进行合理的评估。钢筋混凝土结构的强度安全系数，见表 4-41。本节是在地震荷载这个附加荷载作用下研究含衬砌裂缝的立体交叉隧道衬砌的整体安全性评估问题，故需要采用主要荷载+附加荷载相应的安全系数标准。

表 4-41　钢筋混凝土结构的强度安全系数

荷载组合		主要荷载	主要荷载+附加荷载
破坏原因	钢筋达到计算强度或混凝土达到抗压或抗剪极限强度	2.0	1.7
	混凝土达到抗拉极限强度	2.4	2.0

4.4.1　无损隧道衬砌结构安全性评估

本节主要研究地震荷载作用下因衬砌裂缝位置和扩展深度的不同，含衬砌裂缝立体交叉隧道在各种情况下的衬砌结构安全性。基于此目标，首先需要对在地震荷载作用下立体交叉隧道无裂缝时，上跨隧道和下穿隧道衬砌结构的整体安全性做出评估，并将此时评估结果做为基准工况，然后把各种工况下含衬砌裂缝立体交叉隧道的衬砌结构安全性评估结果与基准工况的评估结果进行对比，最终得出每种工况下含衬砌裂缝立体交叉隧道整体安全性的结论。

1. 上跨隧道衬砌结构安全性评估

无损时的上跨隧道二衬的弯矩、轴力、安全系数见表 4-42。

表 4-42　无损时上跨隧道二衬的弯矩、轴力、安全系数

位置	弯矩/（N·m）	轴力/N	安全系数	受拉（压）状态	标准安全系数	安全性
左拱顶	7 858	−334 184	3.37	受压	1.7	安全
左拱肩	−1 190	−230 095	4.85	受压	1.7	安全
左拱腰	−16 406	−483 775	2.10	受压	1.7	安全
左拱脚	−3 248	−272 226	4.04	受压	1.7	安全
左仰拱	41 681	−71 046	3.37	受拉	2.1	安全
右拱顶	7 784	−330 241	3.41	受压	1.7	安全
右拱肩	−1 078	−218 483	5.11	受压	1.7	安全
右拱腰	−16 227	−548 076	1.89	受压	1.7	安全
右拱脚	−31 725	−1 067 370	0.97	受压	1.7	不安全
右仰拱	42 302	−79 268	3.28	受拉	2.1	安全

注：轴力受拉为正，受压为负。弯矩内侧受拉为正，外侧受拉为负，下同。

由表 4-42 可知，当立体交叉隧道的上跨隧道和下穿隧道都处于无损的情况且在地震荷载作用下，上跨隧道衬砌的整体安全系数见表 4-42，在上跨隧道左断面中，拱顶、拱肩、拱腰、拱脚由抗压强度控制，而仰拱由抗拉强度控制，在上跨隧道右断面，拱顶、拱肩、拱腰、拱脚由抗压强度控制，而仰拱由抗拉强度控制。上跨隧道断面中只有右拱脚衬砌结构的安全系数低于钢筋混凝土结构的强度安全

系数，所以右拱脚左右范围内的隧道衬砌可能有被破坏的危险，而其他位置衬砌结构的安全系数均高于相应位置的钢筋混凝土结构的强度安全系数标准，故此时上跨隧道衬砌的整体安全性还是较好的，为了保证上跨隧道中的铁路正常运营的需要，需要对上跨隧道右拱脚衬砌结构左右范围内加强监控量测，若右拱脚衬砌结构左右范围内发生破坏，就需尽快采取合理措施来提高右拱脚衬砌结构左右范围内的安全性。

2. 下穿隧道衬砌结构安全性评估

无损时的下穿隧道二衬的弯矩、轴力、安全系数见表4-43。

表4-43　无损时下穿隧道二衬的弯矩、轴力、安全系数

位置	弯矩/（N·m）	轴力/N	安全系数	受拉（压）状态	标准安全系数	安全性
左拱顶	33 070	-481 478	1.90	受压	1.7	安全
左拱肩	-22 133	-715 552	1.44	受压	1.7	不安全
左拱腰	-42 137	-1 023 994	0.96	受压	1.7	不安全
左拱脚	-2 261	-522 237	2.14	受压	1.7	安全
左仰拱	126 490	108 698	1.37	受拉	2.1	不安全
右拱顶	34 618	-402 733	1.85	受压	1.7	安全
右拱肩	2 389	-425 558	2.66	受压	1.7	安全
右拱腰	-43 237	-1 145 243	0.87	受压	1.7	不安全
右拱脚	-100 683	-2 501 397	0.39	受压	1.7	不安全
右仰拱	123 338	47 518	1.34	受拉	2.1	不安全

由表4-43可知，当铁路立体交叉隧道的上跨隧道和下穿隧道都处于无损坏的情况下时，由于地震荷载作用，下穿隧道衬砌的整体安全性系数见表4-43，其中下穿隧道中的左拱肩、左拱腰、左仰拱、右拱腰、右拱脚、右仰拱衬砌结构的安全系数均低于钢筋混凝土结构的强度安全系数，这部分下穿隧道的衬砌结构可能会发生破坏，而其他位置衬砌结构的安全系数均高于相应位置的钢筋混凝土结构的强度安全系数标准。由于下穿隧道衬砌结构典型位置可能发生破坏的位置太多，下穿隧道的整体安全性很低，从而需要及时采取相应的措施来提高隧道的安全性以及保证隧道中铁路正常运营的需要。

4.4.2　裂缝位置对整体安全性影响

1. 上跨隧道衬砌裂缝位置对整体安全性影响

衬砌裂缝在上跨隧道拱顶时的上跨隧道二衬的弯矩、轴力、安全系数见表4-44。

表 4-44　衬砌裂缝在上跨隧道拱顶时上跨隧道二衬的弯矩、轴力、安全系数

位置	弯矩/（N·m）	轴力/N	安全系数	受拉（压）状态	标准安全系数	安全性
左拱顶	6 945	-281 830	4.24	受压	1.7	安全
左拱肩	-942	-196 607	5.68	受压	1.7	安全
左拱腰	-15 009	-439 262	2.27	受压	1.7	安全
左拱脚	-3 742	-297 560	3.69	受压	1.7	安全
左仰拱	38 721	-55 614	3.70	受拉	2.1	安全
右拱顶	6 889	-279 014	4.26	受压	1.7	安全
右拱肩	-863	-187 433	5.96	受压	1.7	安全
右拱腰	-14 595	-490 633	2.11	受压	1.7	安全
右拱脚	-35 170	-1 175 540	0.88	受压	1.7	不安全
右仰拱	39 323	-62 846	3.60	受拉	2.1	安全

由表 4-44 可知，当上跨隧道拱顶存在裂缝且在地震荷载作用下，上跨隧道断面中仅右拱脚的安全系数低于相应的钢筋混凝土结构的强度安全系数，其他衬砌结构的安全系数均高于相应的钢筋混凝土结构的强度安全系数标准，故上跨隧道右拱脚左右范围内有破坏的危险。此时上跨隧道衬砌结构的安全系数与无损时相应的安全系数相比，仅左拱脚和右拱脚的安全系数低于无损时相应位置的安全系数，而其他位置的安全系数均高于无损时相应位置的安全系数。

衬砌裂缝在上跨隧道两侧拱肩时的上跨隧道二衬的弯矩、轴力、安全系数见表 4-45。

表 4-45　衬砌裂缝在上跨隧道两侧拱肩时上跨隧道二衬的弯矩、轴力、安全系数

位置	弯矩/（N·m）	轴力/N	安全系数	受拉（压）状态	标准安全系数	安全性
左拱顶	5 343	-264 719	4.27	受压	1.7	安全
左拱肩	-1 385	-251 236	4.44	受压	1.7	安全
左拱腰	-14 929	-436 857	2.32	受压	1.7	安全
左拱脚	-3 722	-295 953	3.71	受压	1.7	安全
左仰拱	38 640	-55 551	3.71	受拉	2.1	安全
右拱顶	5 538	-265 945	4.25	受压	1.7	安全
右拱肩	-1 286	-241 932	4.61	受压	1.7	安全
右拱腰	-14 519	-488 008	2.12	受压	1.7	安全
右拱脚	-35 040	-1 171 095	0.88	受压	1.7	不安全
右仰拱	39 251	-62 795	3.61	受拉	2.1	安全

由表 4-45 可知，当上跨隧道两侧拱肩存在裂缝且在地震荷载作用下，上跨隧道断面中只有右拱脚的安全系数低于相应的钢筋混凝土结构的强度安全系数，而其他衬砌结构的安全系数均高于相应的钢筋混凝土结构的强度安全系数标准，所以右拱脚左右范围内的上跨隧道有被破坏的危险。此时上跨隧道中衬砌结构的安全系数与无损时相应的安全系数相比较而言，上跨隧道断面中的左拱肩、右拱肩、左拱脚、右拱脚的安全系数低于无损时这四个典型位置的安全系数，其他典型位置的安全系数均高于无损时相应典型位置的安全系数，并且一些非典型位置衬砌结构的安全系数要低于无损时相应的安全系数。

衬砌裂缝在上跨隧道两侧拱腰时的上跨隧道二衬的弯矩、轴力、安全系数见表 4-46。

表 4-46　衬砌裂缝在上跨隧道两侧拱腰时上跨隧道二衬的弯矩、轴力、安全系数

位置	弯矩/（N·m）	轴力/N	安全系数	受拉（压）状态	标准安全系数	安全性
左拱顶	6 498	−280 516	4.02	受压	1.7	安全
左拱肩	−1 064	−216 649	5.15	受压	1.7	安全
左拱腰	−12 048	−362 162	2.81	受压	1.7	安全
左拱脚	−4 071	−327 249	3.36	受压	1.7	安全
左仰拱	40 199	−57 618	3.56	受拉	2.1	安全
右拱顶	5 779	−279 789	4.04	受压	1.7	安全
右拱肩	−977	−206 930	5.40	受压	1.7	安全
右拱腰	−17 747	−597 583	1.73	受压	1.7	安全
右拱脚	−38 374	−1 285 469	0.80	受压	1.7	不安全
右仰拱	40 860	−65 193	3.47	受拉	2.1	安全

由表 4-46 可知，当上跨隧道两侧拱腰存在裂缝且在地震荷载作用下，上跨隧道断面中只有右拱脚的安全系数低于相应的钢筋混凝土结构的强度安全系数，而其他衬砌结构的安全系数均高于相应的钢筋混凝土结构的强度安全系数标准，所以右拱脚左右范围内的上跨隧道有被破坏的危险。此时上跨隧道断面中的衬砌结构的安全系数与无损时相应的安全系数相比较而言，上跨隧道断面中的左拱腰、右拱腰、左拱脚、右拱脚的安全系数低于无损时这四个典型位置相应的安全系数，其他典型位置的安全系数均高于无损时相应典型位置的安全系数，虽然此时左拱腰的安全系数也高于无损时左拱腰的安全系数，但是左拱腰附近的非典型衬砌结构的安全系数要低于无损时相应位置的安全系数。

衬砌裂缝在上跨隧道两侧拱脚时的上跨隧道二衬的弯矩、轴力和安全系数见表 4-47。

表 4-47　衬砌裂缝在上跨隧道两侧拱脚时上跨隧道二衬的弯矩、轴力、安全系数

位置	弯矩/（N·m）	轴力/N	安全系数	受拉（压）状态	标准安全系数	安全性
左拱顶	6 135	-264 808	4.25	受压	1.7	安全
左拱肩	-937	-195 638	5.71	受压	1.7	安全
左拱腰	-15 015	-438 876	2.31	受压	1.7	安全
左拱脚	-2 437	-243 459	4.54	受压	1.7	安全
左仰拱	38 407	-65 671	3.66	受拉	2.1	安全
右拱顶	6 152	-263 293	4.28	受压	1.7	安全
右拱肩	-863	-187 033	5.97	受压	1.7	安全
右拱腰	-14 655	-492 219	2.10	受压	1.7	安全
右拱脚	-18 270	-659 621	1.58	受压	1.7	不安全
右仰拱	37 837	-63 569	3.72	受拉	2.1	安全

　　由表 4-47 可知，当上跨隧道两侧拱脚存在裂缝且在地震荷载作用下，上跨隧道断面中只有右拱脚衬砌结构的安全系数低于相应的钢筋混凝土结构的强度安全系数，而其他衬砌结构的安全系数均高于相应的钢筋混凝土结构的强度安全系数标准，所以上跨隧道断面中的右拱脚衬砌结构左右范围内的衬砌结构有被破坏的危险。此时上跨隧道断面中的衬砌结构的安全系数与无损时相应的安全系数相比较而言，上跨隧道断面中典型衬砌结构和其他非典型衬砌结构的安全系数均有不同程度的提高，其中上跨隧道断面中的右拱脚衬砌结构的安全系数为 1.58，相比于无损时上跨隧道右拱脚衬砌结构的安全系数提高了 62.89%。上跨隧道断面中的衬砌裂缝出现在拱顶、两侧拱肩、两侧拱腰时都会降低左拱脚和右拱脚的安全系数，而且上跨隧道断面中的右拱脚衬砌结构的安全系数一直低于相应的钢筋混凝土结构的强度安全系数标准，当上跨隧道断面的两侧拱脚处存在裂缝时，会使上跨隧道断面中的右拱脚衬砌结构的安全系数有很大的提高，从而提高上跨隧道断面中右拱脚处抵抗地震荷载对其造成破坏的能力。

　　2. 下穿隧道衬砌裂缝位置对整体安全性影响

　　衬砌裂缝在下穿隧道拱顶时的下穿隧道二衬的弯矩、轴力、安全系数见表 4-48。

表 4-48　衬砌裂缝在下穿隧道拱顶时下穿隧道二衬的弯矩、轴力、安全系数

位置	弯矩/（N·m）	轴力/N	安全系数	受拉（压）状态	标准安全系数	安全性
左拱顶	35 245	-489 040	1.60	受压	1.7	不安全
左拱肩	-22 674	-731 969	1.41	受压	1.7	不安全
左拱腰	-44 694	-1 084 979	0.90	受压	1.7	不安全
左拱脚	-3 039	-625 249	1.79	受压	1.7	安全
左仰拱	122 196	133 502	1.44	受拉	2.1	不安全

续表

位置	弯矩/（N·m）	轴力/N	安全系数	受拉（压）状态	标准安全系数	安全性
右拱顶	41 072	-452 898	1.52	受压	1.7	不安全
右拱肩	2 573	-415 812	2.72	受压	1.7	安全
右拱腰	-43 977	-1 165 347	0.86	受压	1.7	不安全
右拱脚	-102 681	-2 568 159	0.38	受压	1.7	不安全
右仰拱	119 022	76 545	1.42	受拉	2.1	不安全

由表 4-48 可知，当下穿隧道拱顶存在裂缝且在地震荷载作用下，下穿隧道断面中仅有典型位置的左拱脚、右拱肩衬砌结构的安全系数高于钢筋混凝土结构的强度安全系数，此时下穿隧道断面中的衬砌结构的安全系数与无损时下穿隧道断面中的衬砌结构的安全系数相比较而言，只有典型位置左仰拱、右拱肩、右仰拱衬砌结构的安全系数高于无损时相应位置的安全系数，而其他典型位置的安全系数均低于无损时相应位置的安全系数。

衬砌裂缝在下穿隧道两侧拱肩时的下穿隧道二衬的弯矩、轴力、安全系数见表 4-49。

表 4-49　衬砌裂缝在下穿隧道两侧拱肩时下穿隧道二衬的弯矩、轴力、安全系数

位置	弯矩/（N·m）	轴力/N	安全系数	受拉（压）状态	标准安全系数	安全性
左拱顶	36 285	-411 112	1.75	受压	1.7	安全
左拱肩	7 728	-555 509	2.04	受压	1.7	安全
左拱腰	-43 887	-1 164 180	0.86	受压	1.7	不安全
左拱脚	-126 851	-3 161 490	0.31	受压	1.7	不安全
左仰拱	122 175	133 321	1.44	受拉	2.1	不安全
右拱顶	36 285	-411 112	1.75	受压	1.7	安全
右拱肩	7 728	-555 509	2.04	受压	1.7	安全
右拱腰	-43 887	-1 164 180	0.86	受压	1.7	不安全
右拱脚	-126 851	-3 161 490	0.31	受压	1.7	不安全
右仰拱	119 059	76 352	1.42	受拉	2.1	不安全

由表 4-49 可知，当下穿隧道两侧拱肩存在裂缝且在地震荷载作用下，下穿隧道断面中只有左拱顶、左拱肩、左拱脚、右拱顶、右拱肩衬砌单元的安全系数高于钢筋混凝土结构的强度安全系数标准，此时下穿隧道断面中的衬砌结构的安全系数与无损时下穿隧道断面中的衬砌结构的安全系数相比，虽然左拱肩、左仰拱、右仰拱的安全系数高于无损时相应位置的安全系数，但是其他典型位置的安全系数均低于无损时相应位置的安全系数，总体来说，下穿隧道两侧拱肩无论哪一侧存在裂缝都会降低下穿隧道的整体安全性。

衬砌裂缝在下穿隧道两侧拱腰时的下穿隧道二衬的弯矩、轴力、安全系数见表 4-50。

表 4-50　衬砌裂缝在下穿隧道两侧拱腰时下穿隧道二衬的弯矩、轴力、安全系数

位置	弯矩/（N·m）	轴力/N	安全系数	受拉（压）状态	标准安全系数	安全性
左拱顶	39 967	-544 820	1.60	受压	1.7	不安全
左拱肩	-22 578	-728 842	1.41	受压	1.7	不安全
左拱腰	-31 855	-785 754	1.25	受压	1.7	不安全
左拱脚	-3 051	-625 708	1.78	受压	1.7	安全
左仰拱	121 975	133 344	1.45	受拉	2.1	不安全
右拱顶	40 921	-458 418	1.54	受压	1.7	不安全
右拱肩	1 470	-408 800	2.76	受压	1.7	安全
右拱腰	-50 658	-1 349 647	0.74	受压	1.7	不安全
右拱脚	-125 587	-3 130 426	0.31	受压	1.7	不安全
右仰拱	118 791	76 521	1.43	受拉	2.1	不安全

由表 4-50 可知，当下穿隧道两侧拱腰存在裂缝且在地震荷载作用下，下穿隧道断面中只有左拱脚、右拱肩衬砌单元的安全系数高于钢筋混凝土结构的强度安全系数，其他衬砌结构的安全系数均低于相应的钢筋混凝土结构的强度安全系数标准，此时下穿隧道断面中的衬砌结构的安全系数与无损时下穿隧道断面中的衬砌结构的安全系数相比较而言，虽然左拱腰、左仰拱、右拱肩、右仰拱的安全系数高于无损时相应位置的安全系数，但是其他典型位置的安全系数均低于无损时相应典型位置的安全系数，总体来说，下穿隧道两侧拱腰无论哪一侧存在裂缝都会降低下穿隧道的整体安全性。

衬砌裂缝在下穿隧道两侧拱脚时的下穿隧道二衬的弯矩、轴力、安全系数见表 4-51。

表 4-51　衬砌裂缝在下穿隧道两侧拱脚时下穿隧道二衬的弯矩、轴力、安全系数

位置	弯矩/（N·m）	轴力/N	安全系数	受拉（压）状态	标准安全系数	安全性
左拱顶	40 192	-532 819	1.60	受压	1.7	不安全
左拱肩	-22 434	-725 001	1.42	受压	1.7	不安全
左拱腰	-44 624	-1 081 535	0.90	受压	1.7	不安全
左拱脚	-10 183	-777 677	1.41	受压	1.7	不安全
左仰拱	120 749	101 760	1.43	受拉	2.1	不安全
右拱顶	41 378	-462 728	1.52	受压	1.7	不安全
右拱肩	1 783	-403 985	2.80	受压	1.7	安全

续表

位置	弯矩/（N·m）	轴力/N	安全系数	受拉（压）状态	标准安全系数	安全性
右拱腰	-44 893	-1 186 042	0.84	受压	1.7	不安全
右拱脚	-60 505	-1 430 353	0.68	受压	1.7	不安全
右仰拱	113 384	64 621	1.49	受拉	2.1	不安全

由表 4-51 可知，当下穿隧道两侧拱脚存在裂缝时，下穿隧道断面中只有右拱肩衬砌单元的安全系数大于钢筋混凝土结构的强度安全系数，其他衬砌单元的安全系数均低于相应的钢筋混凝土结构的强度安全系数标准，此时下穿隧道断面中的衬砌结构的安全系数与无损时下穿隧道断面中的衬砌结构的安全系数相比较而言，虽然左仰拱、右拱肩、右拱脚、右仰拱衬砌结构的安全系数高于无损时相应位置的安全系数，但是其他典型位置和一部分非典型位置的安全系数均低于无损时相应位置的安全系数，总体来说，下穿隧道两侧拱脚无论哪一侧存在裂缝都会降低下穿隧道的整体安全性，而且下穿隧道衬砌已经遭受到严重破坏，故下穿隧道二衬强度需要提高。

4.4.3　裂缝扩展深度对整体安全性影响

本节主要分析铁路立体交叉隧道在地震荷载作用下，当立体交叉隧道衬砌裂缝分别在上跨隧道拱顶和下穿隧道拱顶时，衬砌裂缝的扩展深度分别为 4cm、8cm、12cm、16cm、20cm 和 24cm，同时分析隧道断面一些典型位置的安全系数，并与钢筋混凝土结构的强度安全系数相比较，从而对各种工况下立体交叉隧道在地震荷载作用下的整体安全性做出合理评估。

1. 上跨隧道衬砌裂缝扩展深度对整体安全性的影响

衬砌裂缝扩展深度为 4cm 时的上跨隧道二衬的弯矩、轴力、安全系数见表 4-52。

表 4-52　衬砌裂缝扩展深度为 4cm 时上跨隧道二衬的弯矩、轴力、安全系数

位置	弯矩/（N·m）	轴力/N	安全系数	受拉（压）状态	标准安全系数	安全性
左拱顶	7 090	-270 319	4.15	受压	1.7	安全
左拱肩	-956	-207 639	5.38	受压	1.7	安全
左拱腰	-15 568	-462 307	2.20	受压	1.7	安全
左拱脚	-4 273	-344 346	3.19	受压	1.7	安全
左仰拱	39 490	-56 421	3.63	受拉	2.1	安全
右拱顶	7 017	-267 082	4.20	受压	1.7	安全

续表

位置	弯矩/（N·m）	轴力/N	安全系数	受拉（压）状态	标准安全系数	安全性
右拱肩	-875	-198 488	5.63	受压	1.7	安全
右拱腰	-14 644	-501 253	2.07	受压	1.7	安全
右拱脚	-53 409	-1 783 341	0.58	受压	1.7	不安全
右仰拱	40 044	-63 258	3.54	受拉	2.1	安全

由表 4-52 可知，当上跨隧道拱顶衬砌裂缝扩展深度为 4cm 时，在地震荷载作用下，上跨隧道断面中只有右拱脚典型位置衬砌结构的安全系数低于钢筋混凝土结构的强度安全系数，所以上跨隧道右拱脚衬砌结构左右范围内的衬砌可能发生被破坏的危险，而其他典型位置衬砌结构的安全系数均高于相应的钢筋混凝土结构的强度安全系数标准。此时上跨隧道断面中的衬砌结构的安全系数与无损时上跨隧道断面中的衬砌结构的安全系数相比较而言，只有左拱脚和右拱脚典型位置衬砌结构的安全系数有略微降低，而上跨隧道断面中的其他典型位置衬砌结构的安全系数均有不同程度的提高，故需要在左拱脚和右拱脚衬砌结构各自的左右范围内加强配筋、黏钢加固等措施来提高这部分衬砌结构的安全系数，并且需要在此范围内加强监控量测来严密监视这部分衬砌结构的一些变化，所以此时上跨隧道衬砌结构的整体安全性要好于无损坏时上跨隧道衬砌结构的整体安全性。

衬砌裂缝扩展深度为 8cm 时的上跨隧道二衬的弯矩、轴力、安全系数见表 4-53。

表 4-53　衬砌裂缝扩展深度为 8cm 时上跨隧道二衬的弯矩、轴力、安全系数

位置	弯矩/（N·m）	轴力/N	安全系数	受拉（压）状态	标准安全系数	安全性
左拱顶	6 945	-281 830	4.24	受压	1.7	安全
左拱肩	-942	-196 607	5.68	受压	1.7	安全
左拱腰	-15 009	-439 262	2.27	受压	1.7	安全
左拱脚	-3 742	-297 560	3.69	受压	1.7	安全
左仰拱	38 721	-55 614	3.70	受拉	2.1	安全
右拱顶	6 889	-279 014	4.26	受压	1.7	安全
右拱肩	-863	-187 433	5.96	受压	1.7	安全
右拱腰	-14 595	-490 633	2.11	受压	1.7	安全
右拱脚	-35 170	-1 175 540	0.88	受压	1.7	不安全
右仰拱	39 323	-62 846	3.60	受拉	2.1	安全

由表 4-53 可知，当上跨隧道拱顶裂缝扩展深度为 8cm 时，在地震荷载作用下，

上跨隧道断面中只有右拱脚衬砌结构的安全系数低于的钢筋混凝土结构的强度安全系数，所以右拱脚左右范围内的上跨隧道断面中的衬砌可能有破坏的危险，此时上跨隧道断面中衬砌结构的安全系数与上跨隧道拱顶裂缝扩展深度为4cm时上跨隧道断面中的衬砌结构的安全系数相比，上跨隧道断面中的衬砌结构的安全系数均有不同程度的提高，所以当上跨隧道拱顶裂缝的扩展深度为8cm时，上跨隧道衬砌结构的整体安全性要好于上跨隧道拱顶裂缝的扩展深度为4cm时的上跨隧道断面衬砌结构的整体安全性。

衬砌裂缝扩展深度为12cm时的上跨隧道二衬的弯矩、轴力、安全系数见表4-54。

表4-54 衬砌裂缝扩展深度为12cm时上跨隧道二衬的弯矩、轴力、安全系数

位置	弯矩/（N·m）	轴力/N	安全系数	受拉（压）状态	标准安全系数	安全性
左拱顶	6 641	-261 300	4.30	受压	1.7	安全
左拱肩	-888	-191 863	5.82	受压	1.7	安全
左拱腰	-15 113	-442 463	2.29	受压	1.7	安全
左拱脚	-4 378	-342 778	3.20	受压	1.7	安全
左仰拱	38 266	-49 859	3.78	受拉	2.1	安全
右拱顶	6 583	-258 523	4.34	受压	1.7	安全
右拱肩	-813	-183 216	6.10	受压	1.7	安全
右拱腰	-14 316	-482 194	2.15	受压	1.7	安全
右拱脚	-39 533	-1 329 349	0.78	受压	1.7	不安全
右仰拱	38 853	-56 656	3.68	受拉	2.1	安全

由表4-54可知，当上跨隧道拱顶裂缝扩展深度为12cm时，在地震荷载作用下，上跨隧道断面中只有右拱脚衬砌结构的安全系数小于钢筋混凝土结构的强度安全系数，所以右拱脚衬砌结构左右范围内的上跨隧道断面中的衬砌可能发生被破坏的危险，而上跨隧道断面中其他衬砌结构的安全系数均大于相应的钢筋混凝土结构的强度安全系数标准。此时上跨隧道断面中的衬砌结构的安全系数与上跨隧道拱顶裂缝扩展深度为8cm时的上跨隧道断面中的衬砌单元的安全系数相比较而言，只有上跨隧道断面中的典型位置左拱脚和右拱脚衬砌结构的安全系数有略微降低，而上跨隧道断面中其他衬砌结构的安全系数均有不同程度的提高，所以此时上跨隧道衬砌结构的整体安全性要好于上跨隧道拱顶裂缝扩展深度为8cm时的上跨隧道衬砌结构的整体安全性。

衬砌裂缝扩展深度为16cm时的上跨隧道二衬的弯矩、轴力、安全系数见表4-55。

表 4-55　衬砌裂缝扩展深度为 16cm 时上跨隧道二衬的弯矩、轴力、安全系数

位置	弯矩/（N·m）	轴力/N	安全系数	受拉（压）状态	标准安全系数	安全性
左拱顶	6 602	−252 112	4.45	受压	1.7	安全
左拱肩	−837	−187 479	5.96	受压	1.7	安全
左拱腰	−14 935	−437 422	2.32	受压	1.7	安全
左拱脚	−5 230	−403 266	2.72	受压	1.7	安全
左仰拱	37 705	−44 956	3.87	受拉	2.1	安全
右拱顶	6 555	−249 846	4.49	受压	1.7	安全
右拱肩	−766	−179 126	6.24	受压	1.7	安全
右拱腰	−14 079	−475 114	2.18	受压	1.7	安全
右拱脚	−45 038	−1 523 633	0.68	受压	1.7	不安全
右仰拱	38 274	−51 316	3.77	受拉	2.1	安全

由表 4-55 可知，当上跨隧道拱顶裂缝扩展深度为 16cm 时，在地震荷载作用下，此时上跨隧道断面衬砌结构的安全系数与上跨隧道拱顶裂缝扩展深度为 12cm 时上跨隧道衬砌结构的安全系数相比，上跨隧道左拱脚和右拱脚衬砌结构的安全系数均有不同程度的降低，其他衬砌结构的安全系数均有比较大程度的提高，故此时上跨隧道的整体安全性要好于上跨隧道拱顶裂缝扩展深度为 12cm 时的隧道整体安全性。

衬砌裂缝扩展深度为 20cm 时的上跨隧道二衬的弯矩、轴力、安全系数见表 4-56。

表 4-56　衬砌裂缝扩展深度为 20cm 时上跨隧道二衬的弯矩、轴力、安全系数

位置	弯矩/（N·m）	轴力/N	安全系数	受拉（压）状态	标准安全系数	安全性
左拱顶	8 036	−341 259	3.30	受压	1.7	安全
左拱肩	−1 232	−237 433	4.70	受压	1.7	安全
左拱腰	−17 036	−503 049	2.02	受压	1.7	安全
左拱脚	−5 592	−437 207	2.51	受压	1.7	安全
左仰拱	42 099	−72 885	3.33	受拉	2.1	安全
右拱顶	7 956	−337 150	3.34	受压	1.7	安全
右拱肩	−1 123	−225 987	4.94	受压	1.7	安全
右拱腰	−16 745	−566 115	1.83	受压	1.7	安全
右拱脚	−44 986	−1 575 137	0.66	受压	1.7	不安全
右仰拱	42 867	−81 570	3.23	受拉	2.1	安全

由表 4-56 可知，当上跨隧道拱顶裂缝扩展深度为 20cm 时，在地震荷载作用

下，上跨隧道断面中只有右拱脚衬砌结构的安全系数低于钢筋混凝土结构的强度安全系数，所以右拱脚左右范围内的隧道衬砌有破坏的危险。此时上跨隧道断面衬砌结构的安全系数与无损时上跨隧道衬砌单元的安全系数相比，上跨隧道断面所有衬砌结构的安全系数均有不同程度的降低，上跨隧道的整体安全性开始有随着裂缝深度的扩展而降低的趋势，故上跨隧道拱顶裂缝扩展深度为 20cm 时，上跨隧道的整体安全性要低于无损时上跨隧道衬砌的整体安全性。

衬砌裂缝扩展深度为 24cm 时上跨隧道二衬的弯矩、轴力、安全系数见表 4-57。

表 4-57　衬砌裂缝扩展深度为 24cm 时上跨隧道二衬的弯矩、轴力、安全系数

位置	弯矩/（N·m）	轴力/N	安全系数	受拉（压）状态	标准安全系数	安全性
左拱顶	12 535	−370 541	2.98	受压	1.7	安全
左拱肩	−1 728	−290 960	3.83	受压	1.7	安全
左拱腰	−26 193	−691 862	1.44	受压	1.7	不安全
左拱脚	−10 658	−502 314	2.13	受压	1.7	安全
左仰拱	64 176	151 136	3.11	受拉	2.1	安全
右拱顶	12 432	−366 786	3.01	受压	1.7	安全
右拱肩	−1 581	−276 636	4.03	受压	1.7	安全
右拱腰	−25 289	−760 512	1.34	受压	1.7	不安全
右拱脚	−56 766	−1 730 942	0.59	受压	1.7	不安全
右仰拱	65 185	144 797	3.02	受拉	2.1	安全

注：轴力受拉为正，受压为负；弯矩内侧受拉为正，外侧受拉为负。

由表 4-57 可知，当上跨隧道拱顶裂缝的扩展深度为 24cm 时，地震荷载作用下，上跨隧道断面中只有左拱腰、右拱腰和右拱脚衬砌结构的安全系数小于相应的钢筋混凝土结构的强度安全系数，此时上跨隧道断面中的衬砌结构的安全系数与拱顶裂缝的扩展深度为 20cm 时相比，上跨隧道断面中的所有衬砌单元的安全系数均降低，故此时上跨隧道的整体安全性要低于上跨隧道拱顶裂缝的扩展深度为 20cm 时隧道的整体安全性，并且上跨隧道的整体安全性随衬砌裂缝深度的扩展而降低的趋势已经确定。

2. 下穿隧道衬砌裂缝扩展深度对整体安全性的影响

衬砌裂缝扩展深度为 4cm 时的下穿隧道二衬的弯矩、轴力、安全系数见表 4-58。

表 4-58　衬砌裂缝扩展深度为 4cm 时下穿隧道二衬的弯矩、轴力、安全系数

位置	弯矩/（N·m）	轴力/N	安全系数	受拉（压）状态	标准安全系数	安全性
左拱顶	38 561	−537 027	1.46	受压	1.7	不安全
左拱肩	−27 218	−893 210	1.16	受压	1.7	不安全

位置	弯矩/（N・m）	轴力/N	安全系数	受拉（压）状态	标准安全系数	安全性
左拱腰	−53 124	−1 327 275	0.74	受压	1.7	不安全
左拱脚	−2 482	−660 111	1.69	受压	1.7	不安全
左仰拱	127 019	139 038	1.35	受拉	2.1	不安全
右拱顶	42 273	−467 827	1.48	受压	1.7	不安全
右拱肩	2 717	−449 791	2.52	受压	1.7	安全
右拱腰	−49 493	−1 354 182	0.74	受压	1.7	不安全
右拱脚	−137 439	−3 632 886	0.27	受压	1.7	不安全
右仰拱	128 405	82 655	1.32	受拉	2.1	不安全

由表 4-58 可知,当下穿隧道拱顶裂缝扩展深度为 4cm 时,在地震荷载作用下,下穿隧道中仅右拱肩的安全系数高于钢筋混凝土结构的强度安全系数,其他位置的安全系数均低于相应的钢筋混凝土结构的强度安全系数,此时下穿隧道的安全系数与无损时下穿隧道衬砌结构的安全系数相比,除左仰拱的安全系数有所提高外,其他位置的安全系数均有不同程度的降低,此时下穿隧道的整体安全性已经低于无损时下穿隧道的整体安全性。

衬砌裂缝扩展深度为 8cm 时的下穿隧道二衬的弯矩、轴力、安全系数见表 4-59。

表 4-59 衬砌裂缝扩展深度为 8cm 时下穿隧道二衬的弯矩、轴力、安全系数

位置	弯矩/（N・m）	轴力/N	安全系数	受拉（压）状态	标准安全系数	安全性
左拱顶	35 245	−489 040	1.60	受压	1.7	不安全
左拱肩	−22 674	−731 969	1.41	受压	1.7	不安全
左拱腰	−44 694	−1 084 979	0.90	受压	1.7	不安全
左拱脚	−3 039	−625 249	1.79	受压	1.7	安全
左仰拱	122 196	133 502	1.44	受拉	2.1	不安全
右拱顶	41 072	−452 898	1.52	受压	1.7	不安全
右拱肩	2 573	−415 812	2.72	受压	1.7	安全
右拱腰	−43 977	−1 165 347	0.86	受压	1.7	不安全
右拱脚	−102 681	−2 568 159	0.38	受压	1.7	不安全
右仰拱	119 022	76 545	1.42	受拉	2.1	不安全

由表 4-59 可知,当下穿隧道拱顶裂缝扩展深度为 8cm 时,在地震荷载作用下,下穿隧道只有左拱脚、右拱肩的安全系数高于钢筋混凝土结构的强度安全系数,其他衬砌结构的安全系数均低于相应的钢筋混凝土结构的强度安全系数,此时下穿隧道衬砌结构的安全系数与下穿隧道拱顶裂缝扩展深度为 4cm 时相比,下穿隧道所有衬砌结构的安全系数均有不同程度的提高,此时下穿隧道的整体安全性要

高于下穿隧道拱顶裂缝扩展深度为 4cm 时下穿隧道衬砌结构的整体安全性，但是仍低于无损时下穿隧道的整体安全性。

衬砌裂缝扩展深度为 12cm 时的下穿隧道二衬的弯矩、轴力、安全系数见表 4-60。

表 4-60 衬砌裂缝扩展深度为 12cm 时下穿隧道二衬的弯矩、轴力、安全系数

位置	弯矩/（N·m）	轴力/N	安全系数	受拉（压）状态	标准安全系数	安全性
左拱顶	38 443	-497 518	1.64	受压	1.7	不安全
左拱肩	-25 741	-800 147	1.28	受压	1.7	不安全
左拱腰	-46 812	-1 121 505	0.87	受压	1.7	不安全
左拱脚	-4 052	-675 299	1.65	受压	1.7	不安全
左仰拱	141 593	183 373	1.27	受拉	2.1	不安全
右拱顶	38 907	-503 453	1.66	受压	1.7	不安全
右拱肩	2 518	-440 258	2.57	受压	1.7	安全
右拱腰	-47 098	-1 285 191	0.78	受压	1.7	不安全
右拱脚	-106 840	-2 753 962	0.36	受压	1.7	不安全
右仰拱	137 247	119 187	1.26	受拉	2.1	不安全

由表 4-60 可知，当下穿隧道拱顶裂缝扩展深度为 12cm 时，在地震荷载作用下，下穿隧道断面中只有右拱肩衬砌结构的安全系数高于钢筋混凝土结构的强度安全系数，其他衬砌单元的安全系数均低于相应的钢筋混凝土结构的强度安全系数标准，此时下穿隧道断面衬砌结构的安全系数与下穿隧道拱顶裂缝的扩展深度为 8cm 时的下穿隧道衬砌结构的安全系数相比，除左拱顶和右拱顶外，下穿隧道断面中所有衬砌结构的安全系数均有不同程度的降低，此时下穿隧道的整体安全性要低于下穿隧道拱顶裂缝扩展深度为 8cm 时的下穿隧道衬砌结构的整体安全性。

衬砌裂缝扩展深度为 16cm 时的下穿隧道二衬的弯矩、轴力、安全系数见表 4-61。

表 4-61 衬砌裂缝扩展深度为 16cm 时下穿隧道二衬的弯矩、轴力、安全系数

位置	弯矩/（N·m）	轴力/N	安全系数	受拉（压）状态	标准安全系数	安全性
左拱顶	44 965	-575 192	1.44	受压	1.7	不安全
左拱肩	-30 321	-936 177	1.09	受压	1.7	不安全
左拱腰	-56 626	-1 339 519	0.73	受压	1.7	不安全
左拱脚	-4 287	-714 359	1.56	受压	1.7	不安全
左仰拱	158 751	205 306	1.13	受拉	2.1	不安全
右拱顶	43 192	-566 337	1.44	受压	1.7	不安全

续表

位置	弯矩/（N·m）	轴力/N	安全系数	受拉（压）状态	标准安全系数	安全性
右拱肩	2 812	−544 853	2.08	受压	1.7	安全
右拱腰	−57 385	−1 484 441	0.67	受压	1.7	不安全
右拱脚	−136 344	−3 465 917	0.29	受压	1.7	不安全
右仰拱	155 073	134 576	1.12	受拉	2.1	不安全

由表 4-61 可知，当下穿隧道拱顶裂缝扩展深度为 16cm 时，在地震荷载作用下，仅右拱肩的安全系数高于钢筋混凝土结构的强度安全系数，其他均低于相应钢筋混凝土结构的强度安全系数，此时下穿隧道的安全系数与下穿隧道拱顶裂缝扩展深度为 12cm 时的下穿隧道的安全系数相比，下穿隧道所有位置的安全系数均有不同程度的降低，所以此时下穿隧道的整体安全性要低于下穿隧道拱顶裂缝扩展深度为 12cm 时的下穿隧道衬砌结构的整体安全性。

衬砌裂缝扩展深度为 20cm 时的下穿隧道二衬的弯矩、轴力、安全系数见表 4-62。

表 4-62　衬砌裂缝扩展深度为 20cm 时下穿隧道二衬的弯矩、轴力、安全系数

位置	弯矩/（N·m）	轴力/N	安全系数	受拉（压）状态	标准安全系数	安全性
左拱顶	46 968	−622 018	1.37	受压	1.7	不安全
左拱肩	−28 769	−884 483	1.16	受压	1.7	不安全
左拱腰	−51 926	−1 224 920	0.79	受压	1.7	不安全
左拱脚	−4 428	−686 738	1.62	受压	1.7	不安全
左仰拱	160 515	123 666	1.07	受拉	2.1	不安全
右拱顶	46 194	−581 484	1.40	受压	1.7	不安全
右拱肩	1 938	−569 929	2.16	受压	1.7	安全
右拱腰	−53 059	−1 360 058	0.73	受压	1.7	不安全
右拱脚	−112 014	−2 772 968	0.35	受压	1.7	不安全
右仰拱	156 635	47 472	1.05	受拉	2.1	不安全

由表 4-62 可知，当下穿隧道拱顶裂缝扩展深度为 20cm 时，在地震荷载作用下，下穿隧道断面中只有典型位置右拱肩衬砌结构的安全系数高于钢筋混凝土结构的强度安全系数，此时下穿隧道断面中衬砌结构的安全系数与下穿隧道拱顶裂缝的扩展深度为 16cm 时的下穿隧道衬砌结构的安全系数相比，虽然有一部分衬砌结构的安全系数有所提高，但大部分衬砌结构的安全系数是下降的，所以此时下穿隧道衬砌结构的整体安全性要低于下穿隧道拱顶裂缝扩展深度为 16cm 时的下穿隧道衬砌结构的整体安全性。

衬砌裂缝扩展深度为 24cm 时的下穿隧道二衬的弯矩、轴力、安全系数见表 4-63。

表 4-63　衬砌裂缝扩展深度为 24cm 时下穿隧道二衬的弯矩、轴力、安全系数

位置	弯矩/（N·m）	轴力/N	安全系数	受拉（压）状态	标准安全系数	安全性
左拱顶	37 631	-809 306	1.31	受压	1.7	不安全
左拱肩	-24 224	-791 297	1.30	受压	1.7	不安全
左拱腰	-42 243	-1 044 066	0.94	受压	1.7	不安全
左拱脚	-3 796	-647 728	1.72	受压	1.7	安全
左仰拱	138 283	-415 944	0.93	受拉	2.1	不安全
右拱顶	41 575	-760 824	1.33	受压	1.7	不安全
右拱肩	432	-614 494	2.28	受压	1.7	安全
右拱腰	-44 165	-1 188 041	0.84	受压	1.7	不安全
右拱脚	-92 302	-2 125 668	0.45	受压	1.7	不安全
右仰拱	134 552	-491 988	0.91	受拉	2.1	不安全

由表 4-63 可知，当下穿隧道拱顶裂缝扩展深度为 24cm 时，在地震荷载作用下，下穿隧道断面中只有左拱脚和右拱肩衬砌结构的安全系数高于钢筋混凝土结构的强度安全系数，其他衬砌结构的安全系数均低于相应的钢筋混凝土结构的强度安全系数标准，此时下穿隧道断面中的衬砌结构的安全系数与下穿隧道拱顶裂缝扩展深度为 20cm 时的下穿隧道断面中的衬砌结构的安全系数相比较而言，虽然下穿隧道断面中的左拱肩、右拱肩、左拱腰、左拱脚、右拱腰和右拱脚衬砌结构的安全系数有所提高，但其他大部分衬砌结构的安全系数是下降的，所以此时下穿隧道衬砌结构的整体安全性要低于下穿隧道拱顶裂缝扩展深度为 20cm 时的下穿隧道衬砌结构的整体安全性。

4.5　高速铁路交叉隧道抗震方法

4.5.1　隧道的一般抗震措施

减小隧道及地下结构地震破坏的措施主要可以从两方面考虑：第一，通过改变地震波传播介质以隔断振动来源，以及改变地下构筑物周围岩土性质以减少振动影响；第二，通过加强结构强度或其他参数来增加结构自身的抗震能力，减小破坏。改变周围岩土性质包括加固和弱化两种思路。加固是通过增加围岩强度以避免在地震荷载作用下因围岩变形过大造成结构挤压破坏；弱化即设置隔震层，是为了起到缓冲作用，地震波传至隔震层时能量急剧衰减，避免了对隧道结构造成严重破坏。隧道及其他地下构筑物常用的抗震措施见表 4-64。

表 4-64　地下结构抗震措施

思路	抗震途径	措施
改善围岩特性	加固围岩	注浆或增设锚杆
	增设减震装置	设置减震器
		设置减震层
		压注减震材料
	降低质量	选择轻骨料混凝土
	提高强度	采用钢纤维混凝土
	增大阻尼	粘贴大阻尼材料
改善结构自身特性	改变刚度	选择柔性接头
		采用钢筋混凝土
		加钢拱架
	改变结构几何尺寸	结构形状要圆顺

4.5.2　交叉隧道抗震措施研究

按照上面列举的抗震方法，开展数值模拟研究，粗略分析衬砌刚度以及隔震层的减震效果。模型尺寸选择隧道净距大小为 $0.5D$（其中 D 为隧洞洞宽）、隧道埋深是 20m、围岩级别是 V 级，初支厚度是 20cm，二衬厚度是 50cm，二衬选择用 C30 的混凝土材料。地震级别及输入方法同 2.3.2 节。

1. 衬砌刚度改变隔震效果研究

用提高衬砌刚度的方案增强结构抵抗变形的性能，实现降低应力，一般有两种做法：①提高材料的使用量，这种做法不但很不划算，而且取得的效果也不明显，还有可能浪费结构的正常使用空间；②通过增大混凝土的强度来提高结构的刚度。本节选择 C30（方案一）、C40（方案二）、C50（方案三）三类混凝土材料分析比较。混凝土材料参数见表 4-65。计算结果详见 4.5.3 节。

表 4-65　混凝土材料参数

混凝土强度等级	密度 ρ/（g/cm³）	泊松比 μ	弹性模量 E_0/GPa
C30	2.5	0.3	30
C40	2.5	0.2	33
C50	2.5	0.2	35

2. 隔震层隔震效果研究

在交叉隧道中，通过加一层隔震层，把初支与二衬分隔开，避免地层的变形传递到二衬上。利用减震层自带有吸收地震波能量的特性，可降低地震力对结构造成的强度和变形，最终实现减震的目标。隔震层采用泡沫混凝土，泡沫混凝土材料参数见表 4-66。设置隔震层衬砌模型图见图 4-89。隔震层的厚度分别是 20cm（方案四）、30cm（方案五）和 40cm（方案六），未设置隔震层与设置隔震层这三种工况对比，加固方案模型图见图 4-89。计算结果详见 4.5.3 节。

表 4-66　泡沫混凝土材料参数

密度 ρ /（g/cm³）	泊松比 μ	弹性模量 E_0/GPa	抗拉强度 f_t/MPa	阻尼系数 ξ
0.788	0.1	342.2	0.2	0.1

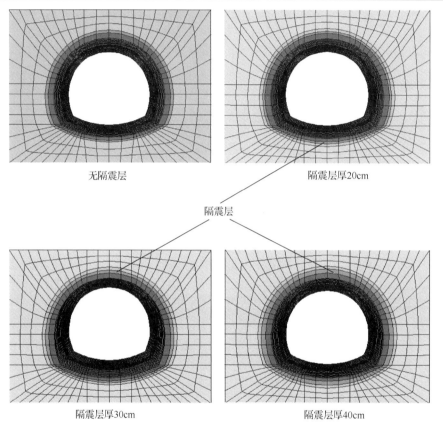

图 4-89　隔震层加固方案模型

4.5.3　计算结果与分析

上跨隧道取 y=45m 处，下穿隧道取 x=45m 处横断面各监测点进行分析。

1. 加速度响应分析

1）上跨隧道加速度响应

在六种抗震方案前提下，根据计算结果示出拱顶监测点加速度时程曲线，各监测点加速度正、负峰值，见图 4-90～图 4-95 和表 4-67。

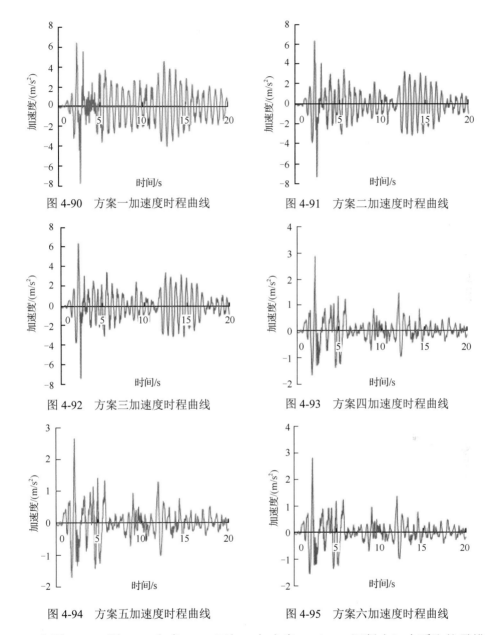

图 4-90　方案一加速度时程曲线　　　　　图 4-91　方案二加速度时程曲线

图 4-92　方案三加速度时程曲线　　　　　图 4-93　方案四加速度时程曲线

图 4-94　方案五加速度时程曲线　　　　　图 4-95　方案六加速度时程曲线

　　由图 4-90～图 4-95 和表 4-67 可知，与方案一（C30 混凝土）未采取抗震措施相比，方案二（C40 混凝土）和方案三（C50 混凝土）随着混凝土强度的增加，上跨隧道各监测点的加速度曲线走向大体一致；方案二、方案三之间的峰值加速度变动很小；表明增加混凝土强度以后并未改变衬砌加速度的频谱特征，且对衬砌峰值加速度的改变能力很弱。

表 4-67　上跨隧道各监测点加速度正、负峰值　　　　　（单位：m/s²）

位置	方案					
	方案一	方案二	方案三	方案四	方案五	方案六
左拱脚	−6.71～ 5.44	−6.58～ 5.42	−6.62～ 5.42	−1.69～ 2.53	−1.80～ 2.64	−1.81～ 2.43
左拱腰	−7.24～ 5.91	−7.16～ 5.92	−7.18～ 5.92	−1.78～ 2.55	−1.73～ 2.15	−1.76～ 2.35
左拱肩	−7.59～ 6.27	−7.44～ 6.15	−7.46～ 6.18	−1.69～ 2.61	−1.68～ 2.56	−1.61～ 2.46
拱顶	−7.78～ 6.46	−7.25～ 6.35	−7.28～ 6.36	−1.71～ 2.84	−1.71～ 2.64	−1.58～ 2.81
右拱肩	−7.57～ 6.19	−7.42～ 6.08	−7.43～ 6.07	−1.77～ 2.63	−1.75～ 2.72	−1.59～ 2.81
右拱腰	−7.20～ 5.82	−7.03～ 5.67	−7.05～ 5.68	−1.72～ 2.77	−1.74～ 2.71	−1.59～ 2.69
右拱脚	−6.68～ 5.44	−6.49～ 5.23	−6.51～ 5.23	−1.90～ 2.66	−1.75～ 3.38	−1.83～ 2.23
仰拱	−6.59～ 5.34	−6.39～ 5.24	−6.40～ 5.22	−1.70～ 2.24	−1.83～ 2.60	−1.89～ 2.95

与方案一（无隔震层）相比，采用方案四（隔震层厚 20cm）、方案五（隔震层厚 30cm）和方案六（隔震层厚 40cm）对交叉隧道采取抗震措施后，各点的加速度响应峰值出现大幅度减小的现象。方案四、方案五和方案六之间衬砌峰值加速度的变化并不明显，说明隔震层厚度的变化对衬砌峰值加速度的影响并不大。

通过对六种方案的比较发现，对交叉隧道采取抗震措施后，相比于方案一，各点的加速度绝对值都有所下降，表明以上减震方案对交叉隧道采取抗震措施后均会减小上跨隧道之间的差异，并且有利于增强隧道衬砌结构的整体性能、变形能力及抗震性能。因此，最优、最经济的是方案四，即采用 20cm 厚的隔震层。

2）下穿隧道加速度响应

在六种抗震方案前提下，根据计算结果示出下穿隧道拱顶监测点加速度时程曲线，各监测点加速度正、负峰值，见图 4-96～图 4-101 和表 4-68。

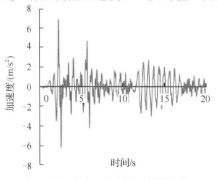

图 4-96　方案一加速度时程曲线

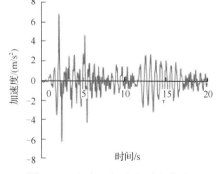

图 4-97　方案二加速度时程曲线

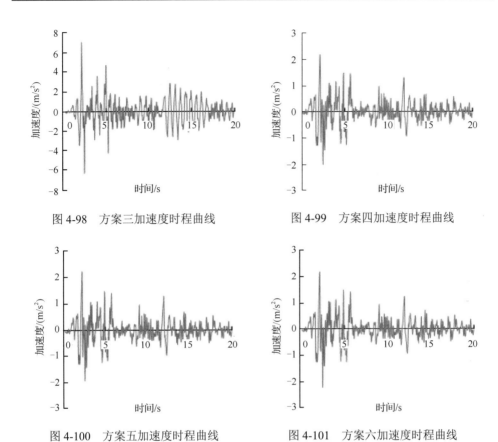

图 4-98　方案三加速度时程曲线　　　图 4-99　方案四加速度时程曲线

图 4-100　方案五加速度时程曲线　　　图 4-101　方案六加速度时程曲线

表 4-68　下穿隧道各监测点加速度正、负峰值　　　（单位：m/s²）

位置	方案					
	方案一	方案二	方案三	方案四	方案五	方案六
左拱脚	−4.87～4.41	−4.65～4.23	−4.63～4.21	−1.95～2.21	−1.99～2.17	−2.14～2.19
左拱腰	−5.63～5.78	−5.60～5.56	−5.47～5.68	−1.86～2.23	−2.14～2.18	−2.30～2.21
左拱肩	−6.11～6.72	−6.01～6.52	−5.98～6.67	−1.94～2.20	−1.96～2.21	−2.22～2.19
拱顶	−6.20～6.92	−6.24～6.94	−6.28～7.04	−2.01～2.17	−1.89～2.23	−2.22～2.17
右拱肩	−6.11～6.72	−6.01～6.52	−5.98～6.67	−1.94～2.20	−1.96～2.21	−2.22～2.19
右拱腰	−5.63～5.78	−5.60～5.56	−5.47～5.68	−1.86～2.23	−2.14～2.18	−2.30～2.21
右拱脚	−4.87～4.41	−4.65～4.23	−4.63～4.21	−1.95～2.21	−1.99～2.17	−2.14～2.19

由图 4-96～图 4-101 和表 4-68 可知，下穿隧道的监测数据具有对称性。通过对六种方案的比较发现，对交叉隧道采取抗震措施后，下穿隧道衬砌不同部位的加速度变化基本与既有隧道的变化一致。由此可知，最优、最经济的是方案四，即采用 20cm 厚的隔震层。

2. 应力响应分析

1）上跨隧道应力响应分析

在六种抗震方案前提下，根据计算结果示出拱顶监测点应力时程曲线、各监测点最大主应力峰值及减幅见图 4-102～图 4-107 和表 4-69。

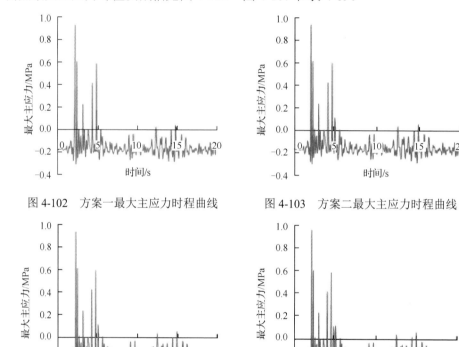

图 4-102　方案一最大主应力时程曲线　　　图 4-103　方案二最大主应力时程曲线

图 4-104　方案三最大主应力时程曲线　　　图 4-105　方案四最大主应力时程曲线

从图 4-102～图 4-107 和表 4-69 可以看出，与方案一（C30 混凝土）未采取抗震措施相比，方案二（C40 混凝土）和方案三（C50 混凝土）随着混凝土强度的增加，上跨隧道各监测点的最大主应力值基本不变，个别监测点有增加的现象。这说明，混凝土强度的提高，其刚度也会增加，导致它随地层变形而变形的能力降低，但降低的幅度不大；加大了对围岩的限制，两者间互相的作用增强，最后造成应力增加。因此，通过增加混凝土强度的方案来改变其刚度以降低对其结构的响应并不可行。

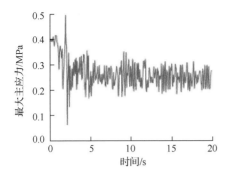

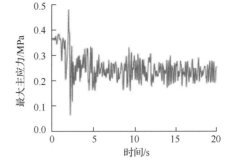

图 4-106　方案五最大主应力时程曲线　　　图 4-107　方案六最大主应力时程曲线

表 4-69　上跨隧道各监测点最大主应力峰值及减幅

位置	方案										
	方案一	方案二		方案三		方案四		方案五		方案六	
	最大主应力峰值/MPa	最大主应力峰值/MPa	减幅/%	最大主应力峰值/MPa	减幅/%	最大主应力峰值/MPa	减幅/%	最大主应力峰值/MPa	减幅/%	最大主应力峰值/MPa	减幅/%
左拱脚	2.43	2.40	1.2	2.38	2.1	1.51	37.9	1.52	37.4	1.49	38.7
左拱腰	0.98	0.96	2.0	0.98	0	0.52	46.9	0.53	45.9	0.49	50.0
左拱肩	1.72	1.72	0	1.71	0.6	1.01	41.3	1.02	40.7	1.03	40.1
拱顶	0.93	0.93	0	0.97	0	0.48	48.4	0.49	47.3	0.47	49.5
右拱肩	1.44	1.44	0	1.42	1.4	1.01	29.9	1.02	29.2	0.97	32.6
右拱腰	0.77	0.72	6.5	0.76	1.3	0.45	41.6	0.43	44.2	0.41	46.8
右拱脚	3.01	3.02	0.3	3.11	0	1.70	43.5	1.71	43.2	1.68	44.2
仰拱	0.78	0.71	9.0	0.73	6.4	0.47	39.7	0.45	42.3	0.43	44.9

注：与方案一相比，最大主应力减小百分比为减幅，下同。

与方案一（无隔震层）相比，采用方案四（隔震层厚 20cm）、方案五（隔震层厚 30cm）和方案六（隔震层厚 40cm）对交叉隧道采取抗震措施后，拱顶衬砌最大主应力基本全部是由拉应力占据，平均降低到方案一的 50%以下，量值非常小，所以说加一层减震层改变围岩受力的效果非常好。方案四～方案六最大主应力的变化并不明显，说明隔震层厚度的变化对最大主应力的影响并不大。

通过对六种方案的比较发现，对交叉隧道采取抗震措施之后，尤其是以方案四～方案六示出最大主应力的响应峰值减小比较明显。因此，我们可以得出最优、最经济的方案就是方案四，即采用 20cm 厚的隔震层。

2）下穿隧道应力响应

在六种抗震方案前提下，根据计算结果拱顶监测点应力时程曲线、各点最大主应力峰值及减幅，见图 4-108～图 4-113 和表 4-70。

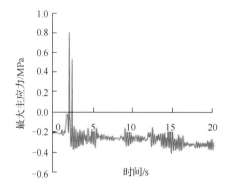

图 4-108　方案一最大主应力时程曲线

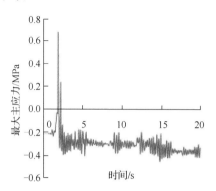

图 4-109　方案二最大主应力时程曲线

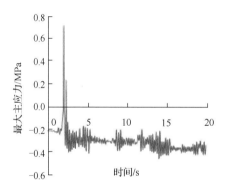

图 4-110　方案三最大主应力时程曲线

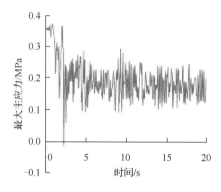

图 4-111　方案四最大主应力时程曲线

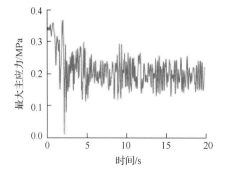

图 4-112　方案五最大主应力时程曲线

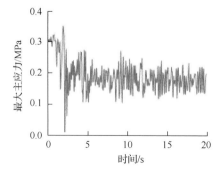

图 4-113　方案六最大主应力时程曲线

表 4-70　下穿隧道各监测点最大主应力峰值及减幅

位置	方案											
	方案一	方案二		方案三		方案四		方案五		方案六	
	最大主应力峰值/MPa	最大主应力峰值/MPa	减幅/%	最大主应力峰值/MPa	减幅/%	最大主应力峰值/MPa	减幅/%	最大主应力峰值/MPa	减幅/%	最大主应力峰值/MPa	减幅/%
左拱脚	2.02	1.67	17.3	2.01	0.4	1.05	48.0	1.07	47.0	1.04	48.5
左拱腰	4.25	4.05	4.7	4.24	0.2	2.32	45.4	2.31	45.6	2.33	45.2
左拱肩	1.95	1.93	1.0	1.93	1.0	1.12	42.6	1.09	44.1	1.08	44.6
拱顶	0.81	0.68	16.5	0.72	1.1	0.38	53.1	0.36	55.6	0.35	56.8
右拱肩	1.95	1.93	1.0	1.93	1.0	1.12	42.6	1.09	44.1	1.08	44.6
右拱腰	4.25	4.05	4.7	4.24	0.2	2.32	45.4	2.31	45.6	2.33	45.2
右拱脚	2.02	1.67	17.3	2.01	0.4	1.05	48.0	1.07	47.0	1.04	48.5

从图 4-108～图 4-113 和表 4-70 可以得出，下穿隧道的监测数据具有对称性。与方案一（C30 混凝土）未采取抗震措施相比，方案二（C40 混凝土）和方案三（C50 混凝土）的下穿隧道衬砌不同部位的应力变化基本与上跨隧道的变化一致。

与方案一（无隔震层）相比，采用方案四（隔震层厚 20cm）、方案五（隔震层厚 30cm）和方案六（隔震层厚 40cm）对交叉隧道采取抗震措施后，拱顶衬砌最大主应力基本全部是由拉应力占据，平均降低到方案一的 50%以下，量值非常小，故通过加减震层改善衬砌的受力可以取得好的效果。方案四～方案六最大主应力的变化并不明显，说明隔震层厚度的变化对最大主应力的影响并不大。

通过对六种方案的比较发现，对交叉隧道采取抗震措施后，尤以方案四、方案五和方案六示出的下穿隧道最大主拉应力响应峰值减小明显。由此可知，最优、最经济的是方案四，即采用 20cm 厚的隔震层。

3. 竖向位移响应分析

1）上跨隧道竖向位移分析

在六种抗震方案条件下，上跨隧道在震动过程中各监测点方案一～方案六的竖向位移及减幅见表 4-71。

表 4-71　上跨隧道各监测点竖向位移及减幅

位置	方案											
	方案一	方案二		方案三		方案四		方案五		方案六	
	竖向位移/cm	竖向位移/cm	减幅/%	竖向位移/cm	减幅/%	竖向位移/cm	减幅/%	竖向位移/cm	减幅/%	竖向位移/cm	减幅/%
左拱脚	6.73	6.71	0.3	6.72	0.1	3.61	46.4	3.65	45.8	3.72	44.7
左拱腰	6.68	6.65	0.4	6.67	0.1	3.62	45.8	3.66	45.2	3.71	44.5
左拱肩	6.72	6.74	0.3	6.70	0.3	3.66	45.5	3.69	45.1	3.74	44.3
拱顶	7.40	7.32	1.1	7.38	0.3	3.75	49.3	3.76	49.2	3.80	48.6
右拱肩	6.49	6.45	0.6	6.48	0.2	3.76	42.1	3.78	41.8	3.84	40.8

位置	方案										
	方案一	方案二		方案三		方案四		方案五		方案六	
	竖向位移/cm	竖向位移/cm	减幅/%	竖向位移/cm	减幅/%	竖向位移/cm	减幅/%	竖向位移/cm	减幅/%	竖向位移/cm	减幅/%
右拱腰	6.48	6.48	0	6.47	0.2	3.75	42.1	3.79	41.5	3.84	40.7
右拱脚	6.34	6.29	0.8	6.28	0.9	3.69	41.8	3.72	41.3	3.80	40.1
仰拱	6.56	6.52	0.6	6.55	0.2	3.62	44.8	3.66	44.2	3.79	42.2

由表 4-71 可知，对交叉隧道采取抗震措施后，上跨隧道在地震荷载作用下，与方案一（C30 混凝土）未采取抗震措施相比，方案二（C40 混凝土）竖向位移最大减幅 1.1%，方案三（C50 混凝土）最大减幅 0.9%，方案四（隔震层厚 20cm）最大减幅 49.3%，方案五（隔震层厚 30cm）最大减幅 49.2%，方案六（隔震层厚 40cm）最大减幅 48.6%。从六种方案之间的比较可以发现，尤其是以方案四～方案六的最大竖向位移减小比较明显。因此，可以得出最优、最经济的方案是方案四，即采用 20cm 厚的隔震层。

2）下穿隧道竖向位移分析

六种抗震方案条件下，下穿隧道在震动过程中各监测点方案一～方案六的竖向位移及减幅见表 4-72。

表 4-72　下穿隧道各监测点竖向位移及减幅

位置	方案										
	方案一	方案二		方案三		方案四		方案五		方案六	
	竖向位移/cm	竖向位移/cm	减幅/%	竖向位移/cm	减幅/%	竖向位移/cm	减幅/%	竖向位移/cm	减幅/%	竖向位移/cm	减幅/%
左拱脚	6.09	6.09	0	6.09	0	4.39	27.9	4.40	27.8	4.39	27.9
左拱腰	6.18	6.19	0.2	6.19	0.2	4.41	28.6	4.41	28.6	4.40	28.8
左拱肩	6.23	6.25	0.3	6.25	0.3	4.42	29.1	4.41	29.2	4.40	29.4
拱顶	7.40	7.42	0.3	7.41	0.1	4.43	40.1	4.41	40.4	4.40	40.5
右拱肩	6.23	6.25	0.3	6.25	0.3	4.42	29.1	4.41	29.2	4.40	29.4
右拱腰	6.18	6.19	0.2	6.19	0.2	4.41	28.6	4.41	28.6	4.40	28.8
右拱脚	6.09	6.09	0	6.09	0	4.39	27.9	4.41	27.6	4.39	27.9
仰拱	6.09	6.11	0.3	6.10	0.3	4.38	28.1	4.37	28.2	4.38	28.1

由表 4-72 可知，下穿隧道的监测数据具有对称性。对交叉隧道采取抗震措施后，下穿隧道在地震荷载作用下，与方案一（C30 混凝土）未采取抗震措施相比，方案二（C40 混凝土）竖向位移基本没有减小，方案三（C50 混凝土）的竖向位移也基本没有减小，方案四（隔震层厚 20cm）最大减幅 40.1%，方案五（隔震层厚 30cm）的竖向位移也最大减幅 40.4%，方案六（隔震层厚 40cm）最大减幅 40.5%。从以上六种方案之间的比较可以发现，尤其是以方案四～方案六的最大竖向位移减小比较明显。因此，可以得出最优、最经济的方案是方案四，即采用 20cm 厚的隔震层。

第五章 爆破荷载作用下立体交叉隧道动力响应及控制爆破

5.1 高速铁路交叉隧道爆破振动影响规律分析

5.1.1 计算模型和模拟参数

1. 工况设计

建立不同围岩级别下不同隧道间净距的交叉隧道模型来分析新建下穿隧道爆破振动对既有上跨隧道的影响，其中隧道断面取典型的设计时速 350km 的单线隧道断面，限于篇幅本章将只对空间位置关系为正交的交叉隧道进行分析，围岩级别主要分析Ⅴ级、Ⅳ级、Ⅲ级围岩振动规律。已有的研究成果表明，爆破施工中开挖进尺不会影响振动速度的分布，因此开挖进尺均取 2m，具体工况设计见表 5-1。

表 5-1 工况设计

工况	位置关系	交叉角度/(°)	围岩级别	净距
1				0.5D
2			V	1D
3				2D
4				0.5D
5	下穿既有隧道	90	Ⅳ	1D
6				2D
7				0.5D
8			Ⅲ	1D
9				2D

2. 交叉隧道模型

模型几何尺寸为 90m×90m×80m，共 124 524 个单元，两隧道断面均取设计时速 350km 的单线隧道断面，上边界距隧道拱顶 15m，左右边界距隧道衬砌 39m，下边界距隧道拱底 32m，左右和下边界到隧道的距离为洞径的 3 倍至 5 倍（减轻边界效应）。隧道整体模型及两条隧道位置关系与图 4-1 相同。

动力问题计算时所有波形的频率大小和土体的动力特性会对波传播的模拟精度产生影响。Kuhlemeyer 和 Lysmer 的研究表明，要想模拟模型中波的传播，有

限元网格的尺寸必须小于输入波形最高频率对应的波长的 1/10～1/8，即

$$\Delta L \leqslant \left[\frac{1}{10} \sim \frac{1}{8}\right] \lambda \tag{5-1}$$

式中：λ 是最高频率对应的波长。任何离散化的介质都存在能量传播的上限频率，只有输入荷载频率小于这个频率上限时，计算结果才有意义。模型网格最大尺寸为 3m，满足要求。各级别围岩参数见表 5-2；隧道支护参数见表 5-3。

表 5-2　围岩参数

围岩级别	弹性模量 E_0/GPa	泊松比 μ	密度 ρ /（kg/m³）	内摩擦角 φ /（°）	黏聚力 c/MPa
V	1.20	0.40	1 900	23	0.1
IV	3.00	0.30	2 300	30	0.4
III	10.0	0.27	2 400	42	1.0
II	25.0	0.23	2 600	53	1.8

表 5-3　隧道支护参数

结构	弹性模量 E_0/GPa	泊松比 μ	密度 ρ /（kg/m³）
二衬	31.0	0.18	2 500
初支	21.0	0.18	2 300
仰拱	28.0	0.18	2 300

5.1.2　分析方法及监测点分布

　　基于交叉隧道结构的复杂性，既有隧道受下穿隧道爆破的影响也是多方面的，要探究其规律，需从多个角度进行分析。这包含一次爆破过程中既有隧道的振动情况、新建隧道爆破对既有隧道不同部位的影响及新建隧道不同爆破位置对既有隧道的影响等。根据已有研究成果及有关规范，影响规律的分析主要通过既有隧道振速、位移和应力三个参数进行分析。本章只对规律进行分析，即主要以工况 1 作为研究对象，其他工况只作对比分析。监测点位置见图 5-1。

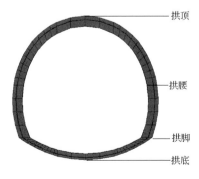

图 5-1　监测点位置

5.1.3　既有隧道振速分析

1. 既有隧道纵向各断面振速分析

以工况 1 为背景，分析新建隧道爆破位置处在两隧道交叉处时，既有隧道随时间变化规律，不同时刻既有隧道振速云图如图 5-2 所示。

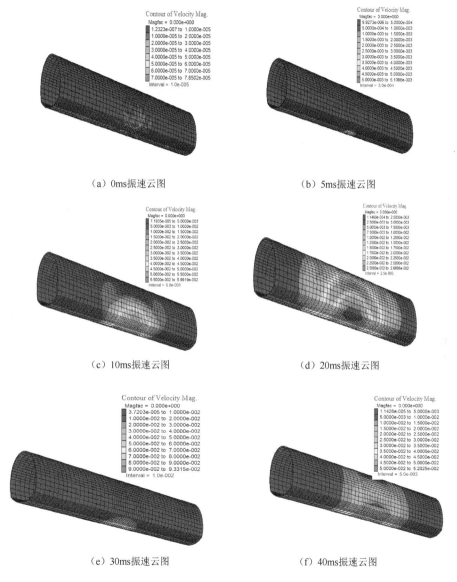

（a）0ms振速云图　　　　　　　　　　　（b）5ms振速云图

（c）10ms振速云图　　　　　　　　　　　（d）20ms振速云图

（e）30ms振速云图　　　　　　　　　　　（f）40ms振速云图

图 5-2　既有隧道振速云图

由图 5-2 可知，0ms 时既有隧道各处振速基本为零，5ms 时既有隧道中心断面拱底振速开始增加，振速数值较小，影响范围仅限于中心断面拱底；10ms 时中心断面拱底振速变大，并开始向隧道纵向其他断面传播，同时也向断面其他部位扩展，影响范围主要为中心断面 9m 范围内断面的拱底位置；20ms 时首个冲击波波峰已经离开中心断面拱底，该处振速变小，而振速较大位置则集中在距中心断面 9~15m 各断面拱底及 9m 以内断面拱腰处，主要影响范围转移；30ms 时第二个波峰传至中心断面拱底，振速又变大，但振速数值明显小于 10ms 时的振速，该时刻振动对既有隧道影响程度相对较小，但影响范围较大，包括中心断面 9m 内所有断面的拱底和拱腰；40ms 第二个波峰远离中心断面拱底，同时振速减小，最大振速也在 3cm/s 以下，影响基本解除。

工况 1 既有隧道受到爆破振动影响最大时，既有隧道纵向各断面拱底位置振速时程曲线见图 5-3~图 5-8。

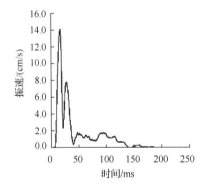

图 5-3　距中心断面 0m 拱底振速时程曲线

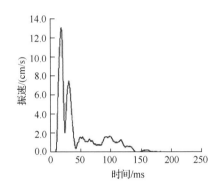

图 5-4　距中心断面 3m 拱底振速时程曲线

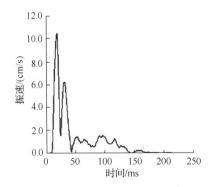

图 5-5　距中心断面 6m 拱底振速时程曲线

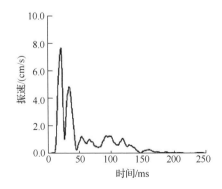

图 5-6　距中心断面 9m 拱底振速时程曲线

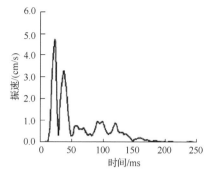
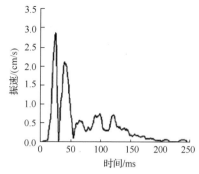

图 5-7　距中心断面 13m 拱底振速时程曲线　图 5-8　距中心断面 16m 拱底振速时程曲线

由图 5-3～图 5-8 可知，沿既有隧道纵向各断面拱底在新建隧道爆破振动作用下，振速趋势基本一致，但峰值振速随距中心断面距离的增加而减小。提取既有隧道各断面不同部位的峰值振速见表 5-4；各部位峰值振速随与中心断面距离变化曲线见图 5-9。

表 5-4　既有隧道各断面不同部位的峰值振速

距中心断面距离/m	峰值振速/（cm/s）					
	拱底	后侧拱脚	后侧拱腰	拱顶	前侧拱腰	前侧拱脚
-17.00	2.83	2.35	2.11	1.31	2.04	2.38
-13.00	4.69	3.34	3.05	1.54	2.56	3.34
-9.00	7.60	4.52	4.40	1.67	3.08	4.51
-6.00	10.44	5.40	5.51	1.77	3.59	5.14
-3.00	13.10	6.10	6.31	1.77	4.23	5.60
0.00	14.19	6.43	6.65	1.77	4.46	5.92
3.00	13.10	6.10	6.31	1.77	4.22	5.61
6.00	10.45	5.40	5.51	1.77	3.60	5.15
9.00	7.62	4.53	4.40	1.67	3.09	4.51
13.00	4.69	3.34	3.04	1.54	2.56	3.34
17.00	2.83	2.33	2.10	1.31	2.04	2.39

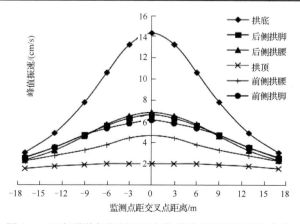

图 5-9　既有隧道各断面不同部位峰值振速距离变化曲线

　　由表 5-4 和图 5-9 可知，既有隧道各断面不同部位峰值振速均随着和交叉断面距离的增加而减小，且交叉断面两侧各断面不同部位峰值振速大小基本对称。中心断面拱底振速远大于其他部位，最大值达到 14.19cm/s。随着距中心断面距离的增加，断面各部位振速差异减小，并趋于一致。拱底位置振速对断面与中心断面距离更为敏感，变化较大；其他位置不太敏感，拱顶几乎没有受到影响。

　　2. 既有隧道中心断面环向各部位振动分析

　　中心断面各部位在爆破全过程中的振速时程曲线见图 5-10～图 5-15。

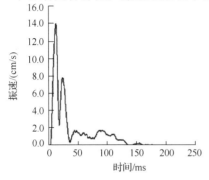

图 5-10　中心断面拱底振速时程曲线

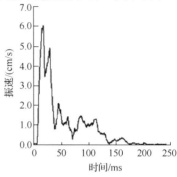

图 5-11　中心断面后侧拱脚振速时程曲线

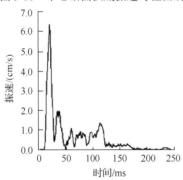

图 5-12　中心断面后侧拱腰振速时程曲线

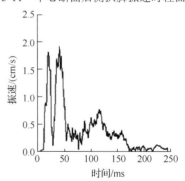

图 5-13　中心断面拱顶振速时程曲线

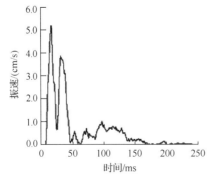

图 5-14　中心断面后侧拱腰振速时程曲线

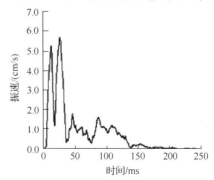

图 5-15　中心断面前侧拱脚振速时程曲线

由图5-10～图5-15可知,既有隧道环向各部位振速随时间变化规律基本一致,但在数值上有所区别,拱底位置因最靠近爆破源其峰值振速最大,达到14.19m/s,拱顶位置因远离爆破源其峰值振速最小,在2cm/s以下,拱腰和拱脚位置峰值在6cm/s左右。掌子面位于该位置时,既有隧道前侧拱腰和拱脚为迎爆侧,后侧拱腰和拱脚为背爆侧,因此后侧拱腰和拱脚峰值振速略大于前侧拱腰和拱脚峰值振速。既有隧道环向各部位峰值振速均出现在0～50ms,拱底振速最先达到峰值。提取各部位峰值振速见表5-5,各部位峰值振速对比见图5-16。

表5-5　不同部位峰值振速　　　　　　　　（单位：cm/s）

拱底	后侧拱脚	后侧拱腰	拱顶	前侧拱腰	前侧拱脚
14.19	6.43	6.65	1.77	4.46	5.92

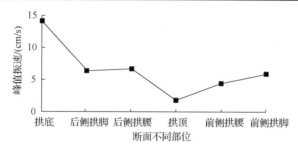

图5-16　交叉断面各部位峰值振速

由上述可知,既有隧道拱底和拱脚峰值振速对爆破振动相对敏感,为薄弱环节,需重点关注。

3. 不同爆破位置既有隧道中心断面振动分析

新建隧道爆破施工是一个连续爆破的过程,是掌子面逐渐靠近交叉断面又逐渐远离交叉断面的过程,在这个过程中,由于爆破位置与既有隧道的相对位置不同,既有隧道受到的影响必然也存在区别。不同爆破位置时既有隧道拱底振速时程曲线见图5-17～图5-22。

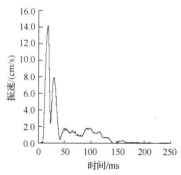

图5-17　掌子面靠近交叉断面5m时拱底振速时程曲线

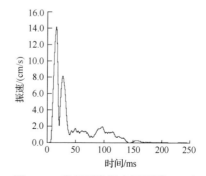

图5-18　掌子面靠近交叉断面3m时拱底振速时程曲线

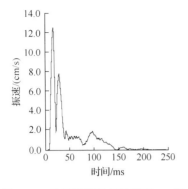

图 5-19　掌子面靠近交叉断面 1m 时
拱底振速时程曲线

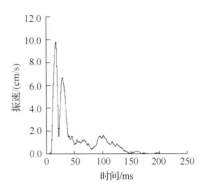

图 5-20　掌子面远离交叉断面 1m 时
拱底振速时程曲线

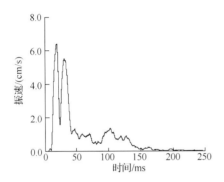

图 5-21　掌子面远离交叉断面 3m 时
拱底振速时程曲线

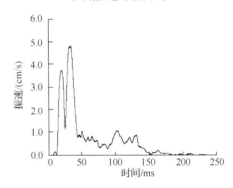

图 5-22　掌子面远离交叉断面 5m 时
拱底振速时程曲线

由图 5-17～图 5-22 可知，掌子面处于不同位置时既有隧道中心断面拱底在爆破荷载作用下振速随时间变化规律一致，但峰值振速差别较大，为更全面分析既有隧道受到的影响与新建隧道掌子面位置的关系，提取既有隧道中心断面各部位在不同掌子面位置时的峰值振速见表 5-6。

表 5-6　不同爆破位置各部位峰值振速

掌子面到交叉面距离/m	峰值振速/（cm/s）					
	拱底	后侧拱脚	后侧拱腰	拱顶	前侧拱腰	前侧拱脚
−21	4.82	3.91	2.41	2.90	4.93	4.70
−19	5.37	4.20	2.60	2.92	4.99	5.16
−17	6.08	4.53	2.88	2.95	5.01	5.63
−15	6.87	4.80	3.15	2.91	4.99	6.02
−13	7.83	5.00	3.48	2.79	4.94	6.43
−11	9.58	5.43	4.26	2.59	5.12	6.83
−9	11.53	5.73	5.14	2.38	5.50	6.83

续表

掌子面到交叉面距离/m	峰值振速/（cm/s）					
	拱底	后侧拱脚	后侧拱腰	拱顶	前侧拱腰	前侧拱脚
-7	13.06	5.72	5.90	2.20	5.63	6.29
-5	14.16	6.06	6.45	1.93	5.30	6.12
-3	14.19	6.43	6.65	1.77	4.46	5.92
-1	12.57	6.69	6.41	1.64	3.64	5.88
1	9.80	6.69	5.99	1.72	3.23	5.66
3	6.39	6.41	5.11	1.97	2.72	5.24
5	4.85	5.77	4.17	2.13	2.01	4.72
7	4.57	4.73	4.10	2.00	1.57	4.26
9	4.44	4.20	4.00	1.87	1.28	3.63
11	4.27	3.67	4.10	1.80	1.12	3.13
13	3.98	3.44	4.22	1.69	0.95	2.79

注：表中掌子面距交叉断面距离负值代表靠近；正值代表远离。

不同爆破位置既有隧道交叉断面各部位峰值振速变化见图5-23。

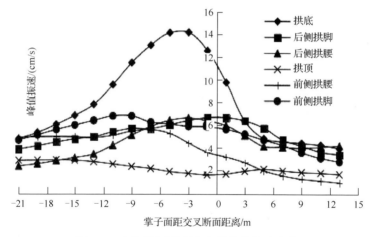

图5-23　不同爆破位置各部位峰值振速变化

由图5-23可知，当掌子面距交叉断面3m时，既有隧道拱底振速出现最大值，且在距交叉断面相同距离的情况下，掌子面靠近交叉断面时拱底峰值振速明显大于掌子面远离交叉断面时拱底振速。这种现象的出现与爆破地震波传播过程中介质的变化有关，在掌子面通过既有隧道前，爆破地震波传播至既有隧道交叉断面拱底的介质只有岩石，因此在较远的距离就能够对既有隧道产生较大的影响；而掌子面通过既有隧道后传播介质中包括了新建隧道造成的洞室，衰减加剧，因此对既有隧道影响减小得更快。前、后侧拱脚和拱腰在符合拱底峰值振速变化规律的基础上又受自身位置限制，因此前侧拱脚和拱腰均较早达到峰值振速的最大值，而后侧拱脚和拱腰最大峰值振速的出现则相对滞后，既有隧道拱顶受爆破振动影响较小，无论新建隧道掌子面位于什么位置，拱顶峰值振速均在 4cm/s 以下。

5.1.4 既有隧道位移分析

1. 既有隧道纵向各断面位移分析

以工况 1 为背景，分析新建隧道爆破位置处在两隧道交叉处时，既有隧道随时间变化规律。不同时刻既有隧道位移云图见图 5-24。

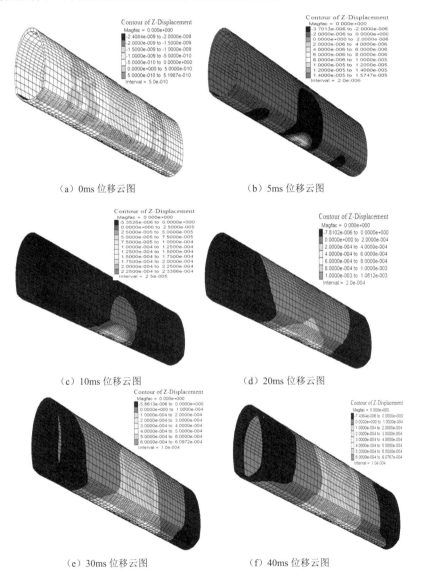

（a）0ms 位移云图　　　　　（b）5ms 位移云图

（c）10ms 位移云图　　　　　（d）20ms 位移云图

（e）30ms 位移云图　　　　　（f）40ms 位移云图

图 5-24　既有隧道位移云图

由图 5-24 可知，0ms 时既有隧道各处位移基本为零，5ms 时既有隧道中心断面拱底位移开始增加，但数值较小，影响范围仅限于中心断面拱底；10ms 时中心断面拱底位移有所增加，并开始向隧道纵向其他断面传播，同时也向断面其他部位扩展，影响范围主要为中心断面 9m 以内断面的拱底位置；20ms 拱底位移较大，同时位移影响范围继续扩大；30ms 时位移数值开始降低，但影响范围继续扩大；40ms 时位移数值继续降低，影响范围接近整个隧道，并趋于稳定。

工况 1 既有隧道受到爆破振动影响最大时，既有隧道纵向各断面拱底位置位移时程曲线见图 5-25～图 5-30。由图 5-25～图 5-30 可以看出，沿既有隧道纵向各断面拱底在新建隧道爆破振动作用下，位移变化趋势基本一致，但最大位移随距中心断面距离的增加而减小。提取既有隧道各断面不同部位的峰值位移见表 5-7。

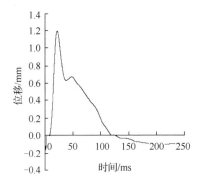

图 5-25 距中心断面 0m
拱底位移时程曲线

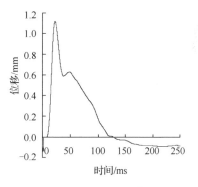

图 5-26 距中心断面 3m
拱底位移时程曲线

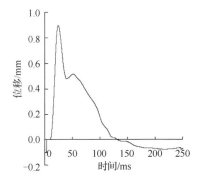

图 5-27 距中心断面 6m
拱底位移时程曲线

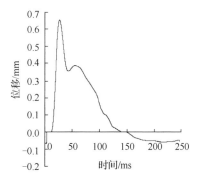

图 5-28 距中心断面 9m
拱底位移时程曲线

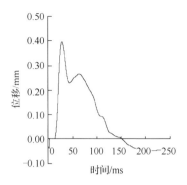

图 5-29 距中心断面 13m
拱底位移时程曲线

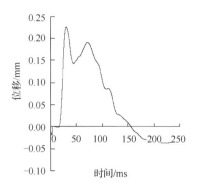

图 5-30 距中心断面 17m
拱底位移时程曲线

表 5-7 既有隧道不同断面不同部位的峰值位移

断面距交叉面距离/m	峰值位移/（cm/s）					
	拱底	后侧拱脚	后侧拱腰	拱顶	前侧拱腰	前侧拱脚
−17.00	0.22	0.22	0.22	0.14	0.15	0.15
−13.00	0.39	0.31	0.30	0.16	0.18	0.19
−9.00	0.64	0.42	0.39	0.18	0.22	0.24
−6.00	0.89	0.49	0.45	0.19	0.25	0.28
−3.00	1.10	0.55	0.50	0.19	0.29	0.33
0.00	1.19	0.58	0.52	0.20	0.30	0.34
3.00	1.11	0.55	0.50	0.19	0.29	0.33
6.00	0.89	0.50	0.45	0.19	0.25	0.28
9.00	0.64	0.42	0.39	0.18	0.22	0.24
13.00	0.39	0.31	0.30	0.16	0.18	0.19
17.00	0.22	0.22	0.22	0.14	0.15	0.15

各部位峰值位移随中心断面距离变化曲线图见图 5-31。

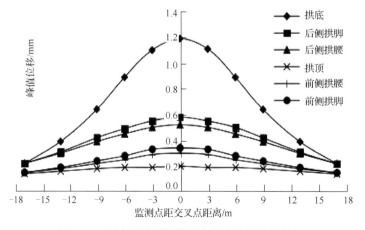

图 5-31 既有隧道不同断面个部位峰值位移变化

由图 5-31 可知，既有隧道各断面不同部位峰值位移均随着和交叉断面距离的增加而减小，且交叉断面两侧各断面不同部位峰值位移大小基本对称。中心断面拱底位移远大于其他部位，随着距中心断面距离的增加，断面各部位位移差异减小，并趋于一致。拱底位置位移对断面与中心断面距离更为敏感，变化较大；其他位置不太敏感，拱顶几乎没有受到影响。

2. 既有隧道中心断面环向各部位位移分析

中心断面各部位在爆破全过程中的位移时程曲线见图 5-32～图 5-37。

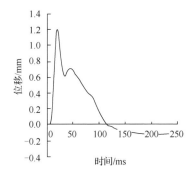

图 5-32　中心断面拱底位移时程曲线

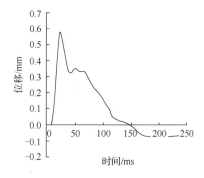

图 5-33　中心断面后侧拱脚位移时程曲线

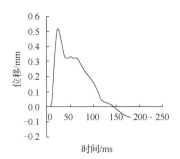

图 5-34　中心断面后侧拱腰位移时程曲线

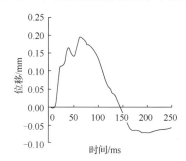

图 5-35　中心断面拱顶位移时程曲线

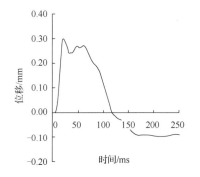

图 5-36　中心断面前侧拱腰位移时程曲线

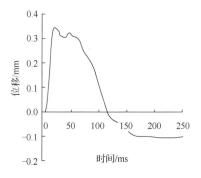

图 5-37　中心断面前侧拱脚位移时程曲线

　　由图 5-32～图 5-37 可知，既有隧道各部位位移随时间变化规律基本一致，但在数值上有所区别，拱底位置因最靠近爆破源其位移峰值最大，拱顶位置因远离爆破源其峰值位移最小，断面各部位位移最终都变为负值，这是因下穿隧道开挖引起的。

　　各部位峰值位移见表 5-8；各部位峰值位移对比见图 5-38。

表 5-8　不同部位峰值位移　　　　　　　　　　　（单位：mm）

拱底	后侧拱脚	后侧拱腰	拱顶	前侧拱腰	前侧拱脚
1.19	0.58	0.52	0.20	0.30	0.34

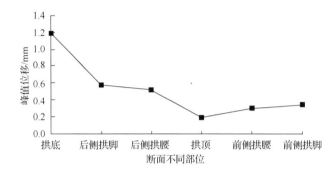

图 5-38　交叉断面各部位峰值位移对比

　　由上述可知，既有隧道拱底对爆破振动较为敏感，各部位位移大小主要与爆破源相对位置有关。

3. 不同爆破位置既有隧道中心断面位移分析

　　新建隧道爆破施工是一个连续的过程，在这个过程中，掌子面逐渐靠近交叉断面又逐渐远离交叉断面，由于爆破位置与既有隧道的相对位置不同，既有隧道受到的影响必然也存在区别。不同爆破位置时既有隧道拱底位移时程曲线见图 5-39～图 5-44。

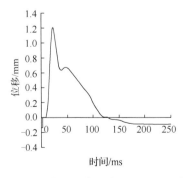

图 5-39　掌子面靠近交叉断面 5m 时
拱底位移时程曲线

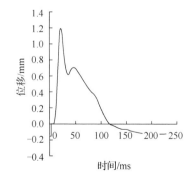

图 5-40　掌子面靠近交叉断面 3m 时
拱底位移时程曲线

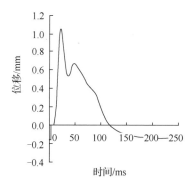

图 5-41 掌子面靠近交叉断面 1m 时拱底位移时程曲线

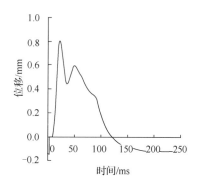

图 5-42 掌子面远离交叉断面 1m 时拱底位移时程曲线

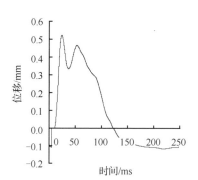

图 5-43 掌子面远离交叉断面 3m 时拱底位移时程曲线

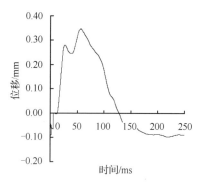

图 5-44 掌子面远离交叉断面 5m 时拱底位移时程曲线

由图 5-39～图 5-44 可知，掌子面处于不同位置时既有隧道中心断面拱底在爆破荷载作用下位移随时间变化规律一致，但峰值位移差别较大，为更全面分析既有隧道受到的影响与新建隧道掌子面位置的关系，提取既有隧道中心断面各部位在不同掌子面位置时的峰值位移见表 5-9。

表 5-9 不同掌子面位置各部位峰值位移

掌子面距交叉面距离/m	峰值位移/（cm/s）					
	拱底	后侧拱脚	后侧拱腰	拱顶	前侧拱腰	前侧拱脚
−21	0.22	0.11	0.12	0.24	0.34	0.40
−19	0.28	0.12	0.13	0.26	0.39	0.45
−17	0.37	0.15	0.16	0.28	0.44	0.51
−15	0.48	0.17	0.19	0.28	0.48	0.56
−13	0.64	0.22	0.24	0.28	0.50	0.59

掌子面距交叉面距离/m	峰值位移/（cm/s）					
	拱底	后侧拱脚	后侧拱腰	拱顶	前侧拱腰	前侧拱脚
−11	0.81	0.29	0.30	0.26	0.50	0.60
−9	1.00	0.38	0.37	0.25	0.50	0.59
−7	1.13	0.45	0.43	0.23	0.45	0.54
−5	1.21	0.53	0.48	0.20	0.38	0.54
−3	1.19	0.58	0.52	0.20	0.30	0.34
−1	1.05	0.60	0.52	0.19	0.23	0.26
1	0.81	0.57	0.49	0.17	0.20	0.22
3	0.52	0.51	0.44	0.16	0.17	0.18
5	0.35	0.41	0.36	0.15	0.15	0.15
7	0.27	0.30	0.36	0.14	0.13	0.13
9	0.21	0.27	0.26	0.13	0.11	0.11
11	0.17	0.23	0.22	0.11	0.09	0.10
13	0.15	0.20	0.19	0.10	0.08	0.08

注：表中掌子面距交叉断面距离负值代表靠近；正值代表远离。

不同爆破位置既有隧道交叉断面各部位峰值位移变化见图 5-45。

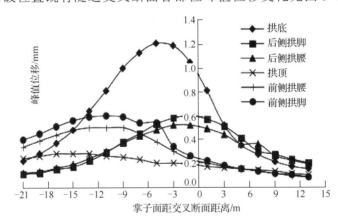

图 5-45　不同爆破位置既有隧道交叉断面各部位峰值位移变化

由图 5-45 可知，当掌子面距交叉断面 3m 时，既有隧道拱底位移出现最大值，且在距交叉断面相同距离的情况下，掌子面靠近交叉断面时拱底位移明显大于掌子面远离交叉断面时拱底位移。这种现象的出现与爆破地震波传播过程中介质的变化有关，在掌子面通过既有隧道前，爆破地震波传播至既有隧道交叉断面拱底的介质只有围岩，因此在较远的距离就能够对既有隧道产生较大的影响；而掌子面通过既有隧道后传播介质中包括了新建隧道造成的洞室，衰减加剧，因此对既有隧道影响减小得更快。前、后侧拱脚和拱腰在符合拱底位移变化规律的基础上又受自身位置限制，因此前侧拱脚和拱腰均较早达到位移的最大值，而后侧拱脚和拱腰最大位移的出现则相对滞后，既有隧道拱顶受爆破振动影响最小。既有隧道位移变化规律与振速变化规律基本一致，但数值非常小，因此既有隧道不会因为爆破振动产生的位移造成影响。

5.1.5 既有隧道应力分析

由振速和位移的分析可知，既有隧道受新建隧道爆破振动最严重的部位为拱底，故对既有隧道的应力分析只考虑拱底。

1. 既有隧道交叉断面拱底最大主应力变化规律

以工况 1 为背景，提取新建隧道爆破位置处在两隧道交叉处时不同时刻既有隧道拱底最大主应力云图见图 5-46。

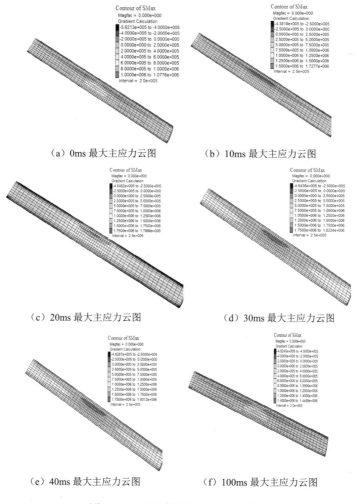

（a）0ms 最大主应力云图   （b）10ms 最大主应力云图

（c）20ms 最大主应力云图   （d）30ms 最大主应力云图

（e）40ms 最大主应力云图   （f）100ms 最大主应力云图

图 5-46　不同时刻最大主应力云图

由图 5-46 可知，0s 时刻既有隧道底部中心断面有所扰动，但整体应力较小，10ms 时应力波即将传播至拱底，最大主应力有所增大，20ms 时应力波传至拱底并在 30ms 时达到峰值，40ms 时中心断面拱底应力开始减小，应力波沿既有隧道纵向扩散，在 100ms 时，整个断面基本恢复到初始状态，影响解除。另外，由应力云图还可注意到未开挖部分上方最大主应力始终大于已开挖部分上方最大主应力，表明爆破地震波对前方未开挖部分影响较已开挖部分更大。

2. 既有隧道纵向不同断面最大主应力分析

工况 1 既有隧道受到爆破振动影响最大时，既有隧道纵向各断面拱底位置最大主应力时程曲线见图 5-47～图 5-52。

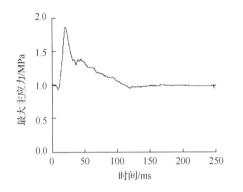

图 5-47　距中心断面 0m 拱底
最大主应力时程曲线

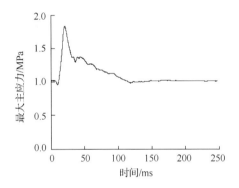

图 5-48　距中心断面 3m 拱底
最大主应力时程曲线

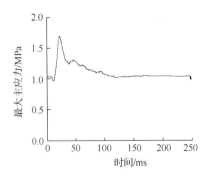

图 5-49　距中心断面 6m 拱底
最大主应力时程曲线

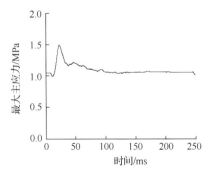

图 5-50　距中心断面 9m 拱底
最大主应力时程曲线

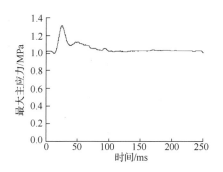

图 5-51　距中心断面 13m 拱底
最大主应力时程曲线

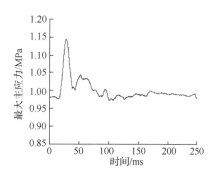

图 5-52　距中心断面 17m 拱底
最大主应力时程曲线

由图 5-47～图 5-52 可以看出,沿既有隧道纵向各断面在新建隧道爆破振动作用下,拱底最大主应力变化趋势基本一致,但最大值随距中心断面距离的增加而减小。

提取既有隧道各断面拱底最大主应力峰值见表 5-10;拱底最大主应力与中心断面距离变化曲线如图 5-53 所示。

表 5-10　既有隧道不同断面拱底的最大主应力峰值

断面距交叉面距离/m	-17	-13	-9	-6	-3	0	3	6	9	13	17
最大主应力/MPa	1.08	1.22	1.50	1.64	1.80	1.86	1.83	1.70	1.50	1.31	1.14

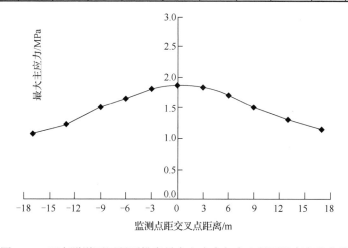

图 5-53　既有隧道不同断面拱底最大主应力与中心断面距离变化曲线

由图 5-53 可知,既有隧道交叉断面两侧拱底部位最大主应力大小基本对称,但随着与中心断面距离的增大,最大主应力逐渐减小,影响逐步减弱。

3. 不同爆破位置时既有隧道拱底最大主应力分析

新建隧道爆破施工是一个连续爆破的过程，是掌子面逐渐靠近交叉断面又逐渐远离交叉断面的过程，在这个过程中，由于爆破位置与既有隧道的相对位置不同，既有隧道受到的影响也必然存在区别。不同爆破位置时既有隧道拱底最大主应力时程曲线见图 5-54～图 5-59。

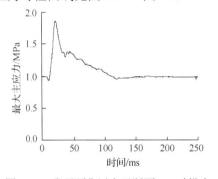

图 5-54　掌子面靠近交叉断面 5m 时拱底
最大主应力时程曲线

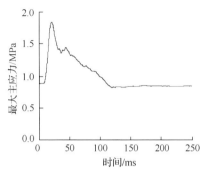

图 5-55　掌子面靠近交叉断面 3m 时拱底
最大主应力时程曲线

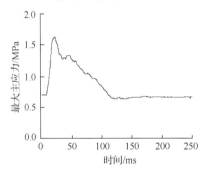

图 5-56　掌子面靠近交叉断面 1m 时拱底
最大主应力时程曲线

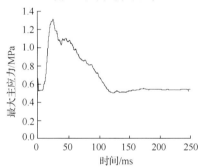

图 5-57　掌子面远离交叉断面 1m 时拱底
最大主应力时程曲线

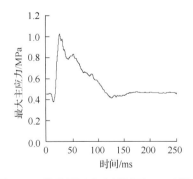

图 5-58　掌子面远离交叉断面 3m 时拱底
最大主应力时程曲线

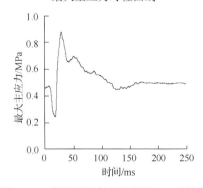

图 5-59　掌子面远离交叉断面 5m 时拱底
最大主应力时程曲线

通过数值模拟计算随新建隧道爆破位置发生变化既有隧道中心断面拱底最大主应力峰值变化的计算结果见表 5-11；不同爆破位置既有隧道交叉断面拱底最大主应力峰值的变化曲线见图 5-60。

表 5-11　既有隧道各断面拱底最大主应力峰值变化的计算结果

掌子面距交叉断面距离/m	最大主应力峰值/MPa					
	0m 处	3m 处	6m 处	9m 处	13m 处	17m 处
−21	0.98	0.97	0.96	0.94	0.93	0.92
−19	1.00	1.00	0.98	0.96	0.95	0.93
−17	1.04	1.03	1.01	1.00	0.98	0.95
−15	1.08	1.08	1.08	1.06	1.02	0.98
−13	1.20	1.21	1.19	1.14	1.08	1.02
−11	1.36	1.36	1.32	1.25	1.16	1.06
−9	1.56	1.54	1.48	1.35	1.23	1.10
−7	1.76	1.74	1.62	1.44	1.28	1.13
−5	1.86	1.83	1.70	1.50	1.31	1.14
−3	1.83	1.80	1.68	1.49	1.31	1.15
−1	1.63	1.61	1.53	1.39	1.26	1.13
1	1.32	1.29	1.25	1.23	1.16	1.08
3	1.03	1.02	1.00	1.02	1.04	1.03
5	0.88	0.88	0.90	0.93	0.94	0.98
7	0.84	0.85	0.87	0.91	0.94	0.97
9	0.84	0.85	0.87	0.92	0.94	0.96
11	0.85	0.86	0.88	0.93	0.96	0.97
13	0.85	0.86	0.90	0.95	0.97	0.99

注：表中掌子面距交叉断面距离负值代表靠近；正值代表远离。

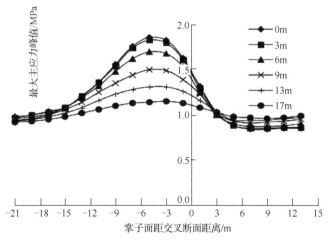

图 5-60　不同爆破位置既有隧道交叉断面拱底最大主应力峰值的变化曲线

由表 5-11 和图 5-60 可知，既有隧道距交叉断面不同距离的各断面拱底最大主应力随掌子面推进变化规律基本一致，当掌子面距交叉断面 5m 时，既有隧道拱底最大主应力出现最大值，达到 1.86MPa；且在距交叉断面相同距离的情况下，掌子面靠近交叉断面时拱底最大主应力大于掌子面远离交叉断面时拱底最大主应力。这种现象的出现与爆破地震波传播过程中介质的变化有关，上述已有说明，此处不再赘述。

5.1.6　既有隧道振动影响因素

1. 隧道间净距对振动影响

以 V 级围岩为例，提取不同隧道间净距时既有隧道中心断面各部位最大峰值振速及减幅见表 5-12；随隧道间净距增加峰值振速变化曲线见图 5-61。

表 5-12　不同隧道间净距各部位最大峰值振速及减幅

| 位置 | 隧道间净距 | | | | |
| | 0.5D（基准值） | 1D | | 2D | |
	最大峰值振速/（cm/s）	最大峰值振速/（cm/s）	减幅/%	最大峰值振速/（cm/s）	减幅/%
拱底	14.190	8.931	37.06	4.169	70.62
后侧拱脚	6.692	5.003	25.24	2.982	55.44
后侧拱腰	6.653	4.077	38.72	1.876	71.80
拱顶	2.946	2.173	26.24	1.172	60.22
前侧拱腰	5.625	3.868	31.24	1.985	64.71
前侧拱脚	6.834	4.695	31.30	2.852	58.27

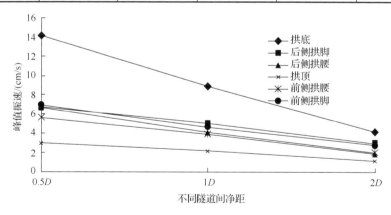

图 5-61　不同隧道间净距各部位峰值振速变化曲线

根据表 5-12 和图 5-61 可以看到，随距离增加各部位峰值振速均减小，影响减弱，且随着距离的增加，减小幅度也变小；随隧道间净距增加，中心断面各部位振速差异减小，受爆破地震的影响程度趋于一致。

提取三种围岩级别下不同隧道间净距中心断面拱底峰值振速及减幅见

表 5-13；峰值振速随净距变化曲线见图 5-62。

表 5-13　三种围岩情况下不同隧道间净距拱底峰值振速及减幅

围岩级别	隧道间净距				
	0.5D（基准值）	1D		2D	
	最大峰值振速/（cm/s）	最大峰值振速/（cm/s）	减幅/%	最大峰值振速/（cm/s）	减幅/%
Ⅴ级围岩	14.19	8.931	37.06	4.169	70.62
Ⅳ级围岩	12.91	8.639	33.08	3.925	69.60
Ⅲ级围岩	11.65	7.712	33.80	2.997	74.27

图 5-62　峰值振速随净距变化曲线

由上述可知，不同围岩级别峰值振速均随净距增加而减小，爆破振动对既有隧道影响减弱；由 1D 到 2D 的减幅小于由 0.5D 到 1D 的减幅，故随距离的增加，振速减小率也有所降低。这表明爆破地震波在传播过程中能量释放并不均匀，在开挖隧道附近能量释放更多，衰减更快。

2. 围岩级别对振动的影响

以 0.5D 净距为例，不同围岩级别下既有隧道中心断面各部位最大峰值振速见表 5-14；各部位最大峰值振速随围岩级别变化曲线见图 5-63。

表 5-14　不同围岩级别下既有隧道中心断面各部位最大峰值振速及减幅　（单位：cm/s）

位置	围岩级别				
	Ⅴ级	Ⅳ级		Ⅲ级	
	最大峰值振速/（cm/s）	最大峰值振速/（cm/s）	减幅/%	最大峰值振速/（cm/s）	减幅/%
拱底	14.19	12.91	9.02	11.65	17.90
后侧拱脚	6.69	8.14	−21.64	8.94	−33.63
后侧拱腰	6.65	5.42	18.49	5.05	24.06
拱顶	2.94	2.45	16.67	1.91	35.03
前侧拱腰	5.63	5.30	5.86	5.15	8.53
前侧拱脚	6.83	8.11	−18.74	9.44	−38.21

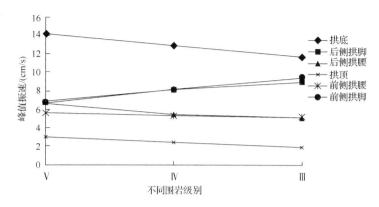

图 5-63　各部位最大峰值振速随围岩级别变化曲线

由表 5-14 和图 5-63 可知，随着围岩级别越小，前、后侧拱脚峰值振速越大，影响越大；其他部位峰值振速越小，影响也越小。这是因为爆破地震波在不同围岩中能量的集中释放位置有所区别。不同围岩级别条件下，爆破振动对既有隧道影响程度由大到小依次是拱底、拱脚、拱腰和拱顶，与各部位和爆破源的距离正相关。

三种净距条件下不同围岩级别拱底峰值振速及减幅见表 5-15。

表 5-15　三种净距条件下不同围岩级别拱底峰值振速及减幅　　　　（单位：cm/s）

净距	围岩级别				
	V 级	IV 级		III 级	
	峰值振速/ （cm/s）	峰值振速/ （cm/s）	减幅/%	峰值振速/ （cm/s）	减幅/%
0.5D	14.19	12.91	9.02	11.65	17.90
1D	8.931	8.639	3.27	7.712	13.65
2D	4.169	3.925	5.85	2.997	28.11

不同隧道间净距峰值振速随围岩级别变化曲线见图 5-64。

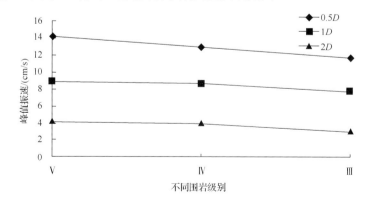

图 5-64　不同净距峰值振速随围岩级别变化曲线

由表 5-15 和图 5-64 可知，不同隧道间净距情况下，拱底峰值振速随着围岩级别的降低振速减小，但减小幅度不大，这说明爆破振动影响对围岩级别的敏感度较低。

5.2　不同工况下既有隧道安全范围分析

5.2.1　近接隧道爆破振动安全判据研究

新建隧道爆破施工产生的地震波会损坏既有构筑物，衡量其损害程度的决定性参量是既有隧道或构筑物所处位置的地震动参数。目前国内外普遍认为以峰值振速作为结构爆破荷载下的安全判据相对可靠稳定，这与实际爆破作用下构筑物破坏分析是一致的。传统强度理论认为材料应力达到其极限承受能力时才会引起构筑物破坏，所以对材料破坏起决定作用的应该是与应力联系更为密切的质点加速度，应以加速度作为安全判据。但是，现代动力强度理论认为构筑物在爆破地震作用下发生的破坏属于动力破坏。该破坏由材料的应变和位移决定，因为材料的极限应变是一个比较稳定的值，而位移是速度在周期内的累积，故爆破地震作用下质点峰值振速是合理的安全判据。以下是针对比较完整且坚硬围岩中交叉隧道国内外学者给出的隧道爆破振动破坏标准。

（1）美国矿业局根据相关专家学者的研究得到下列经验公式：

$$V = K \left(\frac{R}{\sqrt{Q}} \right)^{\alpha} \qquad (5-2)$$

式中：V 表示峰值质点速度（mm/s）；Q 表示最大单响药量（kg）；R 表示爆源到测点距离（m）；K 和 α 是与岩石介质有关的参数，以此为基础制订了综合考虑爆破振动频率和质点振动速度的爆破振动安全判据。

（2）与上述经验公式相似，瑞典学者用式（5-3）表达质点振速，并将 25cm/s 的质点振速定为交叉隧道衬砌破坏相对保守的标准，将 30cm/s 的质点振速作为无衬砌隧道围岩掉块的临界值，60cm/s 的质点振速作为完整岩石产生裂缝的临界值。

$$V = K \left(\frac{\sqrt{Q}}{R^{1.5}} \right)^{\alpha} \qquad (5-3)$$

（3）日本以荻津隧道爆破开挖为背景总结出爆破振速安全判据见表 5-16。

表 5-16　振速安全判据

振动速度/（cm/s）	安全级别	措施
$V_r < 60$	安全	正常施工
$60 < V_r < 90$	一级警戒	加强振动监测
$90 < V_r < 120$	二级警戒	更改爆破设计，加固岩柱部分
$V_r > 120$	三级警戒	停工并做其他量测，改变施工方法

（4）爆破振动安全允许标准见表 5-17[179]。

表 5-17　爆破振动安全允许标准

序号	保护对象类别	安全允许质点振动速度 V/（cm/s）		
		$f \leqslant 10Hz$	$10Hz \leqslant f \leqslant 50Hz$	$f \geqslant 50Hz$
1	土窑洞、土坯房、毛石房屋	0.15～0.45	0.45～0.9	0.9～1.5
2	一般民用建筑物	1.5～2.0	2.0～2.5	2.5～3.0
3	工业和商务建筑物	2.5～3.5	3.5～4.5	4.2～5.0
4	一般古建筑与古迹	0.1～0.2	0.2～0.3	0.3～0.5
5	运行中的水电站及发电厂中心控制室设备	0.5～0.6	0.6～0.7	0.7～0.9
6	水工隧道	7～8	8～10	10～15
7	交通隧道	10～12	12～15	15～20
8	矿山巷道	15～18	18～25	20～30
9	永久性岩石高边坡	5～9	8～12	10～15
10	新浇大体积混凝土（C20）：			
	龄期：初凝至 3d	1.5～2.0	2.0～2.5	2.5～3.0
	龄期：3～7d	3.0～4.0	4.0～5.0	5.0～7.0
	龄期：7～28d	7.0～8.0	8.0～10.0	10.0～12

注：爆破振动监测应同时测定质点振动相互垂直的三个分量。
　　表中质点振动速度为三个分量中的最大值，振动频率为主振频率。
　　频率范围根据现场实测波形确定或按如下数据选取：硐室爆破小于 20Hz，露天深孔爆破在 10～60Hz，露天浅孔爆破 f 在 40～100Hz；地下深孔爆破 f 在 30～100Hz，地下浅孔爆破 f 在 60～300Hz。

（5）在水电领域，地下洞室爆破施工对其他地下洞室的影响以表 5-18 内容作为安全判据。

表 5-18　水电安全允许振速

洞室与岩体关系	安全允许振速/（cm/s）
与岩体结合为一体的钢筋混凝土衬砌隧洞	$V \leqslant 50～100$
基岩或地下岩壁（中等岩石）	$V \leqslant 25～50$
不衬砌的地下洞室和离壁式	$V \leqslant 10$

（6）在陶颂霖[180]的《爆破工程》一书中，提出围岩稳定的巷道的临界振速为 40cm/s；围岩中等稳定的巷道的临界振速为 30cm/s；围岩不稳定但支护良好的巷道临界振速为 20cm/s。

（7）孟栋[181]在研究交叉隧道爆破振动安全分区时通过参考国内外相关标准，并结合实际工程提出：造成既有隧道结构破坏的质点峰值振速为 15cm/s；使既有隧道运营情况受到影响的临界峰值振速为 9cm/s；当质点峰值振速超过 5cm/s 时需要及时关注围岩情况的变化。

（8）张程红[182]对交叉隧道进行了二维和三维有限元分析，根据计算结果建立了隧道衬砌上的拉应力和最大振速的线性回归方程，得出在二维和三维情况下，爆破时既有隧道衬砌振速阈值分别为10.7cm/s和12.4cm/s。建议以11cm/s作为引起既有隧道结构破坏的界限；以7cm/s作为影响既有隧道运营的界限；5cm/s作为关注围岩变化的界限。

交叉隧道爆破振动作用下既有隧道的安全由既有隧道结构和爆破振动荷载决定。隧道结构包括结构的形式、强度等方面的影响；爆破荷载则包括荷载的大小、形式、持续时间以及爆破地震波的传播方向等，交叉隧道结构多种多样，不同工程条件下爆破方式千变万化，因此总结出一个包含全部参数同时适用于不同工程的安全判据并不现实，但是在交叉隧道爆破施工中对既有隧道的保护是必需的，因此在众多参数中寻找一个或几个能够反映爆破振动破坏的参数，作为破坏和影响界限不失为一种保证既有隧道安全的办法。

参考国内外在爆破振动速度破坏判据方面的研究成果，综合考虑经济、安全各方面因素，本章交叉隧道爆破振动安全范围的确定采用张程红给出的建议，即当最大爆破振动速度大于11cm/s时，可能会引起既有隧道的结构破坏；大于7cm/s时，会对既有隧道的运营情况产生一定程度的影响；大于5cm/s时，应关注围岩情况的变化，因为围岩的变化会对振动速度产生很大影响。

5.2.2　爆破振动作用下既有隧道安全范围划分方法

在新建隧道爆破开挖过程中，随着开挖的推进，掌子面相对于既有隧道的位置是一个动态变化的过程。新建隧道的掌子面即爆破源，其相对于既有隧道的位置对既有隧道受到的影响起决定性作用，因此既有隧道受到的影响范围也是不断变化的。通过建立不同工况下的交叉隧道模型，模拟掌子面不同位置时新建隧道的爆破开挖，从而得到不同时刻既有隧道的各种参数。利用峰值振速作为安全判据以划分既有隧道的安全范围，确定影响既有隧道结构安全、运营安全及需要关注围岩变化的区域。这种动态划分方法对交叉隧道爆破施工过程中既有隧道的保护将产生一定指导意义。隧道安全范围划分示意图见图5-65。

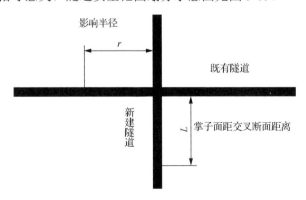

图5-65　隧道安全范围划分示意图

5.2.3 不同隧道间净距时既有隧道所受影响范围分析

1. 隧道间净距为 0.5D 时既有隧道所受影响范围分析

1）0.5D 隧道间净距 V 级围岩时影响范围确定

根据既有隧道在新建隧道爆破荷载作用下断面各部位质点振速分布规律，拱底因为距离爆破源最近，峰值振速最大，故以拱底峰值振速确定新建隧道爆破施工中既有隧道所受振动影响范围，爆破施工中既有隧道纵向各断面拱底峰值振速见表 5-19；各点峰值振速随开挖推进的变化曲线见图 5-66。

表 5-19　不同掌子面位置时既有隧道纵向各断面拱底峰值振速

掌子面交叉断面距离/m	拱底峰值振速/（cm/s）					
	0m	3m	6m	9m	13m	17m
-21	4.82	4.70	4.38	3.91	3.24	2.59
-19	5.37	5.22	4.82	4.23	3.43	2.68
-17	6.08	5.89	5.35	4.63	3.66	2.80
-15	6.87	6.61	5.93	5.03	3.87	2.88
-13	7.83	7.47	6.56	5.43	4.05	2.92
-11	9.58	8.96	7.54	5.92	4.18	2.86
-9	11.53	10.73	8.90	6.80	4.54	2.92
-7	13.06	12.09	9.85	7.34	4.70	2.88
-5	14.16	13.12	10.52	7.72	4.79	2.88
-3	14.19	13.10	10.45	7.62	4.69	2.83
-1	12.57	11.77	9.47	6.99	4.37	2.71
1	9.80	9.22	7.69	5.92	3.92	2.50
3	6.39	6.14	5.51	4.63	3.36	2.36
5	4.85	4.73	4.50	4.03	3.08	2.23
7	4.57	4.47	4.16	3.66	2.84	2.10
9	4.44	4.33	3.99	3.48	2.68	2.01
11	4.27	4.10	3.72	3.20	2.50	2.05
13	3.98	3.80	3.43	3.01	2.42	2.00

注：表中掌子面距交叉断面距离负值代表靠近；正值代表远离，下同。

由于在图 5-66 中加入了三种界限值，可以较为直观地看到掌子面不同位置时既有隧道不同影响程度的范围。在既有隧道两个监测点间隔的小范围内利用内插法可以估算出各影响范围的边界值。内插法所得各影响范围边界值见表 5-20。

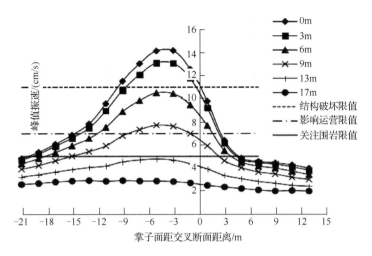

图 5-66　各点峰值振速随开挖推进的变化曲线

表 5-20　内插法所得各影响范围边界值　　　　（单位：m）

掌子面交叉断面距离	影响范围边界值		
	结构破坏范围	影响运营范围	需关注围岩范围
−21	0.00	0.00	0.00
−19	0.00	0.00	4.65
−17	0.00	0.00	7.45
−15	0.00	0.00	9.10
−13	0.00	4.55	10.24
−11	0.00	7.00	11.12
−9	1.99	8.71	12.19
−7	4.46	9.51	12.55
−5	5.45	9.98	12.71
−3	5.38	9.85	12.58
−1	4.00	8.98	12.04
1	0.00	7.17	10.84
3	0.00	0.00	7.74
5	0.00	0.00	0.00
7	0.00	0.00	0.00
9	0.00	0.00	0.00
11	0.00	0.00	0.00
13	0.00	0.00	0.00

既有隧道不同程度影响范围随掌子面位置变化曲线见图 5-67。

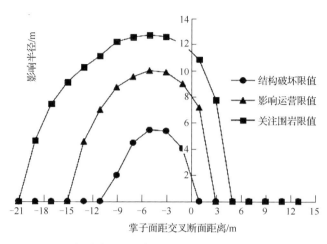

图 5-67　既有隧道不同程度影响范围随掌子面位置变化曲线

　　由表 5-20 和图 5-67 可知，当掌子面距交叉断面 21m 时，需要开始关注既有隧道中心断面附近围岩的变化情况；当掌子面到达距交叉断面 5m 时，需要关注围岩变化情况的范围最大，为既有隧道距中心断面两侧 12.71m 的范围；当掌子面通过交叉断面距离为 5m 时，影响解除。当掌子面到达距交叉断面 15m 时，既有隧道运营开始受到影响；当掌子面到达距交叉断面 5m 时对既有隧道运营影响范围最大，为既有隧道距中心断面两侧 9.98m 的范围；当掌子面通过交叉断面 1m 时，影响解除。当掌子面到达距交叉断面 11m 时，既有隧道结构开始受到影响；当掌子面到达距交叉断面 5m 时，对既有隧道结构产生影响的范围达到最大，为既有隧道距中心断面两侧 5.45m 的范围；当掌子面通过交叉断面距离为 1m 时，影响解除。

　　2）0.5D 隧道间净距Ⅳ级围岩时影响范围确定

　　以拱底峰值振速确定新建隧道爆破施工中既有隧道所受振动影响范围，Ⅳ级围岩时爆破施工中既有隧道纵向各断面拱底峰值振速见表 5-21。在图 5-68 中加入三种界限值，用同样的办法得到掌子面不同位置时的既有隧道不同影响程度的范围。所得Ⅳ级围岩时各影响范围边界值见表 5-22。

表 5-21　不同掌子面位置时既有隧道纵向各断面拱底峰值振速

掌子面交叉断面距离/m	拱底峰值振速/（cm/s）					
	0m	3m	6m	9m	13m	17m
−21	4.96	4.80	4.88	4.28	3.48	2.75
−19	5.92	5.73	5.21	4.51	3.58	2.75
−17	6.68	6.43	5.75	4.89	3.78	2.84
−15	7.70	7.21	6.34	5.27	3.96	2.92
−13	9.38	8.69	7.15	5.63	4.09	2.94
−11	11.16	10.30	8.40	6.37	4.23	2.90
−9	12.35	11.37	9.20	6.87	4.38	2.86

续表

掌子面交叉断面距离/m	拱底峰值振速/（cm/s）					
	0m	3m	6m	9m	13m	17m
−7	12.91	11.83	9.52	7.03	4.34	2.71
−5	12.67	11.71	9.45	6.96	4.24	2.57
−3	11.75	10.93	8.85	6.51	4.05	2.52
−1	10.19	9.46	7.70	5.74	3.67	2.52
1	7.80	7.34	6.10	4.67	3.43	2.57
3	5.85	5.67	4.99	4.33	3.34	2.47
5	5.63	5.40	4.82	4.17	3.32	2.38
7	5.24	5.04	4.52	3.93	3.19	2.33
9	4.73	4.60	4.21	3.73	3.01	2.25
11	4.20	4.08	3.78	3.35	2.75	2.14
13	3.69	3.59	3.34	2.96	2.47	2.02

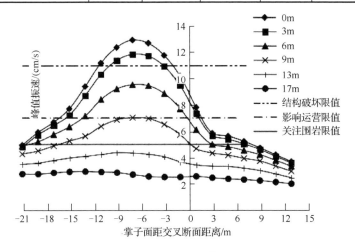

图 5-68 峰值振速变化图

表 5-22 所得Ⅳ级围岩时各影响范围边界值 （单位：m）

掌子面交叉断面距离	影响范围边界值		
	结构破坏范围	影响运营范围	需关注围岩范围
−21	0.00	0.00	0.00
−19	0.00	0.00	6.90
−17	0.00	0.00	8.61
−15	0.00	3.73	9.83
−13	0.00	6.29	10.63
−11	0.56	8.06	11.55
−9	3.51	8.83	12.00
−7	4.08	9.04	12.02
−5	3.94	8.95	11.88

续表

掌子面交叉断面距离	影响范围边界值		
	结构破坏范围	影响运营范围	需关注围岩范围
-3	2.74	8.21	11.45
-1	0.00	6.56	10.43
1	0.00	3.82	8.31
3	0.00	0.00	5.94
5	0.00	0.00	5.08
7	0.00	0.00	3.25
9	0.00	0.00	0.00
11	0.00	0.00	0.00
13	0.00	0.00	0.00

既有隧道不同程度影响范围随掌子面位置变化曲线见图 5-69。

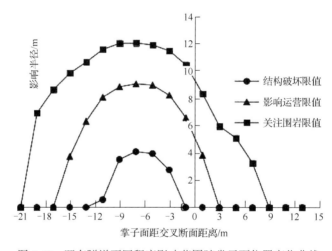

图 5-69　既有隧道不同程度影响范围随掌子面位置变化曲线

由表 5-22 和图 5-69 可知,当掌子面距交叉断面 21m 时,需要开始关注既有隧道中心断面附近围岩变化情况;当掌子面到达距交叉断面 7m 时,需要关注围岩变化情况的范围最大,为既有隧道距中心断面两侧 12.02m 的范围;当掌子面通过交叉断面距离为 9m 时,影响解除。当掌子面到达距交叉断面 17m 时,既有隧道运营开始受到影响;当掌子面到达距交叉断面 7m 时,对既有隧道运营影响范围最大,为既有隧道距中心断面两侧 9.04m 的范围;当掌子面通过交叉断面距离为 3m 时影响解除。当掌子面到达距交叉断面 13m 时,既有隧道结构开始受到影响;当掌子面到达距交叉断面 7m 时,对既有隧道结构产生影响的范围最大,为既有隧道距中心断面两侧 4.08m 的范围;当掌子面通过交叉断面时,影响解除。

3) 0.5D 净距Ⅲ级围岩时影响范围确定

以拱底峰值振速确定新建隧道爆破施工中既有隧道所受振动影响范围,爆破施工中既有隧道纵向各断面拱底峰值振速见表 5-23；各点峰值振速随开挖推进的变化曲线见图 5-70。

表 5-23　不同掌子面位置时既有隧道纵向各断面拱底峰值振速　　（单位：cm/s）

掌子面交叉断面距离/m	拱底峰值振速/（cm/s）					
	0m	3m	6m	9m	13m	17m
−21	4.63	4.45	3.89	4.11	3.17	2.43
−19	5.52	5.37	4.83	4.10	2.97	2.23
−17	6.21	6.05	5.40	4.57	3.23	2.29
−15	6.98	6.80	6.01	5.11	3.60	2.34
−13	8.07	7.57	6.47	5.50	3.91	2.40
−11	8.99	8.56	7.27	5.93	4.15	2.53
−9	10.00	9.39	7.84	6.29	4.29	2.57
−7	10.56	9.82	8.27	6.42	4.32	2.59
−5	10.96	10.30	8.45	6.38	4.25	2.55
−3	11.65	10.74	8.65	6.22	4.08	2.45
−1	11.40	10.51	8.32	5.81	3.69	2.37
1	9.81	8.92	7.15	5.06	3.22	2.48
3	6.93	6.52	5.46	4.09	3.01	2.49
5	4.66	4.46	4.04	3.51	2.95	2.47
7	4.58	4.41	4.07	3.59	2.92	2.37
9	4.06	3.85	3.59	3.22	2.68	2.20
11	3.54	3.31	3.10	2.83	2.38	2.00
13	2.98	2.80	2.62	2.42	2.14	1.82

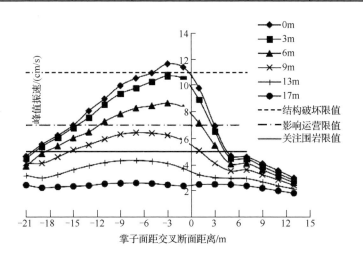

图 5-70　各点峰值振速随开挖推进的变化曲线

在图 5-73 中加入三种界限值，用同样的办法得到掌子面不同位置时既有隧道不同影响程度的范围。所得 III 级围岩时各影响范围边界值见表 5-24；既有隧道不同程度影响范围随掌子面位置推进的变化曲线见图 5-71。

表 5-24　所得 III 级围岩时各影响范围边界值　　　　　　　　（单位：m）

掌子面交叉断面距离	影响范围边界值		
	结构破坏范围	影响运营范围	需关注围岩范围
-21	0.00	0.00	0.00
-19	0.00	0.00	5.05
-17	0.00	0.00	7.45
-15	0.00	0.00	9.28
-13	0.00	4.55	10.26
-11	0.00	6.60	11.09
-9	0.00	7.62	11.57
-7	0.00	8.06	11.71
-5	0.00	8.10	11.59
-3	2.14	8.04	11.28
-1	1.35	7.58	10.53
1	0.00	6.21	9.13
3	0.00	0.00	7.01
5	0.00	0.00	0.00
7	0.00	0.00	0.00
9	0.00	0.00	0.00
11	0.00	0.00	0.00
13	0.00	0.00	0.00

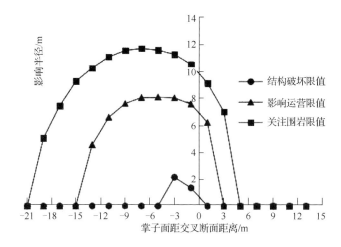

图 5-71　既有隧道不同程度影响范围随掌子面位置推进的变化曲线

由表 5-24 和图 5-71 可知，当掌子面距交叉断面 21m 时，需要开始关注既有隧道中心断面附近围岩变化情况；当掌子面到达距交叉断面 7m 时，需要关注围岩变化情况的范围最大，为既有隧道距中心断面两侧 11.71m 的范围；当掌子面通过交叉断面距离为 5m 时，影响解除。当掌子面到达距交叉断面 15m 时，既有隧道运营开始受到影响；当掌子面到达距交叉断面 5m 时，对既有隧道运营影响范围最大，为既有隧道距中心断面两侧 8.10m 的范围；当掌子面通过交叉断面距离为 3m 时，影响解除。当掌子面到达距交叉断面 5m 时，既有隧道结构开始受到影响；当掌子面到达距交叉断面 3m 时，对既有隧道结构产生影响的范围最大，为既有隧道距中心断面两侧 2.14m 的范围；当掌子面通过交叉断面 1m 时，影响解除。

2. 隧道间净距为 1D 时既有隧道所受影响范围分析

1）1D 隧道间净距 V 级围岩时影响范围确定

以拱底峰值振速确定新建隧道爆破施工中既有隧道所受振动影响范围，爆破施工中既有隧道纵向各断面拱底峰值振速见表 5-25；各点峰值振速随开挖推进的变化曲线见图 5-72。

表 5-25　不同掌子面位置时既有隧道纵向各断面拱底峰值振速

掌子面交叉断面距离/m	拱底峰值振速/（cm/s）					
	0m	3m	6m	9m	13m	17m
-21	4.47	4.39	4.13	3.74	3.16	2.58
-19	4.92	4.79	4.48	4.01	3.33	2.69
-17	5.43	5.27	4.87	4.32	3.54	2.79
-15	5.96	5.77	5.28	4.63	3.71	2.88
-13	6.52	6.29	5.69	4.90	3.87	2.96
-11	7.15	6.84	6.13	5.15	3.95	2.96
-9	8.09	7.69	6.83	5.63	4.17	3.01
-7	8.68	8.20	7.21	5.85	4.21	2.95
-5	8.93	8.45	7.36	5.93	4.20	2.91
-3	8.73	8.25	7.19	5.80	4.07	2.82
-1	7.96	7.52	6.60	5.39	3.83	2.67
1	6.76	6.42	5.72	4.76	3.46	2.47
3	5.30	5.09	4.64	3.99	3.02	2.26
5	3.93	3.80	3.61	3.23	2.60	2.09
7	3.62	3.54	3.36	3.03	2.50	1.98
9	3.75	3.65	3.42	2.99	2.44	1.96
11	3.62	3.52	3.26	2.91	2.37	1.91
13	3.57	3.46	3.21	2.83	2.30	1.84

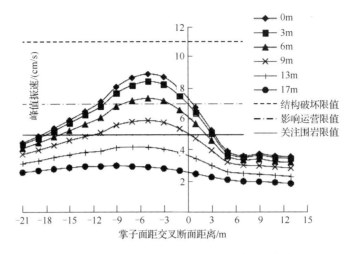

图 5-72　各点峰值振速随开挖推进的变化曲线

在图 5-72 中加入三种界限值，用同样的办法得到掌子面不同位置时既有隧道不同影响程度的范围。所得 V 级围岩时各影响范围边界值见表 5-26；既有隧道不同程度影响范围随掌子面位置推进的变化曲线见图 5-73。

表 5-26　所得 V 级围岩时各影响范围边界值　　　　　　　　　（单位：m）

掌子面交叉断面距离	影响范围边界值					
	结构破坏范围		影响运营范围		需关注围岩范围	
−21	0.00		0.00		0.00	
−19	0.00		0.00		0.00	
−17	0.00		0.00		5.03	
−15	0.00		0.00		7.29	
−13	0.00		0.00		8.62	
−11	7.15	6.84	6.13	5.15	3.95	2.96
−9	8.09	7.69	6.83	5.63	4.17	3.01
−7	8.68	8.20	7.21	5.85	4.21	2.95
−5	8.93	8.45	7.36	5.93	4.20	2.91
−3	8.73	8.25	7.19	5.80	4.07	2.82
−1	7.96	7.52	6.60	5.39	3.83	2.67
1	6.76	6.42	5.72	4.76	3.46	2.47
3	5.30	5.09	4.64	3.99	3.02	2.26
5	3.93	3.80	3.61	3.23	2.60	2.09
7	3.62	3.54	3.36	3.03	2.50	1.98
9	3.75	3.65	3.42	2.99	2.44	1.96
11	3.62	3.52	3.26	2.91	2.37	1.91
13	3.57	3.46	3.21	2.83	2.30	1.84

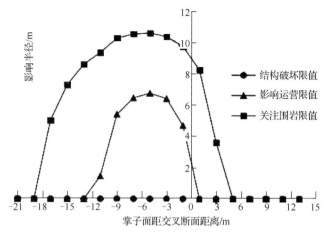

图 5-73　既有隧道不同程度影响范围随掌子面位置推进的变化曲线

由表 5-26 和图 5-73 可知，当掌子面距交叉断面 19m 时，需开始关注既有隧道中心断面附近围岩的变化情况；当掌子面距交叉断面 5m 时，需关注围岩变化的范围最大，为既有隧道距中心断面两侧 11.14m 的范围；当掌子面距交叉断面 5m 时，影响解除。当掌子面距交叉断面 13m 时，既有隧道运营开始受到影响；当掌子面距交叉断面 5m 时，对既有隧道运营影响范围最大，为既有隧道距中心断面两侧 6.51m 的范围；当掌子面通过交叉断面距离为 1m 时，影响解除。新建隧道整个爆破施工过程中不会对既有隧道结构造成破坏。

2）1D 隧道间净距Ⅳ级围岩时影响范围确定

以拱底峰值振速确定新建隧道爆破施工中既有隧道所受振动影响范围，爆破施工中既有隧道纵向各断面拱底峰值振速见表 5-27；各点峰值振速随开挖推进的变化曲线见图 5-74。

表 5-27　不同掌子面位置时既有隧道纵向各断面拱底峰值振速

掌子面交叉断面距离/m	拱底峰值振速/（cm/s）					
	0m	3m	6m	9m	13m	17m
−21	5.13	5.00	4.68	4.19	3.50	2.86
−19	5.38	5.23	4.86	4.30	3.54	2.83
−17	5.82	5.65	5.18	4.55	3.66	2.89
−15	6.29	6.07	5.51	4.77	3.79	2.96
−13	6.94	6.66	5.89	4.93	3.86	2.99
−11	7.71	7.35	6.52	5.38	4.01	3.03
−9	8.35	7.94	7.04	5.78	4.22	3.07
−7	8.64	8.19	7.27	5.93	4.23	2.98
−5	8.59	8.14	7.21	5.87	4.17	2.89
−3	8.23	7.76	6.92	5.67	4.04	2.78
−1	7.40	6.95	6.25	5.20	3.76	2.61

续表

掌子面交叉断面距离/m	拱底峰值振速/（cm/s）					
	0m	3m	6m	9m	13m	17m
1	6.06	5.84	5.33	4.50	3.34	2.40
3	4.62	4.48	4.19	3.65	2.94	2.24
5	4.22	4.15	3.87	3.47	2.82	2.15
7	4.00	3.94	3.69	3.28	2.67	2.06
9	3.97	3.87	3.57	3.15	2.59	2.10
11	3.70	3.58	3.31	2.96	2.50	2.02
13	3.49	3.38	3.12	2.80	2.39	1.98

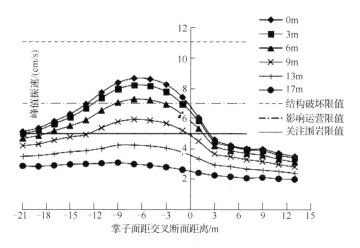

图 5-74　各点峰值振速随开挖推进的变化曲线

在图 5-74 中加入三种界限值，用同样的办法得到掌子面不同位置时既有隧道影响程度的范围。V级围岩时各影响范围边界值见表 5-28。

表 5-28　V级围岩时各影响范围边界值　　　　　　　（单位：m）

掌子面交叉断面距离	影响范围边界值		
	结构破坏范围	影响运营范围	需关注围岩范围
−21	0.00	0.00	0.00
−19	0.00	0.00	4.83
−17	0.00	0.00	6.87
−15	0.00	0.00	8.06
−13	0.00	0.00	8.77
−11	0.00	4.26	10.11
−9	0.00	6.09	11.00
−7	0.00	6.60	11.19
−5	0.00	6.47	11.05

续表

掌子面交叉断面距离	影响范围边界值		
	结构破坏范围	影响运营范围	需关注围岩范围
-3	0.00	5.70	10.65
-1	0.00	2.68	9.55
1	0.00	0.00	7.18
3	0.00	0.00	0.00
5	0.00	0.00	0.00
7	0.00	0.00	0.00
9	0.00	0.00	0.00
11	0.00	0.00	0.00
13	0.00	0.00	0.00

既有隧道不同程度影响范围随掌子面位置推进的变化曲线见图 5-75。

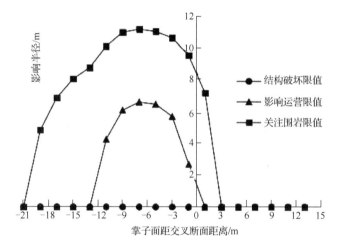

图 5-75　既有隧道不同程度影响范围随掌子面位置推进的变化曲线

由表 5-28 和图 5-75 可知，当掌子面距交叉断面 21m 时，需要开始关注既有隧道中心断面附近围岩的变化情况；当掌子面距交叉断面 7m 时，需要关注围岩变化情况的范围最大，为既有隧道距中心断面两侧 11.19m 的范围；当掌子面通过交叉断面距离为 3m 时，影响解除。当掌子面距交叉断面 13m 时，既有隧道运营开始受到影响；当掌子面距交叉断面 7m 时，对既有隧道运营影响范围最大，为既有隧道距中心断面两侧 6.60m 的范围；当掌子面通过交叉断面距离为 1m 时，影响解除。新建隧道整个爆破施工过程中都不会对既有隧道结构造成破坏。

3）1D 净距Ⅲ级围岩时影响范围确定

以拱底峰值振速确定新建隧道爆破施工中既有隧道所受振动影响范围，爆破施工中既有隧道纵向各断面拱底峰值振速见表 5-29。各点峰值振速随开挖推进的变化曲线见图 5-76。

表 5-29　不同掌子面位置时既有隧道纵向各断面拱底峰值振速

掌子面交叉断面距离/m	拱底峰值振速/（cm/s）					
	0m 处	3m 处	6m 处	9m 处	13m 处	17m 处
−21	4.95	4.67	4.20	3.56	2.84	2.22
−19	5.24	5.14	4.28	3.69	3.11	2.33
−17	5.84	5.67	4.58	3.74	3.04	2.17
−15	6.41	6.19	5.16	4.17	2.99	2.12
−13	7.01	6.67	5.70	4.66	3.28	2.28
−11	7.90	7.63	6.36	5.01	3.47	2.52
−9	8.78	8.45	7.13	5.52	3.71	2.77
−7	9.26	8.77	7.50	5.76	3.72	2.90
−5	9.64	8.99	7.59	5.73	3.90	3.09
−3	9.45	8.76	7.26	5.21	3.99	3.21
−1	8.72	8.00	6.51	4.35	3.93	3.26
1	7.39	6.80	5.64	4.19	3.98	3.39
3	6.12	5.65	4.93	4.04	4.01	3.52
5	5.24	4.97	4.81	4.22	3.93	3.56
7	4.89	4.61	4.43	3.89	3.78	3.50
9	4.98	4.63	4.39	3.90	3.82	3.45
11	4.92	4.68	4.43	4.00	3.75	3.14
13	4.77	4.48	4.27	3.83	3.53	2.90

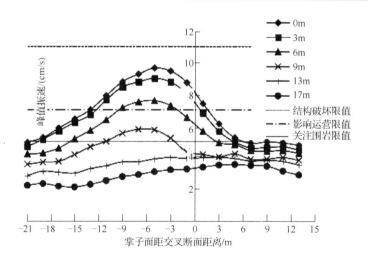

图 5-76　各点峰值振速随开挖推进的变化曲线

　　在图 5-76 中加入三种界限值，用同样的办法得到掌子面不同位置时既有隧道不同影响程度的范围。所得Ⅲ级围岩时各影响范围边界值见表 5-30；既有隧道不同程度影响范围随掌子面位置推进的变化曲线见图 5-77。

表 5-30　所得Ⅲ级围岩时各影响范围边界值 （单位：m）

掌子面交叉断面距离	影响范围边界值		
	结构破坏范围	影响运营范围	需关注围岩范围
−21	0.00	0.00	0.00
−19	0.00	0.00	3.49
−17	0.00	0.00	4.84
−15	0.00	0.00	6.47
−13	0.00	0.00	8.02
−11	0.00	4.49	9.02
−9	0.00	6.30	10.16
−7	0.00	6.86	10.49
−5	0.00	7.25	10.60
−3	0.00	6.53	9.69
−1	0.00	5.01	8.09
1	0.00	1.97	7.33
3	0.00	0.00	5.71
5	0.00	0.00	2.43
7	0.00	0.00	0.00
9	0.00	0.00	0.00
11	0.00	0.00	0.00
13	0.00	0.00	0.00

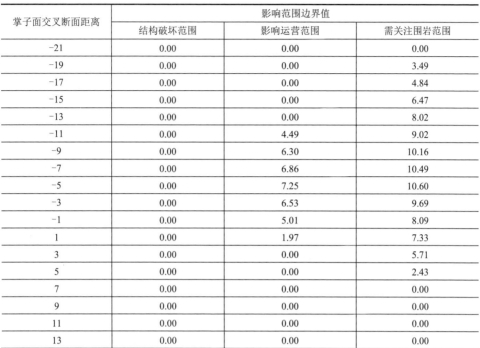

图 5-77　既有隧道不同程度影响范围随掌子面位置推进的变化曲线

由表 5-30 和图 5-77 可知，当掌子面距交叉断面 21m 时，需要开始关注既有隧道中心断面附近围岩的变化情况；当掌子面距交叉断面 5m 时，需要关注围岩变化情况的范围最大，为既有隧道距中心断面两侧 10.6m 的范围；当掌子面距交叉断面距离为 7m 时，影响解除。当掌子面距交叉断面 13m 时，既有隧道运营开始受到影响；当掌子面距交叉断面 5m 时，对既有隧道运营影响范围最大，为既有隧道距中心断面两侧 7.25m 的范围；当掌子面距交叉断面距离为 3m 时，影响解除。新建隧道整个爆破施工过程中都不会对既有隧道结构造成破坏。

3. 隧道间净距为 2D 时既有隧道所受影响范围分析

1）2D 隧道间净距 V 级围岩时影响范围确定

以拱底峰值振速确定新建隧道爆破施工中既有隧道所受振动影响范围，既有隧道纵向各断面拱底峰值振速见表 5-31；各点峰值振速随开挖推进的变化曲线见图 5-78。

表 5-31　不同掌子面位置时既有隧道纵向各断面拱底峰值振速

掌子面交叉断面距离/m	拱底峰值振速/（cm/s）					
	0m 处	3m 处	6m 处	9m 处	13m 处	17m 处
−21	3.27	3.24	3.11	2.91	2.58	2.24
−19	3.45	3.41	3.27	3.05	2.70	2.32
−17	3.64	3.59	3.44	3.21	2.81	2.39
−15	3.83	3.76	3.60	3.32	2.89	2.46
−13	3.97	3.90	3.71	3.43	2.97	2.52
−11	4.02	3.94	3.75	3.45	2.99	2.53
−9	4.15	4.05	3.86	3.51	3.04	2.57
−7	4.17	4.06	3.84	3.48	3.00	2.53
−5	4.13	4.02	3.80	3.41	2.93	2.46
−3	4.01	3.89	3.67	3.29	2.83	2.37
−1	3.79	3.67	3.47	3.12	2.69	2.26
1	3.47	3.38	3.21	2.90	2.53	2.14
3	3.11	3.02	2.90	2.66	2.34	2.01
5	2.74	2.68	2.59	2.40	2.15	1.86
7	2.42	2.41	2.35	2.23	1.99	1.71
9	2.38	2.35	2.29	2.16	1.94	1.61
11	2.32	2.27	2.20	2.07	1.85	1.52
13	2.23	2.21	2.13	1.99	1.76	1.42

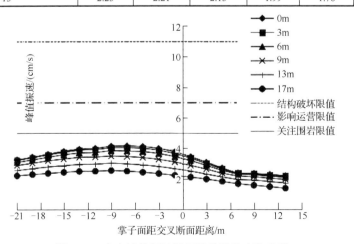

图 5-78　各点峰值振速随开挖推进的变化曲线

　　由表 5-31 和图 5-78 可以看出，当交叉隧道净距达到 2D 时，V 级围岩条件下，无论新建隧道掌子面处于哪个位置，既有隧道峰值振速均在 5cm/s 以下，对既有隧道均不会造成影响，故可以安全施工，无须考虑既有隧道安全问题。

　　2）2D 隧道间净距Ⅳ级围岩时影响范围确定

　　以拱底峰值振速确定新建隧道爆破施工中既有隧道所受振动影响范围，爆破施工中既有隧道纵向各断面拱底峰值振速见表 5-32；各点峰值振速随开挖推进的变化曲线见图 5-79。

表 5-32　不同掌子面位置时既有隧道纵向各断面拱底峰值振速

掌子面交叉断面距离/m	拱底峰值振速/（cm/s）					
	0m 处	3m 处	6m 处	9m 处	13m 处	17m 处
−21	3.49	3.45	3.32	3.09	2.74	2.35
−19	3.64	3.58	3.44	3.18	2.79	2.39
−17	3.76	3.71	3.53	3.27	2.86	2.43
−15	3.87	3.79	3.63	3.34	2.91	2.46
−13	3.93	3.85	3.67	3.37	2.92	2.47
−11	3.83	3.75	3.58	3.27	2.85	2.43
−9	3.86	3.77	3.60	3.25	2.85	2.43
−7	3.78	3.69	3.52	3.14	2.82	2.42
−5	3.58	3.50	3.34	3.09	2.85	2.46
−3	3.36	3.30	3.22	3.05	2.79	2.42
−1	3.30	3.26	3.17	3.00	2.72	2.39
1	3.18	3.16	3.06	2.90	2.65	2.36
3	3.11	3.09	3.00	2.83	2.62	2.28
5	3.03	2.99	2.88	2.74	2.51	2.20
7	2.96	2.92	2.81	2.65	2.41	2.10
9	2.91	2.87	2.77	2.63	2.35	2.05
11	2.78	2.76	2.67	2.53	2.28	1.96
13	2.67	2.65	2.57	2.40	2.17	1.87

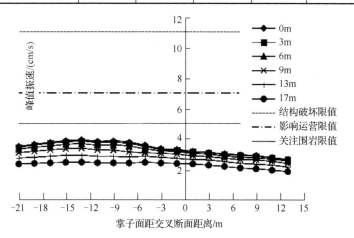

图 5-79　各点峰值振速随开挖推进的变化曲线

由表 5-32 和图 5-79 可以看出，当交叉隧道净距达到 2D 时，Ⅳ级围岩条件下，无论新建隧道掌子面处于哪个位置，既有隧道峰值振速均在 5cm/s 以下，对既有隧道均不会造成影响，故可以安全施工，无须考虑既有隧道安全问题。

3）2D 净距Ⅲ级围岩时影响范围确定

以拱底峰值振速确定新建隧道爆破施工中既有隧道所受振动影响范围，爆破施工中既有隧道纵向各断面拱底峰值振速见表 5-33；各点峰值振速随开挖推进的变化曲线见图 5-80。

表 5-33　不同掌子面位置时既有隧道纵向各断面拱底峰值振速

掌子面交叉断面距离/m	拱底峰值振速/（cm/s）					
	0m 处	3m 处	6m 处	9m 处	13m 处	17m 处
−21	2.64	2.62	2.49	2.30	2.05	1.82
−19	2.63	2.57	2.44	2.22	1.99	1.73
−17	2.77	2.70	2.56	2.32	2.01	1.75
−15	2.91	2.84	2.67	2.43	2.03	1.76
−13	2.93	2.87	2.71	2.44	2.06	1.72
−11	3.00	2.96	2.77	2.51	2.11	1.80
−9	2.93	2.87	2.70	2.44	2.10	1.91
−7	2.73	2.70	2.52	2.32	2.15	1.91
−5	2.71	2.70	2.62	2.42	2.19	1.96
−3	2.78	2.74	2.64	2.45	2.19	2.01
−1	2.74	2.70	2.63	2.47	2.21	2.03
1	2.72	2.70	2.62	2.43	2.19	2.00
3	2.74	2.69	2.60	2.46	2.18	1.96
5	2.75	2.68	2.60	2.43	2.13	1.90
7	2.62	2.62	2.49	2.32	2.06	1.88
9	2.53	2.51	2.39	2.23	2.07	1.88
11	2.41	2.39	2.28	2.17	2.04	1.84
13	2.34	2.29	2.25	2.13	2.01	1.79

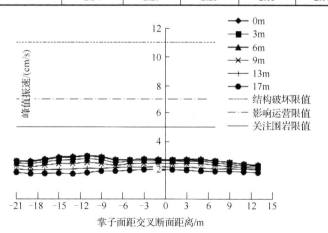

图 5-80　各点峰值振速随开挖推进的变化曲线

由表 5-33 和图 5-80 可以看出，当交叉隧道净距达到 2D 时，Ⅲ级围岩条件下，无论新建隧道掌子面处于哪个位置，既有隧道峰值振速均在 5cm/s 以下，对既有隧道均不会造成影响，故可以安全施工，无须考虑既有隧道的安全问题。

5.3 控制爆破及减震措施

根据经典爆破原理，爆破振动影响程度由爆破源和地震波的传播介质决定，同时受保护构筑物自身的抗震性能也与其破坏程度直接相关，因此控制爆破和减震措施主要从以下三方面考虑：一是合理选择爆破参数和方式，从爆破源对爆破振动进行控制；二是施作减震孔，在爆破地震波传播过程中进行阻隔；三是对受保护对象进行加固和抗震处理。由于本章工况中分析对象为既有运营隧道，对其进行加固和抗震处理并不现实，前两种方法更适用于本章所述工况。

5.3.1 爆破方案的合理选择

单次爆破中，某一特定位置的质点振速与爆破时同时起爆的炸药多少直接相关。因此，在保证爆破效果的前提下，增大各药包的起爆时差，减小爆破地震波的叠加能够在一定程度上减小爆破地震对既有隧道的影响。有关研究表明，采用微差爆破较齐发爆破质点振速能够降低 40%～60%。钻爆施工中炮眼尽量采用线性布置，同时运用线性起爆的形式，线性起爆具备多种优势，如炸药的高效利用、良好的临空面等；能够减小施工中炸药的用量，并降低质点振速。另外，由于缺乏临空面，掏槽孔是整个爆破过程中产生振动最大的部位，在爆破开挖中选择楔形掏槽往往能够达到较好的减震效果。

5.3.2 减震孔的减震效应

减震孔减震的原理由爆破地震波与减震孔的相互作用决定，减震孔增大了围岩的不均匀性，使爆破地震波传播介质的波阻抗发生变化，增加了爆破地震波传播过程中能量的衰减，从而达到了隔震的效果。减震孔在实际应用中应根据减震要求确定减震孔位置、孔距及数量等参数。减震孔在距爆破源一定范围内，即爆心距较小时通常能够得到更好的减震效果。另外，减震孔的孔距对减震效果有较大影响，通常孔距越小，减震效果越好；在减震孔孔距足够小却仍未能达到减震要求时可以施作两排减震孔，减震孔多采用梅花形布置。

第六章　多元荷载耦合作用下立体交叉隧道动力响应及安全性分析

6.1　高速铁路交叉隧道在多元荷载耦合下动力特性分析

6.1.1　地震对列车通过时的立体交叉隧道的影响

1. 加速度响应分析

1）上跨隧道的响应特性

立体交叉隧道在受到不同荷载时，上跨隧道交叉断面拱顶加速度时程曲线见图 6-1 和图 6-2；在震动过程中各监测点的加速度峰值沿隧道方向的变化曲线见图 6-3～图 6-7，加速度峰值取正负响应峰值绝对值的最大值（以下加速度峰值取值均相同）。

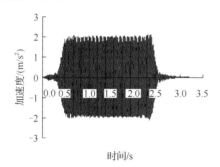

图 6-1　列车荷载下加速度时程曲线

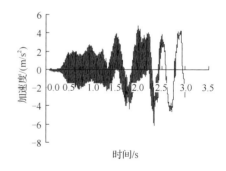

图 6-2　列车和地震荷载下加速度时程曲线

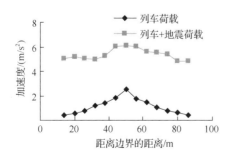

图 6-3　上跨隧道拱顶加速度峰值沿隧道方向的变化曲线

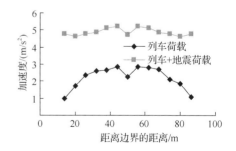

图 6-4　上跨隧道左拱腰加速度峰值沿隧道方向的变化曲线

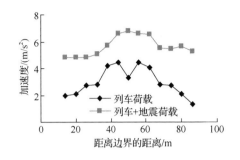

图 6-5　上跨隧道左拱脚加速度峰值沿隧道方向的变化曲线

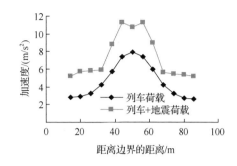

图 6-6　上跨隧道轨道板加速度峰值沿隧道方向的变化曲线

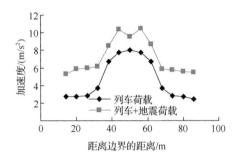

图 6-7　上跨隧道隧底加速度峰值沿隧道方向的变化曲线

由图 6-1～图 6-7 可知，在高速列车是否偶遇地震这两种情况下，上跨隧道各监测点加速度时程曲线完全不同，但在各自荷载情况下的各监测点加速度时程曲线相似（其值大小不同）。各监测点的加速度峰值在高速列车偶遇突发性地震这种模式下比只有高速列车通过这种模式下要大，在高速列车通过时上跨隧道拱顶、左拱腰、左拱脚、轨道板和隧底的最大加速度分别为 2.53m/s^2、2.85m/s^2、4.42m/s^2、7.91m/s^2 和 7.99m/s^2；在偶遇地震时相应监测点的最大加速度分别增加到 6.11m/s^2、5.19m/s^2、6.60m/s^2、10.77m/s^2 和 9.53m/s^2，其中在拱顶处增加值最大，为 3.58m/s^2。在高速列车与地震荷载下，上跨隧道监测点竖向加速度响应值由大到小为轨道板→隧底→左拱脚→拱顶→左拱腰。

沿隧道方向各监测点加速度峰值曲线在上跨隧道基本遵循中间大、两头小的规律，离交叉点 24m 处加速度峰值曲线较平缓。在两种不同荷载模式下，其加速度峰值位置有差异，在有地震荷载时左拱脚加速度峰值出现在交叉点处，无地震荷载则出现在离交叉点 6m 处；而轨道板与隧底则出现在离交叉点 6m 处，无地震荷载则出现在交叉点处；说明地震荷载的出现改变了原有荷载的传播模式，同时也说明隧道结构断面不同位置受其影响最大不一定在交叉断面。

2）下穿隧道的响应特性

在受到不同荷载时，下穿隧道在震动过程中各监测点的加速度峰值沿隧道方向的变化曲线见图 6-8～图 6-12。

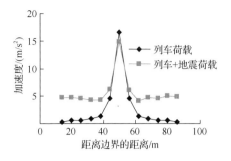

图 6-8　下穿隧道拱顶加速度峰值
沿隧道方向的变化曲线

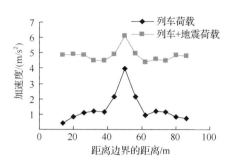

图 6-9　下穿隧道左拱腰加速度峰值
沿隧道方向的变化曲线

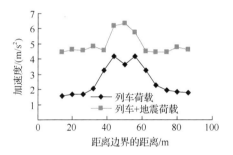

图 6-10　下穿隧道左拱脚
加速度峰值沿隧道方向的变化曲线

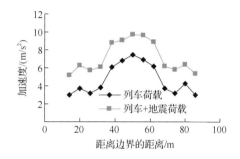

图 6-11　下穿隧道轨道板加速度峰值
沿隧道方向的变化曲线

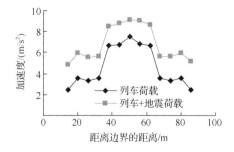

图 6-12　下穿隧道隧底加速度峰值沿隧道方向的变化曲线

由图 6-8～图 6-12 可知，下穿隧道各监测点的加速度峰值在高速列车偶遇突发地震模式下与只有高速列车通过相比，交叉断面拱顶处减小，其他监测点增大。在高速列车通过时上跨隧道拱顶、左拱腰、左拱脚、轨道板和隧底的最大加速度分别为 16.62m/s²、3.95m/s²、4.17m/s²、7.44m/s² 和 7.51m/s²；在偶遇地震时相应监测点的最大加速度分别增加到 14.83m/s²、6.12m/s²、6.21m/s²、9.68m/s² 和 9.09m/s²，其中在拱顶处减小 1.79m/s²，轨道板增加值最大，为 2.24m/s²。在高速列车与地震荷载下，下穿隧道监测点竖向加速度响应值由大到小为拱顶→轨道板→隧底→左拱脚→左拱腰。

　　沿隧道方向各监测点加速度峰值曲线在下穿隧道基本遵循中间大、两头小的规律，同时也发现离交叉点 24m 处加速度峰值曲线较平缓。在两种不同荷载模式下，其加速度峰值出现的位置表现了差异，在有地震荷载时左拱脚加速度峰值出现在交叉点处，而无地震荷载时则在离交叉点 6m 处。

　　综上所述，加速度响应在高速列车偶遇突发地震这种模式下，对轨道板和隧底的影响较大，对于下穿隧道结构则在拱顶、轨道板和隧底的影响较大。立体交叉隧道影响范围大概在离交叉点 24m 内，隧道结构不同位置受高速列车和地震荷载的最大影响不一定在交叉断面。

　　2. 竖向位移响应分析

　　1）上跨隧道的响应特性

　　立体交叉隧道在受到不同荷载时，上跨隧道交叉断面拱顶处竖向位移时程曲线见图 6-13 和图 6-14；在振动过程中各监测点的竖直向下位移峰值沿隧道方向的变化曲线见图 6-15～图 6-19；竖直向上位移峰值见表 6-1。

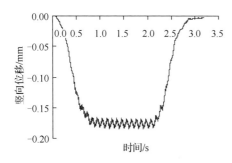

图 6-13　列车荷载下竖向位移时程曲线

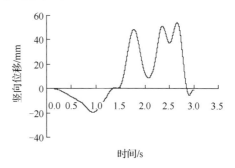

图 6-14　列车和地震荷载下竖向位移时程曲线

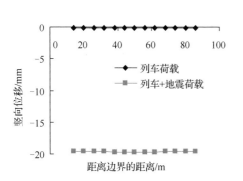

图 6-15　上跨隧道拱顶竖向向下位移峰值沿隧道方向的变化曲线

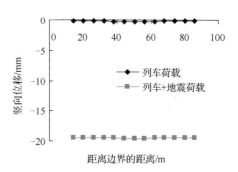

图 6-16　上跨隧道左拱腰竖向向下位移峰值沿隧道方向的变化曲线

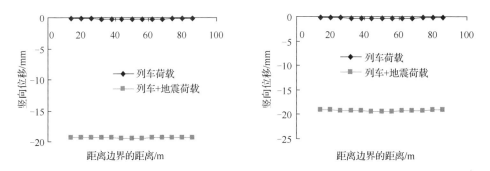

图 6-17　上跨隧道左拱脚竖向向下位移峰值 　图 6-18　上跨隧道轨道板竖向向下位移峰值沿
　　　　沿隧道方向的变化曲线　　　　　　　　　　　　隧道方向的变化曲线

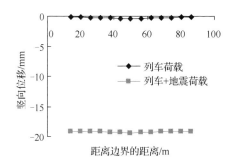

图 6-19　上跨隧道隧底竖向向下位移峰值沿隧道方向的变化曲线

表 6-1　列车与地震荷载下各监测点的竖直向上位移峰值

距离交叉点的距离/m	位移峰值/mm				
	拱顶	左拱腰	左拱脚	轨道板	隧底
14	57.87	56.21	56.32	56.57	56.55
20	58.00	56.46	56.58	56.86	56.85
26	57.81	56.41	56.58	56.93	56.92
32	57.02	55.79	56.02	56.42	56.42
38	55.63	54.38	54.54	54.93	54.93
44	54.50	53.24	53.18	53.42	53.41
50	54.22	53.29	53.44	53.78	53.77
56	54.49	53.74	54.10	54.68	54.68
62	55.22	54.16	54.43	55.07	55.06
68	55.83	54.49	54.71	55.31	55.31
74	56.23	54.70	54.89	55.45	55.45
80	56.50	54.89	55.08	55.61	55.60
86	56.74	55.13	55.32	55.79	55.79

从上述可知，在高速列车通过有无地震荷载的立体交叉隧道时，荷载模式不同，上跨隧道各监测点位移时程曲线完全不同，对于只有高速列车通过时各监测点竖向位移为负值，叠加地震荷载时竖向位移值有正有负。高速列车通过时上跨隧道拱顶、左拱腰、左拱脚、轨道板和隧底的最大竖直向下位移分别为-0.18mm、-0.24mm、-0.28mm、-0.37mm 和-0.36mm；在偶遇地震时相应监测点的最大竖直向下位移增加到-19.71mm、-19.55mm、-19.47mm、-19.39mm 和-19.39mm，其中拱顶处增加值最大，为19.53mm；以上分析可以得出在高速列车与地震荷载下上跨隧道监测点竖向位移响应值由大到小为拱顶→左拱腰→左拱脚→轨道板→隧底。

沿隧道方向各监测点竖直向下位移峰值曲线在上跨隧道遵循中间大、两头小的规律，而在偶遇地震时各监测点竖直向上位移峰值曲线遵循中间小、两头大的规律，且变化值不大。各监测点的竖向位移峰值在高速列车偶遇突发地震这种模式下要比只有高速列车通过这种模式下要大很多，因此地震荷载是对立体交叉隧道上跨结构产生不利影响的主要因素。

2）下穿隧道的响应特性

立体交叉隧道受到不同荷载时，振动过程中下穿隧道各监测点的竖向位移峰值沿隧道方向的变化曲线见图6-20～图6-24；竖直向上位移峰值见表6-2。

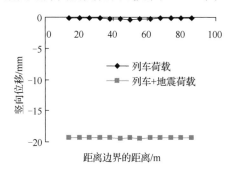

图6-20　下穿隧道拱顶竖向位移峰值沿隧道方向的变化曲线

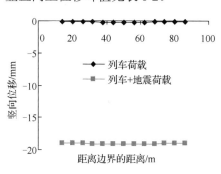

图6-21　下穿隧道左拱腰竖向位移峰值沿隧道方向的变化曲线

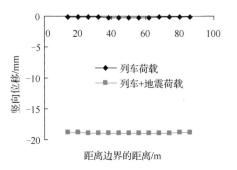
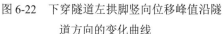

图6-22　下穿隧道左拱脚竖向位移峰值沿隧道方向的变化曲线

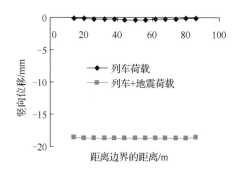

图6-23　下穿隧道轨道板竖向位移峰值沿隧道方向的变化曲线

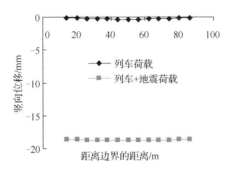

图 6-24　下穿隧道隧底竖向位移峰值沿隧道方向的变化曲线

表 6-2　列车与地震荷载下各监测点的竖直向上位移峰值　　　　（单位：mm）

距离交叉点的距离/m	位移峰值/mm				
	拱顶	左拱腰	左拱脚	轨道板	隧底
14	51.77	50.81	51.03	52.21	52.21
20	51.90	50.82	50.99	52.12	52.21
26	52.06	50.84	50.93	52.00	52.00
32	52.23	50.83	50.86	51.87	51.86
38	52.35	50.77	50.77	51.74	51.73
44	52.27	50.65	50.70	51.66	51.66
50	51.74	50.54	50.67	51.64	51.64
56	52.28	50.65	50.71	51.65	51.65
62	52.33	50.76	50.75	51.72	51.72
68	52.19	50.80	50.83	51.85	51.84
74	52.01	50.80	50.90	51.98	51.98
80	51.85	50.80	50.96	52.11	52.10
86	51.74	50.79	51.01	52.21	52.21

　　由图 6-20～图 6-24 和表 6-2 可知，高速列车通过时的下穿隧道拱顶、左拱腰、左拱脚、轨道板和隧底的最大竖向位移分别为-0.36mm、-0.28mm、-0.29mm、-0.34mm 和-0.34mm；在偶遇地震时相应监测点的最大竖向位移为-19.42mm、-19.08mm、-18.93mm、-18.78mm 和-18.78mm，其中在拱顶处增加值最大，为19.06mm。从以上数据分析可得在高速列车与地震荷载作用时加值下穿隧道监测点竖向位移响应值由大到小为拱顶→左拱腰→左拱脚→轨道板→隧底。

　　沿隧道方向各监测点竖直向下位移峰值曲线在下穿隧道遵循中间大、两头小的规律，而在偶遇地震时各监测点竖直向上位移峰值曲线遵循中间小、两头大的规律，且变化值不大。上跨隧道各监测点的竖向位移峰值比下穿隧道各监测点的竖向位移峰值要大，各监测点的竖向位移峰值在高速列车偶遇突发地震这种模式下要比只有高速列车通过这种模式下大很多，因此在高速列车与地震荷载作用下上跨隧道结构比下穿隧道结构所受影响大，同时说明地震荷载是对立体交叉隧道结构产生不利影响的主要因素。

3. 最大主应力响应分析

1) 上跨隧道的响应特性

立体交叉隧道在受到不同荷载时，上跨隧道交叉断面拱顶竖向最大主应力时程曲线见图 6-25 和图 6-26；在振动过程中各监测点的最大主应力峰值沿隧道方向的变化曲线见图 6-27～图 6-31。

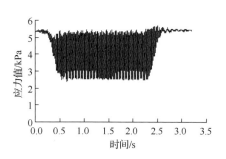

图 6-25　列车荷载下拱顶最大主应力时程曲线

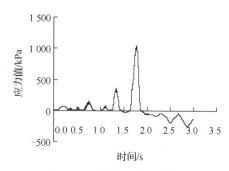

图 6-26　列车+地震荷载下拱顶最大主应力时程曲线

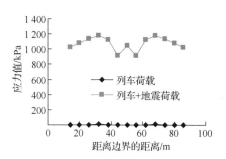

图 6-27　上跨隧道拱顶最大主应力峰值沿隧道方向的变化曲线

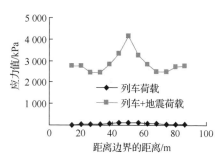

图 6-28　上跨隧道左拱腰最大主应力峰值沿隧道方向的变化曲线

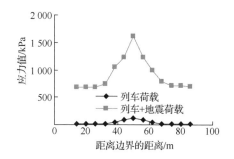

图 6-29　上跨隧道左拱脚最大主应力峰值沿隧道方向的变化曲线

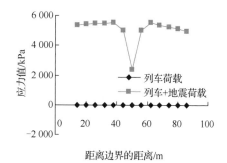

图 6-30　上跨隧道轨道板最大主应力峰值沿隧道方向的变化曲线

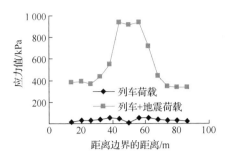

图 6-31 　上跨隧道隧底最大主应力峰值沿隧道方向的变化曲线

由图 6-25～图 6-31 可知，在高速列车通过立体交叉隧道时，由于荷载的时程曲线不同，导致上跨隧道各监测点最大主应力时程曲线不同。各监测点的最大主应力峰值在高速列车偶遇突发地震这种模式下比只有高速列车通过这种模式下要大些，在高速列车通过时上跨隧道拱顶、左拱腰、左拱脚、轨道板和隧底的最大主应力分别为 5.77kPa、130.26kPa、117.10kPa、10.14kPa 和 54.55kPa，在偶遇地震时相应监测点的最大主应力分别增加到 1 179.35kPa、4 145.51kPa、1 609.08kPa、5 494.51kPa 和 936.84kPa，其中在轨道板处增值最大，为 5 484.37kPa。不同的加载方式其最大峰值出现的位置也不同，只有列车荷载时最不利位置在左拱腰处，而在列车与地震荷载作用下则出现在轨道板处。在高速列车与地震荷载作用时，上跨隧道监测点最大主应力响应值由大到小为轨道板→左拱腰→左拱脚→拱顶→隧底。

沿隧道方向各监测点最大主应力峰值曲线在上跨隧道基本遵循中间大、两头小的规律，在离交叉点 24m 外曲线变缓；不同加载方式，轨道板处最大主应力峰值出现断面位置不同，如在列车荷载下出现在交叉点处，在列车与地震荷载下出现在离交叉点 12m 处。

2）下穿隧道的响应特性

立体交叉隧道在受到不同荷载时，下穿隧道在振动过程中各监测点的最大主应力峰值沿隧道方向的变化曲线见图 6-32～图 6-36。

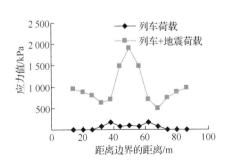

图 6-32 　下穿隧道拱顶最大主应力峰值
沿隧道方向的变化曲线

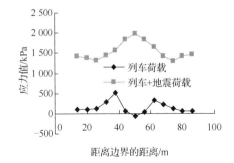

图 6-33 　下穿隧道左拱腰最大主应力峰值
沿隧道方向的变化曲线

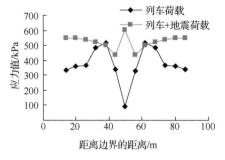

图6-34　下穿隧道左拱脚最大主应力峰值
沿隧道方向的变化曲线

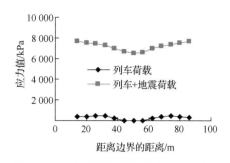

图6-35　下穿隧道轨道板最大主应力峰值
沿隧道方向的变化曲线

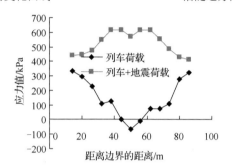

图6-36　下穿隧道隧底最大主应力峰值沿隧道方向的变化曲线

由图6-32～图6-36可知，下穿隧道各监测点的最大主应力峰值在高速列车偶遇突发地震这种模式下比只有高速列车通过这种模式下要大些，在高速列车通过时下穿隧道拱顶、左拱腰、左拱脚、轨道板和隧底的最大主应力分别为172.71kPa、510.80kPa、516.34kPa、462.91kPa和333.60kPa，在偶遇地震时相应监测点的最大主应力分别增加到1 913.79kPa、1 980.61kPa、601.21kPa、7 665.99kPa和615.70kPa，其中在轨道板处增加值最大，为7 203.08kPa。不同的加载方式其最大峰值出现的位置也不同，只有列车荷载时最不利位置在左拱脚处，而在列车与地震荷载下则出现在轨道板处。高速列车与地震荷载作用时下穿隧道监测点最大主应力响应值由大到小为轨道板→左拱腰→拱顶→隧底→左拱脚。

当荷载模式不同时，其下穿隧道沿隧道方向各监测点最大主应力峰值曲线表现的规律也不相同，在离交叉点24m处曲线变缓；在高速列车通过时拱顶、左拱腰、左拱脚的最大主应力断面离交叉点的距离为12m，轨道板和隧底分别为18m和30m；在偶遇地震时，拱顶、左拱腰、左拱脚的最大主应力断面离交叉点的距离为0；轨道板和隧底分别为30m和12m，因此地震荷载的出现改变了原有荷载的作用效果。

总之，地震荷载是立体交叉隧道结构所受不利影响的主要因素；在高速列车与地震荷载作用下，立体交叉隧道在离交叉点24m范围影响较大，轨道板是其最不利的位置。

4. 最小主应力响应分析

1）上跨隧道的响应特性

立体交叉隧道在受到不同荷载时，上跨隧道交叉断面拱顶竖向最小主应力时程曲线见图 6-37 和图 6-38；在振动过程中各监测点的最小主应力峰值沿隧道方向的变化曲线见图 6-39～图 6-43。

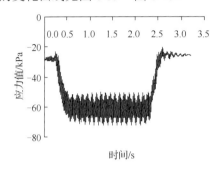

图 6-37　列车荷载下最小主应力时程曲线

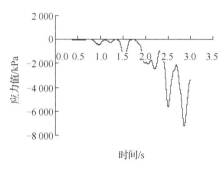

图 6-38　列车+地震荷载下
最小主应力时程曲线

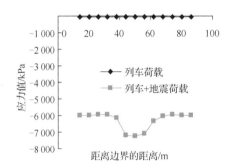

图 6-39　上跨隧道拱顶最小主应力峰值
沿隧道方向的变化曲线

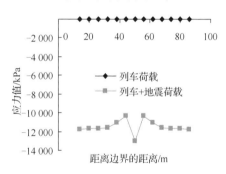

图 6-40　上跨隧道左拱腰最小主应力峰值
沿隧道方向的变化曲线

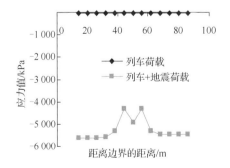

图 6-41　上跨隧道左拱脚最小主应力峰值沿隧
道方向的变化曲线

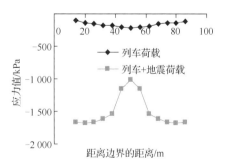

图 6-42　上跨隧道轨道板最小主应力峰值沿隧
道方向的变化曲线

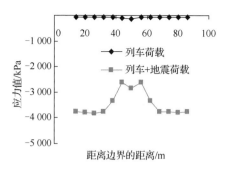

图 6-43　上跨隧道隧底最小主应力峰值沿隧道方向的变化曲线

由图 6-37~图 6-43 可知，在高速列车通过立体交叉隧底时，由于荷载的时程曲线不同导致上跨隧道各监测点最小主应力时程曲线也不同。上跨隧道各监测点的最小主应力峰值在高速列车偶遇突发地震这种模式下要比只有高速列车通过这种模式下要大，在高速列车通过时的上跨隧道拱顶、左拱腰、左拱脚、轨道板和隧底的最大主应力分别为 -72.43kPa、-41.21kPa、-51.75kPa、-212.79kPa 和 -118.79kPa，在偶遇地震时相应监测点的最小主应力分别增加到 -7 245.60kPa、-13 001.00kPa、-5 630.52kPa、-1 663.99kPa 和 -3 819.94kPa，其中在左拱腰处增加值最大，为 -12 959.76kPa。不同的加载方式其最不利位置也不同，只有列车荷载时最不利位置在轨道板处，而在列车与地震荷载下则出现在左拱腰处。高速列车与地震荷载作用时，上跨隧道监测点最小主应力响应值由大到小为左拱腰→拱顶→左拱脚→隧底→轨道板。

在高速列车荷载作用下沿隧道方向各监测点（除左拱腰）最小主应力峰值曲线在上跨隧道遵循中间大、两头小规律；而在高速列车与地震荷载作用下拱顶和左拱腰处呈现中间大、两头小，其余监测点遵循中间小、两头大的规律，在离交叉点 24m 处曲线变缓。在两种荷载作用下左拱腰、左拱脚和隧底处最小主应力最小值出现在离交叉点 6m 处。

2）下穿隧道的响应特性

立体交叉隧道在受到不同荷载时，下穿隧道在振动过程中各监测点的最小主应力峰值沿隧道方向的变化曲线见图 6-44~图 6-48。

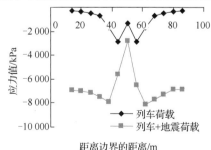

图 6-44　下穿隧道拱顶最小主应力峰值沿隧道方向的变化曲线

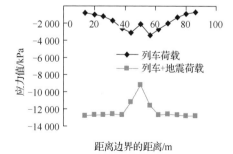

图 6-45　下穿隧道左拱腰最小主应力峰值沿隧道方向的变化曲线

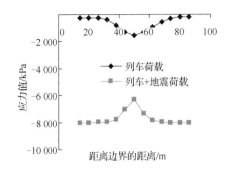

图 6-46　下穿隧道左拱脚最小主应力峰值
沿隧道方向的变化曲线

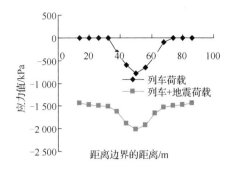

图 6-47　下穿隧道轨道板最小主应力峰值
沿隧道方向的变化曲线

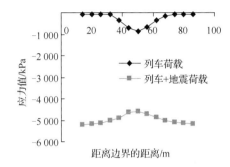

图 6-48　下穿隧道隧底最小主应力峰值沿隧道方向的变化曲线

由图 6-44～图 6-48 可知，下穿隧道各监测点的最小主应力峰值在高速列车偶遇突发地震这种模式下比只有高速列车通过这种模式下要大，在高速列车通过时下穿隧道拱顶、左拱腰、左拱脚、轨道板和隧底的最小主应力分别为 -2 843.59kPa、-3 434.23kPa、-1 536.05kPa、-788.30kPa 和 -854.18kPa，在偶遇地震时相应监测点的最小主应力分别增加到 -8 127.82kPa、-12 792.10kPa、-8 051.47kPa、-2 009.41kPa 和 -5198.70kPa，其中在左拱腰处增加值最大，为 9357.87kPa。不同的加载方式其最不利的位置都出现在左拱腰处，在高速列车与地震荷载作用时下穿隧道监测点最小主应力响应值由大到小为左拱腰→拱顶→左拱脚→隧底→轨道板。

在不同荷载作用下沿隧道方向各监测点的最小主应力峰值曲线在下穿隧道所遵循的规律也不同，其中在左拱脚和隧底处呈现的规律截然相反。在高速列车与地震荷载作用下拱顶、左拱腰、左拱脚和隧底处在最小主应力峰值曲线遵循中间小、两头大的规律，而在轨道板处则是中间大、两头小，说明对于各监测点最不利的断面不只出现在交叉断面。综上分析，立体交叉隧道在离交叉点 24m 处曲线变缓，其最不利的位置都在左拱腰处，地震荷载是影响立体交叉隧道结构安全的主要因素。

6.1.2　不同隧道形式对列车通过地震区隧道的影响

1. 加速度响应分析

高速列车通过地震区时，不同隧道形式的拱顶加速度时程曲线见图 6-49～图 6-52；在振动过程中各监测点的加速度峰值沿隧道方向的变化曲线见图 6-53～图 6-57；不同隧道形式下各监测点加速度峰值见表 6-3。

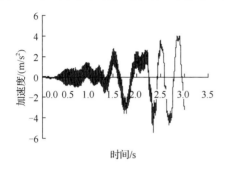

图 6-49　上跨单隧道拱顶加速度时程曲线

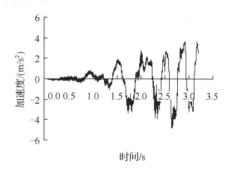

图 6-50　下穿单隧道加速度时程曲线

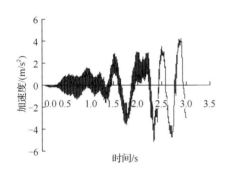

图 6-51　立体上跨隧道拱顶加速度时程曲线

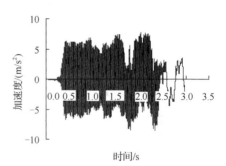

图 6-52　立体下穿隧道拱顶加速度时程曲线

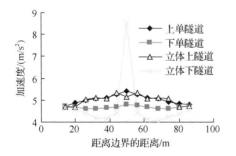

图 6-53　拱顶加速度峰值沿隧道方向的
变化曲线

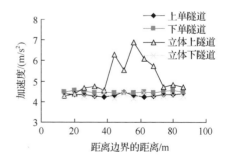

图 6-54　左拱腰加速度峰值沿隧道方向的
变化曲线

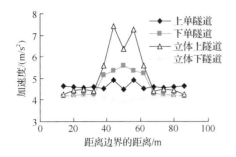

图 6-55 左拱脚加速度峰值沿隧道方向的
变化曲线

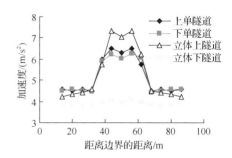

图 6-56 轨道板加速度峰值沿隧道方向的
变化曲线

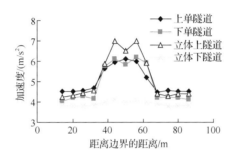

图 6-57 隧底加速度峰值沿隧道方向的变化曲线

表 6-3 不同隧道下各监测点加速度峰值 （单位：m/s²）

位置	加速度峰值			
	上跨单隧道	下穿单隧道	立体上跨隧道	立体下穿隧道
拱顶	5.42	4.81	5.34	8.49
左拱腰	4.47	4.54	6.91	4.39
左拱脚	4.92	5.57	7.43	4.24
轨道板	6.49	6.27	7.34	4.09
隧底	6.12	6.19	7.01	4.12

由图 6-49～图 6-57 和表 6-3 可知，在高速列车和地震荷载共同作用于不同形式隧道时，其各监测点加速度时程曲线不同。在高速列车偶遇突发地震这种模式下，从加速度最大值来看，拱顶处竖向加速度响应值由大到小为立体下穿隧道→上跨单隧道→立体上跨隧道→下穿单隧道→左拱腰→左拱脚，轨道板与隧底处竖向加速度响应值由大到小为立体上跨隧道→下穿单隧道→上跨单隧道→立体下穿隧道。除拱顶外，立体上跨隧道最大加速度值大于其在上跨单隧道最大加速度值，是受立体交叉隧道的影响；上跨单隧道最大加速度值大于其在立体下穿隧道最大加速度值，是因为列车荷载作用在上跨隧道；下穿单隧道最大加速度值大于其在上跨单隧道最大加速度值，是因为隧道离地震加载的位置越远，围岩会对地震荷载进行削弱。

不同隧道形式下各监测点沿隧道方向加速度峰值曲线在离中间断面24m处加速度峰值曲线较平缓，其加速度峰值出现的位置也表现出差异，立体上跨隧道各监测点最大加速度出现在离交叉点 6m 处；上跨单隧道拱顶、左拱腰与隧底处最大加速度出现在中间断面处，其他监测点则在离中间断面 6m 处；立体下穿隧道拱顶与左拱腰处最大加速度出现在交叉点处，左拱脚则在离交叉点 30m 处，其他点则在离交叉点 6m 处；下穿单隧道拱顶、左拱腰与左拱脚处最大加速度出现在中间断面处，其他监测点则在离中间断面 6m 处。因此，在高速列车与地震荷载作用下，立体交叉隧道在交叉点附近与单隧道相比表现出差异，是因为在立体交叉隧道在交叉点附近改变了荷载的传播效应。

2. 竖向位移响应分析

高速列车通过地震区时，隧道结构监测点竖向位移值包括两部分，即一部分为正值（竖直向上），另一部分为负值（竖直向下），这两部分在沿隧道方向的变化曲线规律相似。不同隧道形式其拱顶竖向位移时程曲线见图 6-58～图 6-61。在震动过程中各监测点的竖向位移峰值沿隧道方向的变化曲线见图 6-62～图 6-66；各监测点最大正竖向位移峰值见表 6-4。

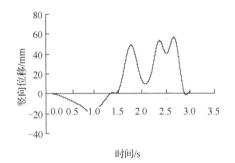

图 6-58　上跨单隧道拱顶竖向位移时程曲线　图 6-59　下穿单隧道拱顶竖向位移时程曲线

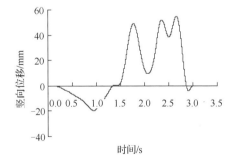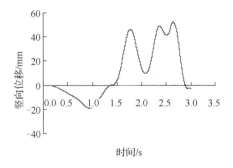

图 6-60　立体上跨隧道拱顶竖向位移时程曲线　图 6-61　立体下穿隧道拱顶竖向位移时程曲线

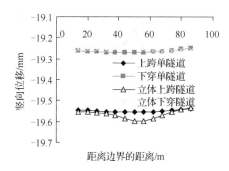

图 6-62　拱顶竖向位移峰值沿隧道方向的
变化曲线

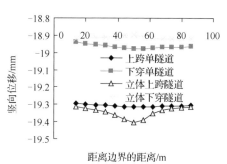

图 6-63　左拱腰竖向位移峰值沿隧道方向的
变化曲线

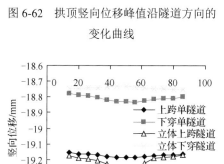

图 6-64　左拱脚竖向位移峰值沿隧道方向的
变化曲线

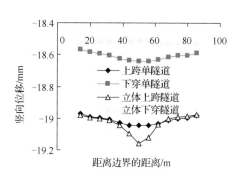

图 6-65　轨道板竖向位移峰值沿隧道方向的
变化曲线

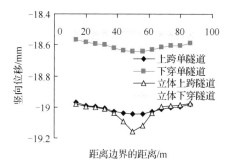

图 6-66　隧底竖向位移峰值沿隧道方向的变化曲线

表 6-4　不同隧道形式各监测点最大正竖向位移峰值　　　　　　（单位：mm）

位置	竖向位移峰值			
	上跨单隧道	下穿单隧道	立体上跨隧道	立体下穿隧道
拱顶	56.82	51.95	58.35	52.83
	-19.56	-19.27	-19.60	-19.26

续表

位置	竖向位移峰值			
	上跨单隧道	下穿单隧道	立体上跨隧道	立体下穿隧道
左拱腰	55.44	51.61	56.73	51.83
	-19.31	-18.98	-19.40	-18.92
左拱脚	55.53	51.87	56.79	52.01
	-19.19	-18.83	-19.30	-18.75
轨道板	55.84	52.98	57.14	53.14
	-19.04	-18.64	-19.12	-18.52
隧底	55.84	52.98	57.13	53.13
	-19.04	-18.64	-19.16	-18.52

由图 6-58～图 6-66 和表 6-4 可知，在高速列车通过地震区不同形式隧道时，各监测点竖向位移时程曲线相似。在高速列车偶遇突发地震下，从竖直向下位移可知，同一隧道监测断面竖向位移响应值由大到小为拱顶→左拱腰→左拱脚→轨道板→隧底；从竖直向上位移可知，同一隧道监测断面竖向位移响应值由大到小为拱顶→轨道板→隧底→左拱脚→左拱腰。从竖直向下位移可知，不同形式隧道同一监测位置竖向位移响应值由大到小为立体上隧道→上跨单隧道→下穿单隧道→立体下隧道；从竖直向上位移可知，不同形式隧道同一监测位置竖向位移响应值由大到小为立体上隧道→上跨单隧道→立体下隧道→下穿单隧道。

不同隧道形式（除立体下穿隧道）下各监测点沿隧道方向的竖直向下位移峰值曲线遵循中间大、两头小的规律，在立体下穿隧道遵循中间小、两头大的规律，同时离中间断面 24m 处加速度峰值曲线较平缓。对于单隧道各监测点竖向峰值曲线较为平缓，立体上跨隧道在交叉断面附近竖向位移相对于单上跨隧道有增效效应，立体下穿隧道相对于下穿单隧道有减效效应。因此，在高速列车与地震荷载作用下，立体交叉隧道可改变单跨隧道荷载效应。

3. 最大主应力响应分析

高速列车通过地震区时，不同隧道形式的拱顶最大主应力时程曲线见图 6-67～图 6-70。在振动过程中各监测点的最大主应力峰值沿隧道方向的变化曲线见图 6-71～图 6-75；不同隧道形式各监测点最大主应力峰值见表 6-5。

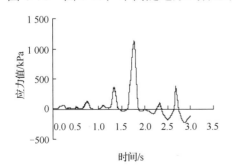

图 6-67 上跨单隧道拱顶最大主应力时程曲线

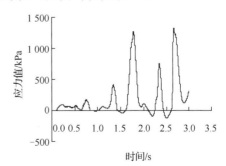

图 6-68 下穿单隧道拱顶最大主应力时程曲线

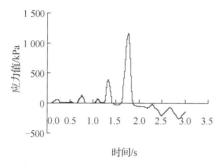

图 6-69　立体上跨隧道拱顶最大主应力
时程曲线

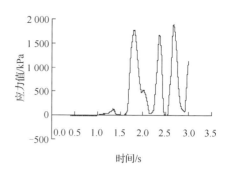

图 6-70　立体下穿隧道拱顶最大主应力
时程曲线

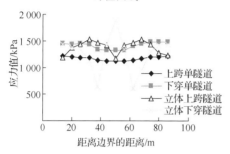

图 6-71　拱顶最大主应力峰值
沿隧道方向的变化曲线

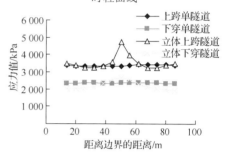

图 6-72　左拱腰最大主应力峰值
沿隧道方向的变化曲线

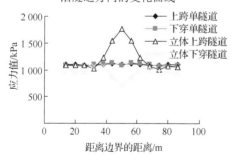

图 6-73　左拱脚最大主应力峰值
沿隧道方向的变化曲线

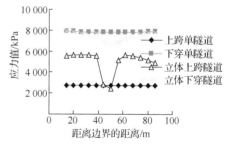

图 6-74　轨道板最大主应力峰值
沿隧道方向的变化曲线

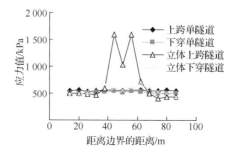

图 6-75　隧底最大主应力峰值沿隧道方向的变化曲线

表 6-5　不同隧道形式各监测点最大主应力峰值　　　　　（单位：kPa）

位置	最大主应力峰值			
	上跨单隧道	下穿单隧道	立体上跨隧道	立体下穿隧道
拱顶	1 214.79	1 484.27	1 526.05	1 890.11
左拱腰	3 389.72	2 380.92	4 764.21	2 645.80
左拱脚	1 099.15	1 131.95	1 767.13	1 075.55
轨道板	2 752.40	7 880.26	5 573.79	7 893.88
隧底	566.51	540.59	1 589.68	663.41

由图 6-67～图 6-75 和表 6-5 可知，在高速列车通过地震区隧道时，不同形式隧道的各监测点最大主应力时程曲线是不同的。从上述数据可知，高速列车偶遇突发地震下，上跨隧道各监测点处最大主应力大于其在上跨单隧道处的最大主应力；下穿隧道各监测点处最大主应力大于其在下穿单隧道处的最大主应力。

单隧道时各监测点沿隧道方向的最大主应力峰值曲线较为平缓。对比立体上跨隧道与上跨单隧道，左拱腰、左拱脚和隧底处距中间断面 12m 内立体隧道最大主应力大于单隧道，距中间断面越远两者越接近；拱顶和轨道板处立体隧道最大主应力普遍大于单隧道，且在隧道交叉点达到最小值。对比立体下穿隧道与下穿单隧道，拱顶处立体隧道最大主应力从中间向两边先减小再增大，单隧道最大主应力中间小、两头大；左拱腰处距中间断面 12m 内立体隧道最大主应力大于单隧道；左拱脚和轨道板处距中间断面 12m 内立体隧道小于单隧道；隧底处中间断面 24m 内立体隧道最大主应力大于单隧道，距交叉点 12m 处达到最大值。综上所述，高速列车和地震荷载对立体交叉隧道交叉点附近 12m 内相对于单隧道处有增效作用。

4. 最小主应力响应分析

高速列车通过地震区时，不同隧道形式的拱顶最小主应力时程曲线见图 6-76～图 6-79；在振动过程中各监测点的最小主应力峰值沿隧道方向的变化曲线见图 6-80～图 6-84；不同隧道形式各监测点最小主应力峰值见表 6-6。

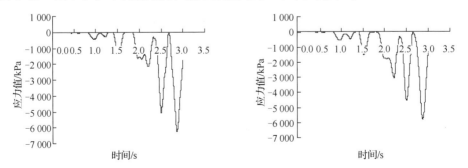

图 6-76　上跨单隧道拱顶最小主应力时程曲线　　图 6-77　下穿单隧道拱顶最小主应力时程曲线

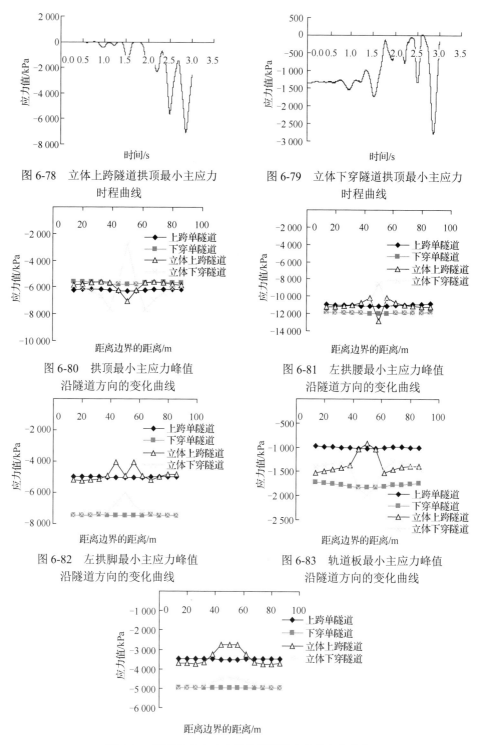

图 6-78　立体上跨隧道拱顶最小主应力
　　　　　时程曲线

图 6-79　立体下穿隧道拱顶最小主应力
　　　　　时程曲线

图 6-80　拱顶最小主应力峰值
　　　　　沿隧道方向的变化曲线

图 6-81　左拱腰最小主应力峰值
　　　　　沿隧道方向的变化曲线

图 6-82　左拱脚最小主应力峰值
　　　　　沿隧道方向的变化曲线

图 6-83　轨道板最小主应力峰值
　　　　　沿隧道方向的变化曲线

图 6-84　隧底最大主应力峰值沿隧道方向的变化曲线

表 6-6　不同隧道形式各监测点最小主应力峰值　　（单位：kPa）

位置	最小主应力峰值			
	上跨单隧道	下穿单隧道	立体上跨隧道	立体下穿隧道
拱顶	−6 294.27	−5 790.70	−7 055.90	−5 996.90
左拱腰	−11 132.00	−11 944.30	−12 831.80	−11 988.20
左拱脚	−5 041.57	−7 463.74	−5 217.81	−7 472.90
轨道板	−1 025.04	−1 823.71	−1 522.72	−1 989.74
隧底	−3 526.06	−4 971.90	−3 695.28	−4 987.26

注：负号表示受压。

由图 6-76～图 6-84 和表 6-6 可知，在高速列车通过地震区隧道时，不同形式隧道各监测点最小主应力时程曲线相似。从上述数据可知，高速列车偶遇突发地震下，立体上跨隧道各监测点处最小主应力大于其在上跨单隧道处的最小主应力；立体下穿隧道各监测点处最小主应力大于其在下穿单隧道处的最小主应力；下穿单隧道各监测点（除拱顶）处最小主应力大于其在上跨单隧道处的最小主应力。

单隧道时各监测点沿隧道方向的最小主应力峰值曲线较为平缓。对比立体上跨隧道与上跨单隧道，拱顶和左拱腰处立体隧道中间断面最小主应力大于单隧道，离中间断面越远两者越接近；左拱脚和隧底处立体隧道中间断面 12m 内最小主应力小于单隧道；轨道板处立体隧道中间断面 6m 内最小主应力小于单隧道。对比立体下穿隧道与下穿单隧道，拱顶处立体隧道中间断面 6m 内最小主应力小于单隧道，中间断面 12m 处差值最大，距中间断面越远两者越接近；左拱腰和左拱脚处立体隧道中间断面 12m 内最小主应力小于单隧道，距中间断面越远两者越接近；轨道板处立体隧道中间断面 6m 内最小主应力大于下穿单隧道；隧底处立体隧道中间断面 24m 内最小主应力小于单隧道，在立体隧道交叉点达到最小值。综上所述，高速列车和地震荷载对立体交叉隧道交叉点附近 12m 内相对于单隧道有增效作用。

6.1.3　列车的通行方式对地震区立体交叉隧道的影响

1. 加速度响应分析

1）上跨隧道的响应特性

高速列车通过地震区时，列车的不同通行其拱顶加速度时程曲线见图 6-85～图 6-87；在振动过程中上跨隧道各监测点交叉断面加速度峰值见表 6-7。

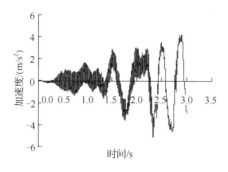

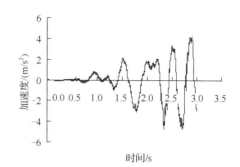

图 6-85 上行拱顶加速度时程曲线   图 6-86 下行拱顶加速度时程曲线

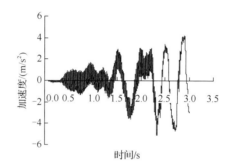

图 6-87 上、下行拱顶加速度时程曲线

表 6-7 上跨隧道各监测点交叉断面加速度峰值   （单位：m/s²）

通行方式	加速度峰值				
	拱顶	左拱腰	左拱脚	轨道板	隧底
上行	5.15	5.55	6.34	7.04	6.53
下行	4.71	4.13	3.92	3.94	3.94
上、下行	5.08	5.53	6.20	6.73	5.26

由图 6-85～图 6-87 可知，在高速列车和地震荷载的共同作用下，相同处监测点的加速度时程曲线走势相同，其在上行方式和上、下行方式时加速度时程曲线更为相似，由于在上跨隧道同时有列车经过，而下行方式时荷载传播到上跨隧道结构要经过中间围岩的削弱。由表 6-7 可知，不同通行方式下上跨隧道交叉断面各监测点加速度峰值也不同，对于同一监测位置加速度响应在不同通行方式下由大到小为上行方式→上、下行方式→下行方式。上、下行方式交叉断面拱顶、左拱腰、左拱脚、轨道板与隧底处加速度峰值相对于下行方式其值分别增加 0.37m/s²、1.40m/s²、2.28m/s²、2.79m/s² 和 1.32m/s²，响应增幅分别为 7.86%、33.90%、58.16%、70.81% 和 33.50%，从增幅看，轨道板增幅最大，拱顶增幅最小，因此上跨隧道轨道板受通行方式影响最大。

2）下穿隧道的响应特性

高速列车通过地震区时，列车的不同通行其拱顶加速度时程曲线见图6-88～图6-90；振动过程中下穿隧道各监测点在交叉断面加速度峰值见表6-8。

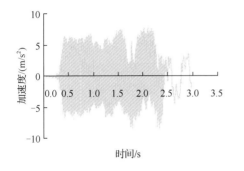

图6-88　上行拱顶加速度时程曲线　　　　图6-89　下行拱顶加速度时程曲线

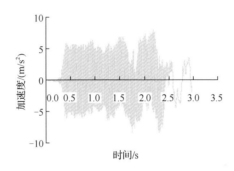

图6-90　上、下行拱顶加速度时程曲线

表 6-8　下穿隧道各监测点在交叉断面加速度峰值　　　　　（单位：m/s²）

通行方式	加速度峰值				
	拱顶	左拱腰	左拱脚	轨道板	隧底
上行	8.49	4.40	3.89	3.93	3.94
下行	4.46	4.35	5.10	6.19	5.51
上、下行	8.42	4.58	6.25	5.65	5.56

由图6-88～图6-90可知，不同通行方式下下穿隧道监测点加速度时程曲线的规律符合其上跨隧道监测点加速度时程曲线。由表6-8可知，不同通行方式下穿隧道交叉断面各监测点加速度峰值也不同，拱顶处加速度响应在不同通行方式下由大到小为上行方式→上、下行方式→下行方式，左拱腰处其值由大到小为上、下行方式→上行方式→下行方式，轨道板处其值由大到小为下行方式→上、下行方式→上行方式，其他监测点处其值由大到小为上、下行方式→下行方式→上行方式；可以看出，对于下穿隧道拱顶受上行方式影响较大。上、下行方式交叉断

面拱顶、左拱腰、左拱脚、轨道板与隧底处加速度峰值相对于上行方式其值分别增加-0.07m/s²、0.18m/s²、2.36m/s²、1.72m/s²和1.62m/s²，响应增幅分别为-0.82%、4.09%、60.67%、43.77%和41.12%，从增幅和数值看下穿隧道拱顶受通行方式影响最大，其次是轨道板和隧底。

综上可知，立体交叉隧道结构受上、下行通行方式影响最大，但其不是上行方式与下行方式数值的简单叠加，它们不呈线性关系。

2. 竖向位移响应分析

1）上跨隧道的响应特性

高速列车通过地震区时，由于列车的不同通行方式，其拱顶竖向位移时程曲线见图 6-91～图 6-93；在振动过程中上跨隧道各监测点在交叉断面竖向位移峰值见表 6-9。

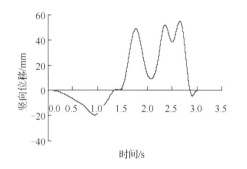
图 6-91　上行拱顶竖向位移时程曲线

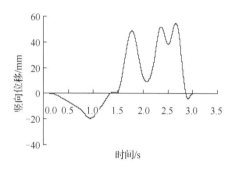
图 6-92　下行拱顶竖向位移时程曲线

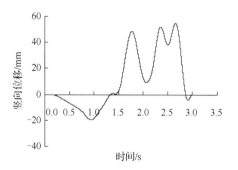
图 6-93　上、下行拱顶竖向位移时程曲线

表 6-9　上跨隧道各监测点在交叉断面竖向位移峰值　　　　（单位：mm）

通行方式	竖向位移峰值				
	拱顶	左拱腰	左拱脚	轨道板	隧底
上行	-19.60	-19.40	-19.30	-19.16	-19.16
	54.80	53.90	54.05	54.43	54.43

续表

通行方式	竖向位移峰值				
	拱顶	左拱腰	左拱脚	轨道板	隧底
下行	-19.58	-19.36	-19.24	-19.07	-19.07
	54.81	53.97	54.13	54.52	54.52
上、下行	-19.63	-19.44	-19.34	-19.20	-19.20
	54.78	53.88	54.03	54.41	54.41

注：正值表示竖直向上，负值表示竖直向下，下同。

由图 6-91～图 6-93 可知，在高速列车和地震荷载共同作用下，列车的不同通行方式其上跨隧道相同监测点处的竖向位移时程曲线相似，其值不同。由表 6-9 可知，不同通行方式下上跨隧道交叉断面各监测点竖向位移峰值也不同，各监测点处竖直向下位移响应在不同通行方式下由大到小为上、下行方式→上行方式→下行方式，而竖直向上位移响应与竖直向下位移响应情况正好相反。上、下行方式交叉断面拱顶、左拱腰、左拱脚、轨道板与隧底处的竖直向下位移峰值相对于下行方式其值分别增加 0.05mm、0.08mm、0.10mm、0.13mm 和 0.13mm，响应增幅分别为 0.26%、0.41%、0.52%、0.68%和 0.68%。因此，从增幅和数值上看，上跨隧道各监测点竖向位移受通行方式影响不大。

2）下穿隧道的响应特性

高速列车通过地震区时，列车不同通行方式其拱顶竖向位移时程曲线见图 6-94～图 6-96；在振动过程中下穿隧道各监测点在交叉断面竖向位移峰值见表 6-10。

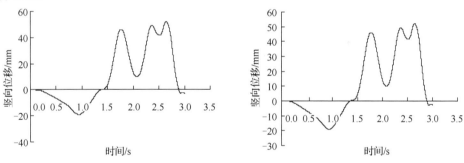

图 6-94 上行拱顶竖向位移时程曲线　　　图 6-95 下行拱顶竖向位移时程曲线

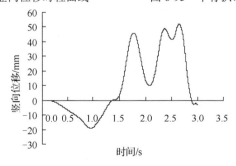

图 6-96 上、下行拱顶竖向位移时程曲线

表 6-10　下穿隧道各监测点在交叉断面竖向位移峰值　　　　（单位：mm）

通行方式	监测点位置				
	拱顶	左拱腰	左拱脚	轨道板	隧底
上行	−19.16	−18.90	−18.73	−18.51	−18.51
	52.27	51.23	51.40	52.55	52.56
下行	−19.08	−18.87	−18.72	−18.58	−18.58
	52.29	51.21	51.37	52.49	52.49
上、下行	−19.20	−18.96	−18.81	−18.62	−18.62
	52.25	51.16	51.33	52.47	52.47

由图 6-94～图 6-96 可知，下穿隧道拱顶不同通行方式下的竖向位移时程曲线与上跨隧道拱顶处的竖向位移时程曲线相似。由表 6-10 可知，不同通行方式下，下穿隧道交叉断面各监测点竖向位移峰值也不同，拱顶、左拱腰和左拱脚处竖直向下位移响应在不同通行方式下由大到小为上、下行方式→上行方式→下行方式，而轨道板和隧底处则是上、下行方式→下行方式→上行方式；拱顶处竖直向上位移响应与竖直向下位移响应情况正好相反，左拱腰、左拱脚、轨道板和隧底处竖直向上位移响应在不同通行方式下由大到小为上行方式→下行方式→上、下行方式。上、下行方式交叉断面拱顶、左拱腰、左拱脚、轨道板与隧底处竖直向下位移峰值相对于上行方式其值分别增加 0.04mm、0.06mm、0.08mm、0.11mm 和 0.11mm，响应增幅分别为 0.21%、0.32%、0.43%、0.59%和 0.59%。因此，从增幅和数值上看，立体交叉隧道结构各监测点竖向位移受通行方式影响很小。

3. 最大主应力响应分析

1）上跨隧道的响应特性

高速列车通过地震区时，列车的不同通行方式其拱顶最大主应力时程曲线见图 6-97～图 6-99；在振动过程中上跨隧道各监测点在交叉断面最大主应力峰值见表 6-11。

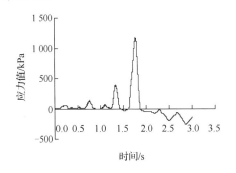

图 6-97　上行拱顶最大主应力时程曲线

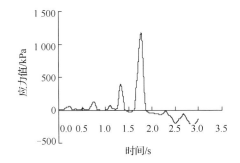

图 6-98　下行拱顶最大主应力时程曲线

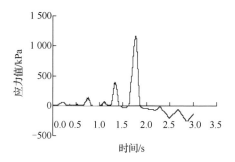

图 6-99　上、下行拱顶最大主应力时程曲线

表 6-11　上跨隧道各监测点在交叉断面最大主应力峰值　　　　（单位：kPa）

通行方式	最大主应力峰值				
	拱顶	左拱腰	左拱脚	轨道板	隧底
上行	1 166.46	4 764.21	1 767.13	2 397.28	1 025.79
下行	1 169.71	4 765.41	1 762.27	2 426.50	1 025.33
上、下行	1 163.89	4 768.86	1 773.00	2 398.01	1 029.00

注：正值表示受拉。下同。

由图 6-97～图 6-99 可知，在高速列车和地震荷载共同作用下，列车的不同通行方式其上跨隧道相同监测点处的最大主应力时程曲线相似，在 1.76s 附近达到最大值。由表 6-11 可知，不同通行方式下上跨隧道交叉断面各监测点最大主应力峰值也不同，但其差值不大，上跨隧道各监测点的最大主应力出现的通行方式也不同。拱顶和轨道板处最大主应力值在下行方式下最大，其值分别为 1 169.71kPa 和 2 426.50kPa；左拱腰、左拱脚和隧底处最大主应力值在上、下行方式下最大，其值分别为 4 768.86kPa、1 773.00kPa 和 1 029.0kPa。因此，在高速列车通过地震区立体交叉隧道时，左拱脚是上跨隧道结构最不利位置，上行方式对其上跨隧道结构的最大主应力影响最小。

2）下穿隧道的响应特性

高速列车通过地震区时，列车的不同通行方式其拱顶最大主应力时程曲线见图 6-100～图 6-102；在振动过程中下穿隧道各监测点在交叉断面最大主应力峰值见表 6-12。

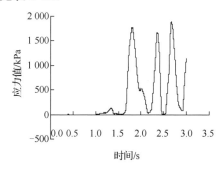

图 6-100　上行拱顶最大主应力时程曲线

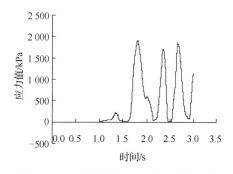

图 6-101　下行拱顶最大主应力时程曲线

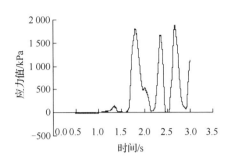

图 6-102　　上、下行拱顶最大主应力时程曲线

表 6-12　　下穿隧道各监测点在交叉断面最大主应力峰值　　　　　　（单位：kPa）

通行方式	最大主应力峰值				
	拱顶	左拱腰	左拱脚	轨道板	隧底
上行	1 890.11	2 645.81	730.43	6 614.46	557.11
下行	1 911.75	2 650.58	739.42	6 579.38	589.27
上、下行	1 881.57	2 653.87	769.76	6 573.59	597.72

　　由图 6-100～图 6-102 可知，在高速列车和地震荷载共同作用下，列车的不同通行方式其下穿隧道相同监测点处的最大主应力时程曲线相似，最大主应力值在前 1s 数值较小，在 2.67s 附近达到最大。由表 6-12 可知，下穿隧道结构各监测点的最大主应力表现的规律与在上跨隧道结构表现的相同，即拱顶和轨道板处最大主应力值在下行方式下最大，其值分别为 1 911.75kPa 和 6 579.38kPa；左拱腰、左拱脚和隧底处最大主应力值在上、下行方式下最大，其值分别为 2 653.87kPa、769.76kPa 和 597.72kPa。因此，在高速列车通过地震区立体交叉隧道时，轨道板处是下穿隧道最不利的位置，同时发现不同通行方式下同一监测点的最大主应力值变化很小。

　　4. 最小主应力响应分析

　　1）上跨隧道的响应特性

　　从高速列车通过地震区时，列车的不同通行方式其拱顶最小主应力时程曲线见图 6-103～图 6-105；在振动过程中上跨隧道各监测点在交叉断面最小主应力峰值见表 6-13。

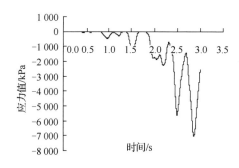

图 6-103　上行拱顶最小主应力时程曲线

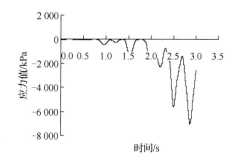

图 6-104　下行拱顶最小主应力时程曲线

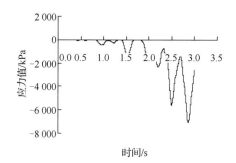

图 6-105　上、下行拱顶最小主应力时程曲线

表 6-13　上跨隧道各监测点在交叉断面最小主应力峰值　　　（单位：kPa）

通行方式	最小主应力峰值				
	拱顶	左拱腰	左拱脚	轨道板	隧底
上行	−7 055.90	−12 831.80	−4 904.42	−920.17	−2 759.82
下行	−7 046.02	−12 843.90	−4 912.83	−837.90	−2 770.11
上、下行	−7 058.88	−12 838.10	−4 905.92	−923.22	−2 759.86

注：负值表示受压，下同。

　　由图 6-103～图 6-105 可知，在高速列车和地震荷载共同作用下，列车的不同通行方式其上跨隧道相同监测点处的最小主应力时程曲线相似，最小主应力值在前 0.8s 数值较小，呈波浪式递增，在 2.86s 附近达到最大。由表 6-13 可知，通行方式不同导致上跨隧道交叉断面各监测点最小主应力峰值也不同，但其差值不大，上跨隧道各监测点的最小主应力出现的通行方式也不同。左拱腰、左拱脚和隧底处最小主应力值在下行方式下最大，其值分别为−12 843.90kPa、−4 912.83kPa 和−2 770.11kPa；拱顶和轨道板处最小主应力值在上、下行方式下最大，其值分别为−7 058.88kPa 和−923.22kPa。因此，在高速列车通过地震区立体交叉隧道时，左拱腰是最敏感的位置，其值最大，上行方式下各监测点最小主应力值相对其他两种较小。

2）下穿隧道的响应特性

高速列车通过地震区时，列车的不同通行方式其拱顶最小主应力时程曲线见图 6-106～图 6-108；在振动过程中下穿隧道各监测点在交叉断面最小主应力峰值见表 6-14。

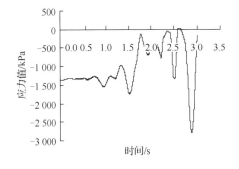

图 6-106　上行拱顶最小主应力时程曲线

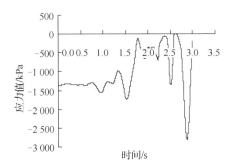

图 6-107　下行拱顶最小主应力时程曲线

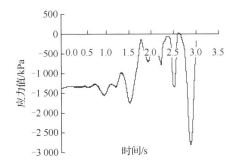

图 6-108　上、下行拱顶最小主应力时程曲线

表 6-14　下穿隧道各监测点在交叉断面最小主应力峰值　　　　　（单位：kPa）

通行方式	最小主应力峰值				
	拱顶	左拱腰	左拱脚	轨道板	隧底
上行	−2 796.12	−8 498.98	−6 022.09	−1 989.74	−4 442.8
下行	−2 818.02	−8 494.25	−6 018.26	−2 148.99	−4 427.48
上、下行	−2 804.12	−8 490.03	−6 012.66	−2 138.83	−4 424.38

由图 6-106～图 6-108 和表 6-14 可知，在高速列车和地震荷载共同作用下，列车的不同通行方式其下穿隧道相同监测点处的最小主应力时程曲线相似，最小主应力值在 1.5s 开始减小，在 2.87s 附近达到最大。

下穿隧道结构各监测点的最小主应力遵循的规律与在上跨隧道结构表现的不同，即拱顶和轨道板处最小主应力值在下行方式下最大，其值分别为−2 818.02kPa 和−2 148.99kPa；左拱腰、左拱脚和隧底处最小主应力值在上行方式下最大，其值分别为-8 498.98kPa、-6 022.09kPa 和-4 442.80kPa。因此，在高速列车通过地震区立体交叉隧道时，左拱腰和左拱脚处受动荷载影响较大。

6.2　多元荷载耦合作用下立体交叉隧道结构安全性分析

上述分析了不同埋深下高速列车荷载对立体交叉隧道的动力特性及在高速列车与地震荷载共同作用下立体交叉隧道的动力特性分析。因此，本节主要对立体交叉隧道衬砌结构在高速列车和地震荷载作用下的安全性进行分析。隧道模型包括隧道的初期支护和二次衬砌。由于围岩具有一定的自承能力，它与初期支护组合在一起能起到永久建筑物的作用，而二次衬砌起到了安全储备作用，同时也具有美观效果。当受到列车荷载以及地震荷载时，二次衬砌的安全与否就显得格外重要。因此，分析模型当中衬砌的破坏位置，可以为抗震设计起到指导的作用。

6.2.1　隧道结构的安全判断依据

在计算完成后，为了验证衬砌结构的安全，需要对衬砌的拉压主应力进行判断，判断其是否破坏。参考《铁路桥涵钢筋混凝土和预应力混凝土结构设计规范》（TB 10002.3—2005），运营隧道荷载作用下正截面混凝土主压应力（扣除全部应力损失后）应符合下式：

$$\sigma_c \leqslant 0.55 f_c \tag{6-1}$$

式中：σ_c 为荷载及预应力钢筋有效预应力产生的正截面混凝土最大压应力；f_c 为混凝土抗压极限强度，见表 6-15。对允许出现拉应力和开裂的构件在荷载作用下，混凝土主应力（扣除全部应力损失后）应符合下式：

$$\sigma_{tp} \leqslant 0.7 f_{ct} \tag{6-2}$$

式中：σ_{tp} 为混凝土主拉应力（MPa）；f_{ct} 为混凝土抗拉极限强度。

表 6-15　混凝土极限强度　　　　　　（单位：MPa）

强度种类	混凝土极限强度								
	C20	C25	C30	C35	C40	C45	C50	C55	C60
轴心抗压 f_c	13.5	17.0	20.0	23.5	27.0	30.0	33.5	37.0	40.0
轴心抗拉 f_{ct}	1.70	2.00	2.20	2.50	2.70	2.90	3.10	3.30	3.50

6.2.2　隧道结构的安全分析

模型计算中，监测点布置在立体交叉隧道衬砌和轨道板处，而这两种结构在模拟中所采用混凝土材料见表 6-16。

表 6-16　结构所用混凝土等级

结构名称	混凝土等级
二次衬砌	C35
轨道板	C45

　　将表 6-16 所用材料的极限强度代入式（6-1）和式（6-2），可知结构的拉、压主应力的限值。二次衬砌的拉、压主应力的限值分别为 1.75MPa 和 12.93MPa；轨道板的拉、压主应力的限值分别为 2.03MPa 和 16.5MPa。

　　为了更好地判断立体交叉隧道在动荷载作用下受力状态，将在各种因素下隧道结构的主应力值与结构的主应力限值进行比较，进而分析隧道结构的安全性。在高速列车与地震荷载作用下，不同埋深下立体交叉隧道结构主应力状态见表 6-17 和表 6-18；不同隧道类型下隧道结构主应力状态见表 6-19 和表 6-20；不同的通行方式下隧道结构的应力及安全状态见表 6-21 和表 6-22。

表 6-17　不同埋深下隧道结构最大主应力及安全状态　　（单位：MPa）

位置	隧道埋深							
	20m		30m		40m		50m	
	最大主应力	状态	最大主应力	状态	最大主应力	状态	最大主应力	状态
上拱顶	0.008	未超限	0.007	未超限	0.005	未超限	0.005	未超限
上左拱腰	0.090	未超限	0.101	未超限	0.108	未超限	0.130	未超限
上左拱脚	0.135	未超限	0.128	未超限	0.122	未超限	0.177	未超限
上轨道板	0.013	未超限	0.013	未超限	0.010	未超限	0.010	未超限
上隧底	0.055	未超限	0.051	未超限	0.048	未超限	0.048	未超限
下拱顶	0.094	未超限	0.151	未超限	0.190	未超限	0.172	未超限
下左拱腰	0.210	未超限	0.314	未超限	0.407	未超限	0.511	未超限
下左拱脚	0.355	未超限	0.462	未超限	0.552	未超限	0.516	未超限
下轨道板	0.014	未超限	0.014	未超限	0.015	未超限	0.015	未超限
下隧底	0.144	未超限	0.143	未超限	0.137	未超限	0.124	未超限

注：状态为应力值与限制的比较，小于限制为未超限，大于限制为超限，下同。

表 6-18　不同埋深下隧道结构最小主应力及安全状态　　（单位：MPa）

位置	隧道埋深							
	20m		30m		40m		50m	
	最小主应力	状态	最小主应力	状态	最小主应力	状态	最小主应力	状态
上拱顶	0.071	未超限	0.067	未超限	0.070	未超限	0.072	未超限
上左拱腰	0.045	未超限	0.042	未超限	0.038	未超限	0.041	未超限
上左拱脚	0.047	未超限	0.048	未超限	0.049	未超限	0.051	未超限
上轨道板	0.206	未超限	0.209	未超限	0.210	未超限	0.213	未超限
上隧底	0.111	未超限	0.118	未超限	0.118	未超限	0.118	未超限

续表

位置	隧道埋深							
	20m		30m		40m		50m	
	最小主应力	状态	最小主应力	状态	最小主应力	状态	最小主应力	状态
下拱顶	1.247	未超限	1.725	未超限	2.329	未超限	2.844	未超限
下左拱腰	1.338	未超限	1.899	未超限	2.490	未超限	3.106	未超限
下左拱脚	0.578	未超限	0.877	未超限	1.199	未超限	1.536	未超限
下轨道板	0.502	未超限	0.598	未超限	0.695	未超限	0.788	未超限
下隧底	0.306	未超限	0.488	未超限	0.720	未超限	0.854	未超限

表 6-19　不同隧道类型下隧道结构最大主应力及安全状态　（单位：MPa）

位置	最大主应力及安全状态					
	上单隧道最大主应力	状态	下单隧道最大主应力	状态	交叉隧道最大主应力	状态
上拱顶	1.214	未超限	—	—	1.526	未超限
上左拱腰	3.354	超限	—	—	4.764	超限
上左拱脚	1.096	未超限	—	—	1.767	超限
上轨道板	2.743	超限	—	—	5.573	超限
上隧底	0.549	未超限	—	—	1.589	未超限
下拱顶	—	—	1.445	未超限	1.890	超限
下左拱腰	—	—	2.351	超限	2.645	超限
下左拱脚	—	—	1.080	未超限	1.075	未超限
下轨道板	—	—	7.801	超限	7.893	超限
下隧底	—	—	0.519	未超限	0.663	未超限

表 6-20　不同隧道类型下隧道结构最小主应力及安全状态　（单位：MPa）

位置	最小主应力及安全状态					
	上单隧道最小主应力	状态	下单隧道最小主应力	状态	交叉隧道最小主应力	状态
上拱顶	6.270	未超限	—	—	7.056	未超限
上左拱腰	11.132	未超限	—	—	12.831	未超限
上左拱脚	5.041	未超限	—	—	5.209	未超限
上轨道板	1.025	未超限	—	—	1.522	未超限
上隧底	3.526	未超限	—	—	3.695	未超限
下拱顶	—	—	5.776	未超限	7.648	未超限
下左拱腰	—	—	11.944	未超限	11.907	未超限
下左拱脚	—	—	7.464	未超限	7.433	未超限
下轨道板	—	—	1.824	未超限	1.989	未超限
下隧底	—	—	4.972	未超限	4.987	未超限

表 6-21 不同通行方式隧道结构最大主应力及安全状态 （单位：MPa）

位置	最大主应力及安全状态					
	上行最大主应力	状态	下行最大主应力	状态	上、下行最大主应力	状态
上拱顶	1.166	未超限	1.169	未超限	1.164	未超限
上左拱腰	4.764	超限	4.765	超限	4.769	超限
上左拱脚	1.767	超限	1.762	超限	1.773	超限
上轨道板	2.397	超限	2.427	超限	2.389	超限
上隧底	1.026	未超限	1.025	未超限	1.029	未超限
下拱顶	1.890	超限	1.911	超限	1.881	超限
下左拱腰	2.645	超限	2.651	超限	2.654	超限
下左拱脚	0.730	未超限	0.739	未超限	0.770	未超限
下轨道板	6.614	超限	6.579	超限	6.574	超限
下隧底	0.557	未超限	0.589	未超限	0.598	未超限

表 6-22 不同通行方式隧道结构最小主应力及安全状态 （单位：MPa）

位置	最小主应力及状态					
	上行最小主应力	状态	下行最小主应力	状态	上、下行最小主应力	状态
上拱顶	7.056	未超限	7.046	未超限	7.059	未超限
上左拱腰	12.832	未超限	12.844	未超限	12.838	未超限
上左拱脚	4.904	未超限	4.913	未超限	4.906	未超限
上轨道板	0.920	未超限	0.838	未超限	0.923	未超限
上隧底	2.760	未超限	2.770	未超限	2.760	未超限
下拱顶	2.796	未超限	2.818	未超限	2.804	未超限
下左拱腰	8.499	未超限	8.494	未超限	8.490	未超限
下左拱脚	6.022	未超限	6.018	未超限	6.013	未超限
下轨道板	1.990	未超限	2.149	未超限	2.139	未超限
下隧底	4.443	未超限	4.427	未超限	4.424	未超限

由表 6-17～表 6-22 可知，在只有高速列车通过立体交叉隧道时，不同埋深下的隧道结构主应力都处于未超限状态。当高速列车偶遇地震时，从隧道结构的最大主应力来看，上单隧道和下单隧道结构的左拱腰与轨道板处于超限状态；立体交叉隧道的上跨隧道结构的左拱腰、左拱脚与轨道板都处于超限状态，下跨隧道结构的拱顶、左拱腰与轨道板处于超限状态；当高速列车的通行方式不同时，立体交叉隧道的超限位置与上述隧道超限位置相同。从隧道结构的最小主应力来看，立体交叉隧道结构处于未超限状态，并未受压超限。因此，在高速列车与地震荷载作用下，隧道结构的超限形式都属于受拉超限，同时在进行立体交叉隧道抗震设计时，应该增加上跨隧道左拱腰和左拱脚处，以及下跨隧道拱顶和左拱腰处的配筋率和混凝土的厚度，同时研制抗拉性能更好的轨道板，以保证在高速列车与地震荷载作用下，这几处处于未超限状态。

参 考 文 献

[1] 彭立敏, 黄娟, 丁祖德. 高速铁路隧道底部结构动力特性[M]. 北京: 科学出版社, 2016.

[2] 冷彪, 仇文革, 龚伦, 等. 建下穿隧道对既有隧道影响的可拓学分析[J]. 西南交通大学学报, 2014, 49(4): 637-641.

[3] 谢晓锋. 立交下穿隧道爆破施工对既有隧道动力响应研究[D]. 长沙: 长沙理工大学, 2013.

[4] 龚伦. 上下交叉隧道近接施工力学原理及对策研究[D]. 成都: 西南交通大学, 2007.

[5] 中华人民共和国交通运输部. 高速铁路设计规范: TB 10621—2014 [S]. 北京: 中国铁道出版社, 2014.

[6] 施成华, 彭立敏, 黄娟. 铁路隧道基底病害产生机理及整治措施[J]. 中国铁道科学, 2005, 26(4): 61-67.

[7] 唐先国. 隧道铺底破裂及防治[J]. 路基工程, 1998, 76(1): 59-61.

[8] 马国英. 隧道底部病害分析[J]. 铁道标准设计, 1994(4): 460-461.

[9] 黄娟. 基于损伤理论的高速铁路隧道振动响应分析及疲劳寿命研究[D]. 长沙: 中南大学, 2010.

[10] 黄娟, 彭立敏, 陈松洁. 高速移动荷载作用下铁路隧道的动力响应分析[J]. 郑州大学学报(工学版), 2008, 29(3): 117-121.

[11] 黄娟, 彭立敏, 丁祖德, 等. 基于损伤理论的高速铁路隧道结构振动响应分析[J]. 现代隧道技术, 2017, 54(5): 93-100.

[12] 王志伟, 赵有明, 张千里, 等. 高速铁路隧道基底混凝土结构的随机损伤模型[J]. 中国铁道科学, 2017, 38(1): 57-67.

[13] 杨俊斌, 赵坪锐, 刘永孝, 等. 列车荷载对 CRTS I 型板式轨道疲劳损伤的影响研究[J]. 铁道标准设计, 2013(10): 19-23.

[14] 梁波, 蔡英. 不平顺条件下高速铁路路基的动力分析[J]. 铁道学报, 1999, 21(2): 84-88.

[15] 李成辉, 于进江, 仇文革. 深圳地铁道床动载荷分析[J]. 西南交通大学学报, 2001, 36(2): 169-171.

[16] 高峰, 关宝树, 仇文革, 等. 列车荷载作用下地铁重叠隧道的响应分析[J]. 西南交通大学学报, 2003, 38(1): 38-42.

[17] 张玉娥, 牛润明, 朱英磊. 地铁列车振动响应分析及控制方法[J]. 铁道建筑, 2006(5): 97-99.

[18] 刘明丽. 地震及列车振动荷载下的地铁震害特点及防治[J]. 城市轨道交通研究, 2005, 8(1): 82-85.

[19] FUJIKAKA T A. A Prediction method for the propagation of ground vibration from railway trains[J]. Journal of Sound and Vibration, 1986, 111(2): 289-297.

[20] LAMARAN G. Evaluation of dynamic load on rail track sleepers based on vehicle-track modeling and analysis[J]. International Journal of Structural Stability and Dynamics, 2002, 2(3): 355-374.

[21] 蒋红光, 边学成, 徐翔, 等. 列车移动荷载下高速铁路板式轨道路基动力性态的全比尺物理模型试验[J]. 岩土工程学报, 2014, 36 (2) : 354-362.

[22] 杜明庆. 高速铁路隧道仰拱结构力学特性与安全性评价[D]. 北京: 北京交通大学, 2017.

[23] 杜明庆, 张顶立, 张素磊, 等. 高速铁路隧道仰拱结构受力现场实测分析[J]. 中国铁道科学, 2017, 38(5): 53-61.

[24] 潘昌实, 谢正光. 地铁区间隧道列车振动测试与分析[J]. 土木工程学报, 1990, 23(2): 21-28.

[25] 王祥秋, 杨林德, 高文华. 铁路隧道提速列车振动测试与荷载模拟[J]. 铁道学报, 2005, 24(3): 100-107.

[26] 王祥秋, 张火军, 谢文玺. 高速铁路隧道结构动力累积损伤模型试验研究[J]. 隧道建设(中、英文), 2017, 37(8): 939-945.

[27] 彭立敏, 黄林冲, 刘胜利. 铁路隧道铺底结构动力响应分析[J]. 振动与冲击, 2006, 25(5): 175-179.

[28] 丁祖德. 高速铁路隧道基底软岩动力特性及结构安全性研究[D]. 长沙: 中南大学, 2012.

[29] 丁祖德, 谢洪涛, 彭立敏. 高速铁路隧道基底软岩动力响应特性分析[J]. 昆明理工大学学报(自然科学版), 2013, 38(3): 36-41, 79.

[30] 丁祖德, 彭立敏, 雷明锋, 等. 高速铁路隧道列车振动响应影响因素分析[J]. 铁道科学与工程学, 2011, 8(4): 1-6.

[31] THIEDE R., NATKE H G. The influence of thickness vibration of subway walls on the vibration emission generated by subway traffic[J]. Soil Dynamics and Earthquake Engineering, 1991,(4): 672-682.

[32] CAI H B, PENG L M, HUANG J. Dynamic response characteristics of joint between working shaft and tunnel under train vibration loads[C]//The 10th International Conference of Chinese Transportation Professionals. 2010, 382:343-353.

[33] 白冰, 李春峰. 地铁列车振动作用下交叠隧道的三维动力响应[J]. 岩土力学, 2007, 28(增刊): 715-718.

[34] 王祥秋, 杨林德, 周治国. 列车振动荷载作用下隧道衬砌结构动力响应特性分析[J]. 岩石力学与工程学报, 2006, 25 (7): 1337-1342.

[35] 于鹤然. 立体交叉铁路隧道结构静、动力力学特性及其工程应用研究[D]. 成都: 西南交通大学, 2013.

[36] 李亮, 张丙强, 杨晓礼. 高速列车振动荷载下大断面隧道结构动力响应分析[J]. 岩石力学与工程学报, 2005, 24(23): 4259-4265.

[37] 张玉娥, 白宝鸿. 高速铁路隧道列车振动响应数值分析方法[J]. 振动与冲击, 2011, 20(3): 91-94.

[38] BALENDRA T, KOH C G, HO Y C. Dynamic response of buildings due to trains in underground tunnels[J]. Earthquake Engineering and Structural Dynamics, 1991, 20(5): 275-291.

[39] GUAN F, MOORE I D. Three-dimensional dynamic response of twin cavities due to traveling loads[J]. Journal of Engineering Mechanics, 1994, 120(3): 637-657.

[40] 王荣. 在高速铁路列车动荷载作用下不同加固措施盾构隧道管片的疲劳寿命预测[D]. 成都: 西南交通大学, 2017.

[41] 陈行, 晏启祥, 黄希. 列车振动荷载作用下高速铁路近距地铁平行隧道的动力响应特性分析[J]. 铁道标准设计, 2017, 61(6): 116-119.

[42] 和振兴, 翟婉明, 罗真. 地铁列车引起的地面振动[J]. 西南交通大学学报, 2008, 43(2): 218-221.

[43] 陈卫军, 张璞. 列车荷载作用下交叠隧道动力响应数值模拟[J]. 岩土力学, 2002, 23(6): 770-774.

[44] 莫海鸿, 邓飞皇, 王军辉. 营运期地铁盾构隧道动力响应分析[J]. 岩石力学与工程学报, 2006, 25 (S2): 3507-3512.

[45] ROWE R, 路石. 地震区的隧道工程[J]. 铁道建筑, 1993(8): 13-17.

[46] 夏赞鸥. 雅泸高速公路扯羊隧道洞口段注浆措施优化研究[D]. 成都: 西南交通大学, 2008.

[47] 索然绪. 雅泸高速公路徐店子隧道洞口段地震动力响应研究[D]. 成都: 西南交通大学, 2007.

[48] 文栋良. 高烈度地震区隧道洞口段地震动力响应及减震措施研究[D]. 重庆: 重庆交通大学, 2010.

[49] 常永立. 隧道结构抗震薄弱部位的动力响应研究[D]. 北京: 北京交通大学, 2010.

[50] 刘根. 高烈度地震区隧道地震动力响应研究[D]. 成都: 西南交通大学, 2008.

[51] 刘艳军, 顾俊, 丁向东, 等. 地铁隧道非线性地震响应动力分析[J]. 盐城工学院学报(自然科学版), 2007, 20(1): 68-71.

[52] THOMAS R K. Earthquake design criteria for subeay [J]. Journal of the Structural Division. Proceedings of ASCE, 1969(6): 1213-1231.

[53] 邓爽. 长江隧道衬砌结构地震响应的三维数值分析[D]. 武汉: 武汉理工大学, 2006.

[54] 蒋英礼. 软土地铁车站地震作用下的响应分析[D]. 北京: 北京交通大学, 2009.

[55] 凌燕婷. 公路连拱隧道与小净距隧道地震动力响应对比研究[D]. 成都: 西南交通大学, 2008.

[56] 朱长安, 李海清, 林国进, 等. 断层破碎带隧道地震反应规律的数值模拟研究[J]. 公路, 2012(4): 254-259.

[57] 魏来. 雅泸高速公路扯羊隧道地震动力响应研究[D]. 成都: 西南交通大学, 2008.

[58] 姜忻良, 谭丁, 姜南. 交叉隧道地震反应三维有限元和无限元分析[J]. 天津大学学报, 2004, 37(4): 307-311.

[59] 蔡海兵, 彭立敏, 李兴龙. 工作竖井与隧道连接处支护结构横向地震响应[J]. 自然灾害学报, 2011, 20(2): 188-195.

[60] 杜修力, 王刚, 路德春. 日本阪神地震中大开地铁车站地震破坏机理分析[J]. 防灾减灾工程学报, 2016(2): 165-171.

[61] 陈磊, 陈国兴, 龙慧. 地铁交叉隧道近场强地震反应特性的三维精细化非线性有限元分析[J]. 岩土力学, 2010, 31(12): 3971-3977.

[62] 何俊. 高速铁路隧道洞口缓冲结构抗减震措施研究[D]. 成都: 西南交通大学, 2016.

[63] 刘淑红, 郑宝瑞, 胡青华. 地震荷载作用下带裂纹重载铁路隧道的动态断裂[J]. 地震工程学报, 2018, 40(1): 1-5.

[64] 胡起飞. 地震作用下偏压隧道的动力响应分析[D]. 成都: 西南交通大学, 2014.

[65] 朱长安. 断层破碎带隧道地震动力响应分析[D]. 成都: 西南交通大学, 2009.

[66] J. 亨利奇. 爆炸动力学及其应用[M]. 熊建国, 等译. 北京: 科学出版社, 1987.

[67] 钱七虎, 王明洋. 岩土中的冲击爆炸效应[M]. 北京: 国防工业出版社, 2010.

[68] 王明洋, 钱七虎. 爆炸应力波通过节理裂隙带的衰减规律[J]. 岩土工程学报, 1995, 17(2): 42-46.

[69] 凌同华, 李夕兵, 王桂尧, 等. 爆心距对爆破振动信号频带能量分布的影响[J]. 土木建筑与环境工程, 2007, 29(2): 53-55.

[70] 李夕兵. 论岩体软弱结构面对应力波传播的影响[J]. 爆炸与冲击, 1993(4): 334-342.

[71] DOWDING C H. Blast vibration monitoring and control[M]. Amsterdam: North-Holland Publishing Company, 1985.

[72] 李洪涛, 卢文波, 舒大强, 等. 爆破地震波的能量衰减规律研究[J]. 岩石力学与工程学报, 2010, 29(S1): 3364-3369.

[73] RIGAS F, SKLAVOUNOS S. Experimentally validated 3-D simulation of shock waves generated by dense explosives in confined complex geometries[J]. Journal of Hazardous Materials, 2005, 121(1-3): 23-30.

[74] RAMULU M, CHAKRABORTY A K, SITHARAM T G. Damage assessment of basaltic rock mass due to repeated blasting in a railway tunnelling project[J]. Tunnelling & Underground Space Technology, 2009, 24(2): 208-221.

[75] 龙源, 冯长根. 爆破地震波在岩石介质中传播特性与数值计算研究[J]. 工程爆破, 2000, 6(3): 1-7.

[76] 周俊汝, 卢文波, 张乐, 等. 爆破地震波传播过程的振动频率衰减规律研究[J]. 岩石力学与工程学报, 2014, 33(11): 2171-2178.

[77] 卢文波, 董振华. 爆破地震波传播过程中衰减参数的确定[J]. 工程爆破, 1997(4): 12-16.

[78] 杨年华, 张志毅. 隧道爆破控制技术研究[J]. 铁道工程学报, 2010, 136(1): 82-86.

[79] 王仁涛, 王成虎, 江英豪, 等. 青岛地铁太延区间爆破振动控制及影响评价[J]. 爆破, 2015, 32(3): 139-144.

[80] 郑大榕. 南京地铁隧道爆破开挖与振动控制[J]. 铁道工程学报, 2004, 83(3): 73-75.

[81] 胡守云. 下穿机场跑道隧道爆破动力效应及控制[D]. 北京: 中国地质大学, 2018.

[82] 郑明新, 舒明峰, 夏一鸣, 等. 爆破振动对既有高速铁路隧道衬砌动力响应的影响[J]. 铁道建筑, 2017(1): 94-97.

[83] 曹正龙, 王国富, 王渭明, 等. 立体交叉隧道近距离爆破振动控制研究[J]. 地下空间与工程学报, 2015, 11(增刊2): 680-686.

[84] 姜德义, 陈玉, 任松, 等. 超小净距交叉隧道的爆破振动监测与控制技术[J]. 西部探矿工程, 2008, 20(10): 188-191.

[85] 李玉峰, 彭立敏, 雷明锋, 等. 高速铁路交叉隧道动力学问题研究综述[J]. 现代隧道技术, 2015, 52(2): 8-15.

[86] 日本土木学会. 隧道标准规范及解说[M]. 朱伟, 译. 北京: 中国建筑工业出版社, 2001.

[87] 仇文革. 地下工程近接施工力学原理与对策的研究[D]. 成都: 西南交通大学, 2003.

[88] 郑余朝. 三孔并行盾构隧道近接施工的影响度研究[D]. 成都: 西南交通大学, 2007.

[89] 杨利海. 地震荷载下立体交叉隧道的安全性评价[D]. 石家庄: 石家庄铁道大学, 2018.

[90] 康立鹏. 高速列车荷载作用下交叉隧道动力响应特性及影响分区研究[D]. 成都: 西南交通大学, 2013.

[91] 袁竹, 陈勇, 王柱. 山区单线铁路隧道下穿高速公路隧道影响分区研究[J]. 隧道建设, 2016, 36(2): 164-169.

[92] 黄明普. 重庆地铁TBM施工对隧道围岩影响区域的研究[J]. 兰州交通大学学报, 2011, 30(3): 11-13.

[93] 高林. 并行立交隧道施工顺序及近接影响分区研究[D]. 长沙: 中南大学, 2012.

[94] 郑余朝, 蔡佳良, 袁竹, 等. 地铁隧道下穿既有铁路近接影响分区和施工控制研究[J]. 现代隧道技术, 2016, 53(6): 202-209.

[95] 赵东平, 王明年, 宋南涛. 浅埋暗挖地铁重叠隧道近接分区[J]. 中国铁道科学, 2007, 28(6): 65-68.

[96] HATAMBEIGI M, PASHANG PISHEH Y, PASHANG PISHEH M. Dynamic analysis of tunnel structures and surrounding granular soils under cyclic loads of a vibrating machine[J]. Geotechnical Special Publication, 2011, 397: 3786-3795.

[97] LIU N N, LIU Y, HAN D D, et al. A scale model test on dynamic soil-tunnel interactions[J]. Geotechnical Special Publication, 2010, 375: 85-91.

[98] JIANG L, CHEN J, LI J. Dynamic response analysis of underground utility tunnel during the propagation of rayleigh wave[C]//International Conference on Pipelines & Trenchless Technology. Shanghai, 2009.

[99] 刘强, 施成华, 彭立敏, 等. 高速列车振动荷载下立体交叉隧道结构动力响应分析[J]. 合肥工业大学学报(自然科学版), 2013, 36(9): 1082-1087.

[100] 高盟, 高广运, 王澄, 等. 均布突加荷载作用下圆柱形衬砌振动响应的解析解[J]. 岩土工程学报, 2010, 32(2): 237-242.

[101] 高广运, 高盟, 冯世进. 无限弹性介质中隧道内爆炸动力响应的解析解[J]. 西北地震学报, 2008, 30(2): 124-128.

[102] 张璞. 列车振动荷载作用下上下近距离地铁区间交叠隧道的动力响应分析[D]. 上海: 同济大学, 2001.

[103] 刘镇, 周翠英. 新旧立体交叉隧道系统力学耦合作用全过程与规律[J]. 岩土力学, 2012, 33(2): 494-500+538.

[104] 高广运, 李绍毅, 涂美吉, 等. 地铁循环荷载作用下交叉隧道沉降分析[J]. 岩土力学, 2015, 36(1): 486-490.

[105] 胡建平, 刘亚莲. 软土地基中立体交叉隧道地震动力响应分析[J]. 四川建筑科学研究, 2013, 39(2): 240-243.

[106] 王鑫, 刘增荣. 基于中厚圆柱壳理论的地铁隧道结构振动特性分析[J]. 岩土工程学报, 2011, 33(5): 762.

[107] 朱正国, 杨利海, 王晓男. 交叉隧道耦合动荷载动力响应及安全分析[J]. 铁道工程学报, 2018(3): 66-71.

[108] 冯仲仁, 文曦. 新建隧道爆破震动对既有隧道影响的数值分析[J]. 爆破, 2008, 25(4): 20-23.

[109] 王祥秋, 周岳峰, 周治国. 爆破冲击荷载下隧道振动特性与安全性评价研究[J]. 中国安全科学学报, 2010, 20(11): 134-138.

[110] 张程红. 邻近隧道爆破施工引起的既有隧道衬砌振动速度阈值分析[D]. 兰州: 兰州交通大学, 2009.

[111] 乔宪队, 黄仁东. 邻近隧洞爆破的 FLAC³ᴰ 模拟[J]. 采矿技术, 2007, 7(2): 94-96.

[112] 毕继红, 钟建辉. 邻近隧道爆破震动对既有隧道影响的研究[J]. 工程爆破, 2004, 10(4): 69-73.

[113] 李云鹏, 艾传志, 韩常领, 等. 小间距隧道爆破开挖动力效应数值模拟研究[J]. 爆炸与冲击, 2007, 27(1): 75-81.

[114] 陈卫忠, 郑东, 于建新, 等. 交叉隧道施工对已有隧道稳定性影响研究[J]. 岩石力学与工程学报, 2015(S1): 3097-3105.

[115] 魏海霞. 爆破地震波作用下建筑结构的动力响应及安全判据研究[D]. 济南: 山东科技大学, 2010

[116] 杨年华, 刘慧. 近距离爆破引起的隧道周边振动场[J]. 工程爆破, 2000, 6(2): 6-10.

[117] 逄焕东, 林从谋, 王其升. 铁路下隧洞爆破作业的安全评估[J]. 爆破, 2004, 21(2): 95-97.

[118] 易长平, 卢文波, 张建华. 爆破振动作用下地下洞室临界振速的研究[J]. 爆破, 2005, 22(4): 4-7.

[119] 阳生权, 周健, 刘宝琛. 爆破震动作用下公路隧道动力特性分析[J]. 岩石力学与工程学报, 2005, 24(a02): 5803-5807.

[120] 吴德伦, 叶晓明. 工程爆破安全振动速度综合研究[J]. 岩石力学与工程学报, 1997, 16(3): 266-266.

[121] 姚勇, 何川, 晏启祥, 等. 董家山隧道小净距段爆破控制的数值模拟[J]. 岩土力学, 2004, 25(S2): 501-506.

[122] 谭忠盛, 杨小林, 王梦恕. 复线隧道施工爆破对既有隧道的影响分析[J]. 岩石力学与工程学报, 2003, 22(2): 281-281.

[123] 粟闯. 爆破载荷作用下隧巷工程振动监测与控制研究[D]. 长沙: 中南大学, 2010.

[124] KACHANOV L M. On creep rupture time[J]. Izv Akad Nauk, SSSR, 1958, 8: 26-31.

[125] RABATNOV Y N. Creep rupture[C]. Applied Mechanics. Proceeding of ICAE-12, 1968, 26-31: 342-349

[126] LEMAITRE J. Evaluation of dissipation and damage in metals[C]. Proceeding of International Conference on Mechanical Behavior of Materials. Japan, Kyoto, 1971.

[127] HULT J. Creep in Continua and Structures[M]. Topics in Applied Continuum Mechanics. Springer Vienna, 1974: 137-155.

[128] DOUGILL J W. On stable progressively fracturing solids[J]. Zeitschrift Für Angewandte Mathematik Und Physik Zamp, 1976, 27(4): 423-437.

[129] LADEVÈZE P, POSS M, PROSLIER L. Damage and fracture of tridirectional composites, in Progress in Science and Engineering of Composites [J]. Japan Society. for Composite Materials, 1982, 1: 649-665.

[130] MAZARS J, PIJAUDIER-CABOT J. Continuum damage theory—application to concrete[J]. Journal of Engineering Mechanics, 1989, 115(2):345-365.

[131] MAZARS J, PIJAUDIER-CABOT G. Continuum damage theory—Application to concrete[J]. Journal of Engineering Mechanics, 1989, 115(2): 345-365.

[132] LUBARDA V A, KRAJCINOVIC D, MASTILOVIC S. Damage model for brittle elastic solids with unequal tensile and compressive strengths[J]. Engineering Fracture Mechanics, 1994, 49(5): 681-697.

[133] KALKREUTER T, KRISHNAMURTHY M V, CHANDRA R, et al. Anisotropic damage model for the multiaxial static and fatigue behaviour of plain concrete[J]. Engineering Fracture Mechanics, 1996, 55(2): 163-179.

[134] COMI C, PEREGO U. Fracture energy based bi-dissipative damage model for concrete[J]. International Journal of Solids & Structures, 2001, 38(36-37): 6427-6454.

[135] 李杰, 吴建营. 混凝土弹塑性损伤本构模型研究Ⅰ: 基本公式[J]. 土木工程学报, 2005, 38(9): 14-20.

[136] 吴建营, 李杰. 混凝土弹塑性损伤本构模型研究 Ⅱ: 数值计算和试验验证[J]. 土木工程学报, 2005, 38(9): 21-27.

[137] KRAJCINOVIC D, SILVA M A G. Statistical aspects of the continuous damage theory[J]. International Journal of Solids & Structures, 1982, 18(7): 551-562.

[138] BERGANS D. Probabilistic formulation of damage-evolution law of cementitious composites[J]. Journal of Engineering Mechanics, 1990, 116(7): 1489-1510.

[139] KANDARPA S, KIRKNER D J, SPENCER B F. Stochastic damage model for brittle materials subjected to monotonic Loading[J]. Journal of Engineering Mechanics, 1996, 122(8): 788-795.

[140] 李杰, 张其云. 混凝土随机损伤本构关系[J]. 同济大学学报(自然科学版), 2001, 29(10): 1135-1141.

[141] 中国建筑科学研究院. 混凝土结构设计规范(2015 年版): GB 50010—2010[S]. 北京: 中国建筑工业出版社, 2010.

[142] GRADY D E, KIPP M E. Continuum modeling of explosive fracture in oil shale[J]. International Journal of Rock Mechanics and Mining Science, 1980, 17(3): 147-157.

[143] 李宁, 韩烜, 禚瑞花, 等. 混凝土类材料的动力损伤特性研究[J]. 电网与清洁能源, 1996(3): 26-31.

[144] ANSELL A. In situ testing of young shotcrete subjected to vibrations from blasting[J]. Tunnelling & Underground Space Technology Incorporating Trenchless Technology Research, 2004, 19(6): 587-596.

[145] MEGLIS I L, CHOW T, MARTIN C D, et al. Assessing in situ microcrack damage using ultrasonic velocity tomography[J]. International Journal of Rock Mechanics & Mining Sciences, 2005, 42(1): 25-34.

[146] LUBLINER J, OLIVER J, OLLER S, et al. A plastic-damage model for concrete[J]. International Journal of Solids & Structures, 1989, 25(3): 299-326.

[147] LEE J, FENVES G L. A plastic-damage concrete model for earthquake analysis of dams[J]. Earthquake Engineering & Structural Dynamics, 2015, 27(9): 937-956.

[148] YAZDCHI M, KHALILI N, VALLIAPPAN S. Nonlinear seismic behavior of concrete gravity dams using coupled finite element-boundary element technique[J]. International Journal for Numerical Methods in Engineering, 1999, 44(1): 101-130.

[149] 李庆斌, 张楚汉, 王光纶. 单轴状态下混凝土的动力损伤本构模型[J]. 水利学报, 1994 (12): 55-60.

[150] 吕培印, 李庆斌. 混凝土拉-压疲劳损伤模型及其验证[J]. 工程力学, 2004, 21(3): 162-166+145.

[151] 李庆斌, 吕培印. 混凝土受压疲劳特性及损伤本构模型[J]. 水利学报, 2004(4): 21-26.

[152] 宋玉普, 朱劲松. 疲劳荷载作用下混凝土的边界面模型研究[J]. 哈尔滨工业大学学报, 2005, 37(1): 74-79.

[153] 宋玉普. 混凝土的动力本构关系和破坏准则[M]. 北京: 科学出版社, 2013.

[154] 江见鲸, 陆新征. 混凝土结构有限元分析[M]. 2 版. 北京: 清华大学出版社, 2013.

[155] 贾颖绚, 刘维宁, 孙小静, 等. 三维交叠隧道列车运营对环境振动的影响[J]. 铁道学报, 2009, 31(2): 104-109.

[156] KUHLERNEYER R L, LYSMER J. Finite element method accuracy for wave propagation problems[J]. Journal of Soil Mechanics and Foundation Engineering, ASCE, 1973, 99(SM5): 421-427.

[157] RUCKER W. Measurement and evaluation of random vibrations[J]. Porc. DMSR 77/Karlsruhe, 1977(S1): 1407-1421.

[158] 陈卫军, 张璞. 列车动载作用下交叠隧道动力响应数值模拟[J]. 岩土力学, 2002(6): 770-774.

[159] ITASCA CONSULTING GROUP INC. FLAC^{3D} 3.0 manual[M]. Minneapolis, Minnesota: ITASCA Consulting Group Inc. , 2005.

[160] GOPALARATNAN V S, YANG G S. Automated test control and data acquisition for servo-controlled materials testing[J]. Isa Transactions, 1990, 29(4):125-133.

[161] GENIS M. Assessment of the dynamic stability of the portals of the Dorukhan tunnel using numerical analysis[J]. International Journal of Rock Mechanics & Mining Sciences, 2010, 47(8): 1231-1241.

[162] AHMED L, ANSELL A. Structural dynamic and stress wave models for the analysis of shotcrete on rock exposed to blasting[J]. Engineering Structures, 2012, 35(1): 11-17.

[163] JENKINS H H, STEPHENSON J E, CLAYTON G A, et al. The effect of track and vehicle parameters on wheel/rail vertical dynamic forces[J]. Railway Engineering Journal, 1974, 3(1): 2-16.

[164] 梁波, 罗红, 孙常新. 高速铁路振动荷载的模拟研究[J]. 铁道学报, 2006, 28(4): 89-94.

[165] 耿亚帅, 朱正国, 顾广彬, 等. 地震作用下隧道衬砌背后不同位置空洞影响分析[J]. 国防交通工程与技术, 2016, 14(1): 37-40.

[166] 潘晓马. 邻近隧道施工对既有隧道的影响[D]. 成都: 西南交通大学, 2002.

[167] LOLAND K E. Continuum damage model for load response estimation of concrete[J]. Cement and Concrete Researeh, 1980, 10(3): 395-402.

[168] MAZARS J. A description of micro and macroscale damage of concrete structures[J]. Engineering Fracture Mechanics, 1986, 25(6): 729-737.

[169] SIDOROFF F. Description of anisotropic damage application to elasticity[C]// Proceedings IUTAM Symposium on Physical Nonlinearites in Structural Mechanics. Berlin: Springer Pubs, 1981: 237-244.

[170] 刘元雪, 郑颖人. 岩土弹塑性理论的加卸载准则探讨[J]. 岩石力学与工程学报, 2001, 20(6): 768-771.

[171] 郑颖人, 陈瑜瑶, 段建立. 广义塑性力学的加卸载准则与土的本构模型: 广义塑性力学讲座(3) [J]. 岩土力学, 2000, 21(4): 426-429.

[172] GOPALARATNAM V S, SHAH S P. Softening response of plain concrete in direct tension[J]. ACI Journal, 1985, 82(3): 310-323.

[173] KARSAN I D, JIRSA J O. Behavior of concrete under compressive loading[J]. Journal Structure Div. ASCE, 1969, 95(12): 2535-2563.

[174] 中国二院工程集团有限责任公司. 铁路隧道设计规范: TB 10003—2016[S]. 北京: 中国铁道出版社, 2017.

[175] 胡英国, 卢文波, 陈明, 等. 岩石爆破损伤模型的比选与改进[J]. 岩土力学, 2012, 33(11): 3278-3284.

[176] 章光, 朱维申. 参数敏感性分析与实验方案优化[J]. 岩土力学, 1993, 14(1): 51-58.

[177] 曹小平. 强震作用下山岭隧道洞口段地震响应分析及减震措施研究[D]. 兰州: 兰州交通大学, 2013.

[178] 孙欢欢. 炭质板岩隧道围岩变形特性与支护参数研究[D]. 长沙: 中南大学, 2012.

[179] 中华人民共和国国家质量监督检验检疫总局, 中国国家标准化管理委员会. 爆破安全规程: GB 6722—2014[S]. 北京: 中国计划出版社, 2014.

[180] 陶颂霖. 爆破工程[M]. 北京: 冶金工业出版社, 1979.

[181] 孟栋. 铁路立体交叉隧道爆破震动影响与分区研究[D]. 长沙: 中南大学, 2013.

[182] 夏一鸣. 邻近隧道爆破施工对既有高铁隧道的振动安全分析[D]. 南昌: 华东交通大学, 2017.